Personenbezogene Zuschlagskriterien

Schriften zum Privat-, Wirtschafts- und Verfahrensrecht
Herausgegeben von Barbara Völzmann-Stickelbrock

Band 12

Sandra Maria Machnik

Personenbezogene Zuschlagskriterien

Zulässigkeit und Grenzen im Vergabeverfahren

PETER LANG
Berlin · Bruxelles · Chennai · Lausanne · New York · Oxford

Bibliografische Information der Deutschen Nationalbibliothek
Die Deutsche Nationalbibliothek verzeichnet diese Publikation in der Deutschen Nationalbibliografie; detaillierte bibliografische Daten sind im Internet über http://dnb.d-nb.de abrufbar.

Zugl.: Hagen, Fernuniv., Diss., 2025

DE-708
ISSN 2193-262X
ISBN 978-3-631-94418-9 (Print)
ISBN 978-3-631-94438-7 (ePDF)
ISBN 978-3-631-94439-4 (ePUB)
DOI 10.3726/b23256

Verlegt durch Peter Lang GmbH, Berlin, Deutschland

info@peterlang.com

www.peterlang.com

Kontakt zur Verordnung über die allgemeine Produktsicherheit (GPSR): gpsr@peterlang.com

Für Jakob

Inhaltsverzeichnis

Vorwort

Die vorliegende Arbeit ist im Sommersemester 2025 von der Juristischen Fakultät der FernUniversität in Hagen als Dissertation angenommen worden. Rechtsprechung und Literatur wurden, soweit für die behandelten Fragen von Bedeutung, bis Ende April 2025 berücksichtigt.

Mein besonderer Dank gebührt Frau Prof. Dr. Barbara Völzmann-Stickelbrock, nicht nur für die über alle Maße unterstützende und motivierende Betreuung dieser Arbeit, die zügige Erstellung des Gutachtens und die Aufnahme in die Schriftenreihe, sondern auch für die ungemein wertschätzende Zusammenarbeit am Lehrstuhl.

Ein herzlicher Dank geht auch an Herrn Prof. Dr. Bernhard Kreße für die überaus zügige Erstellung des Zweitgutachtens.

Den wunderbaren Kollegen und Freunden des Lehrstuhls, insbesondere Dr. Michael Neufang, Dr. Gottlieb Wick, Dr. Mario Vallelonga, Ulrike Schellberg, Dr. Beate Maasch, Svenja Kuschmierz, Seda Efe und Dr. Damian Schmidt möchte ich meinen ebenfalls tief empfundenen Dank für den unermüdlichen Zuspruch, unzählige gute Ratschläge, das viele Rücken freihalten und die Unterstützung bei den Korrekturarbeiten aussprechen.

Von Herzen danke ich darüber hinaus meinem Ehemann Christof für die vielen aufmunternden, motivierenden und ehrlichen Worte, die Durchsicht des Manuskripts sowie die unglaubliche Unterstützung während des Fertigstellungsprozesses.

Mein tief empfundener Dank gilt zudem meinen Eltern Katharina und Thomas Labudda dafür, dass sie mich auf meinem bisherigen Lebensweg über alle Maße unterstützt und gefördert haben und damit auch diese Arbeit ermöglichten.

Frau Bianca Baumann danke ich ebenfalls für die sorgfältige und hilfreiche Durchsicht des Manuskripts.

Hagen, im August 2025 *Sandra Machnik*

Einleitung

I. Einführung in die Problematik

Bereits der Begriff der „personenbezogenen Zuschlagskriterien" wäre im europäisch determinierten Vergaberecht noch vor wenigen Jahrzehnten ein Widerspruch in sich gewesen. Das zu den Grundpfeilern des Vergaberechts gehörende Trennungsgebot hatte sich in einem strengen Verständnis lange durchgesetzt.[1] Danach wurde zwischen bieterbezogenen Eignungskriterien und streng angebotsbezogenen Zuschlagskriterien differenziert.[2] Ein Zuschlagskriterium, welches einen Bezug zum Bieter selbst, oder seinem Personal aufwies, schien dieser gebotenen Trennung zwischen Eignungs- und Zuschlagskriterien zu widersprechen und wurde für vergaberechtswidrig befunden.[3] Gestützt wurde dieses strenge Verständnis einer Trennung zwischen Eignungs- und Zuschlagskriterien auf eine Entscheidung des EuGH aus dem Jahre 1988 zum Verhältnis von Eignungs- und Zuschlagskriterien.[4] Dieser konstatierte in seiner insoweit wegweisenden Beentjes Entscheidung,

---

1 OLG Düsseldorf, Beschl. v. 14.1.2009, VII-Verg 59/08; OLG München, Beschl. v. 25.7.2013, Verg 7/13, NZBau 2014, 528; *Dreher*, EWiR 1999, 139, 140; *Lausen*, in: Beck'-scher Vergaberechtskommentar, Bd. 2, VgV § 58 Rn. 35 ff.; *Pauka/Frischmuth*, MüKo Wettbewerbsrecht, Bd. 3, VgV § 58 Rn. 12; *Petersen*, VergabeR 2015, 8, 8 (m.w.N); *Pauka*, NZBau 2015, 18, 20; *Dittmann*, NZBau 2013, 746, 746; *Schwabe*, NZBau 2013, 753, 754.

2 BGH, Urt. v. 15.4.2008, X ZR 129/06, NZBau 2008, 505, 506 (Sporthallenbau); *Sauer/Beel*, EWeRK, 2013, 327, 328.

3 OLG Düsseldorf, Beschl. v. 14.1.2009, VII-Verg 59/08.

4 Statt vieler *Schabel*, VergabeR 2008, 500, 500.

dass zwischen Eignungs- und Zuschlagskriterien zu unterscheiden sei.[5] Dieses Unterscheidungsgebot leitete er aus der Systematik der Vergaberichtlinie ab, die grundsätzlich zwischen der Eignungsprüfung und der Zuschlagsentscheidung unterscheide.[6] Die Berücksichtigung von Eignungskriterien im Rahmen der Zuschlagsentscheidung sei mit der Richtliniensystematik nicht in Einklang zu bringen und damit vergaberechtswirdrig. Daraus abgeleitet folgerte man weitestgehend, dass alle Kriterien, die einen unmittelbaren oder mittelbaren Bezug zum Bieter aufweisen, als Eignungskriterien nicht berücksichtigungsfähig seien.

Problematisch erwies sich die strenge Interpretation des Trennungsgebots, da ein fortwährendes Bestreben der Vergabepraxis nach einer Berücksichtigung personenbezogener Qualität gerade im Bereich der Angebotsbewertung seit jeher zu verzeichnen ist.[7] Öffentliche Auftraggeber sehen regelmäßig ein Bedürfnis personenbezogene Qualität, nicht nur bei der Festlegung eines Mindestmaßes für die ordnungsgemäße Auftragsdurchführung und damit als Eignungskriterium festzulegen, sondern gerade im Rahmen der Zuschlagsentscheidung bei der abschließenden Bewertung der Angebote und damit Entscheidung über den Zuschlag. Dies mag insbesondere auf die unterschiedliche Funktion der Eignungskriterien als Ausschlusskriterien einerseits und der Zuschlagskriterien als Auswahlkriterien andererseits zurückzuführen sein.[8] Obgleich sich auch der BGH einer strengen Interpretation des Trennungsgebots anzuschließen schien, gab es, wohl als Resultat des erheblichen Bedürfnisses in der Vergabepraxis, Tendenzen zur Zulassung personenbezogener Zuschlagskriterien und damit eines sog. gelockerten Verständnisses des Trennungsgebots.[9] Zuvorderst ließen die nationalen Vergabegerichte schrittweise die Möglichkeit einer Berücksichtigung

---

5 EuGH, Urt. v. 20.9.1988, Rs. C-31/87, ECLI:EU:C:1988:422, Rn. 16 f. (Beentjes).

6 EuGH, Urt. v. 20.9.1988, Rs. C-31/87, ECLI:EU:C:1988:422, Rn. 16 (Beentjes).

7 BGH, Urt. v. 16.10.2001, X ZR 100/99, NZBau 2002, 107 (Sozialer Wohnungsbau); BGH, Urt. v. 15.4.2008, X ZR 129/06, NZBau 2008, 505 (Sporthallenbau); vgl. *Petersen*, VergabeR 2015, 8, 8–9; *Dittmann*, NZBau 2013, 746, 746.

8 *Fehling*, in: Pünder/Schellenberg, GWB § 127 Rn. 11 f.; *Figgen*, VergabeR 2009, 320, 320; *Krönke*, NVwZ 2016, 568, 570.

9 BGH, Urt. v. 8.9.1998, X ZR 109/96, NJW 1998, 3644, 3646 (Klärwerkerweiterung); OLG Frankfurt, Urt. V. 31.10.2006, 11 U 2/06.

personenbezogener Zuschlagskriterien im Hinblick auf das für den Auftrag einzusetzende Personal zu.[10]

Eine Zäsur in dieser Liberalisierungstendenz ist, jedenfalls für einen gewissen Zeitraum, in der Lianakis Entscheidung des EuGH im Jahre 2008 zu sehen.[11] Darin stellte der EuGH klar, als Zuschlagskriterien seien Kriterien ausgeschlossen, die nicht der Ermittlung des wirtschaftlich günstigsten Angebots dienen, sondern im Wesentlichen mit der Beurteilung der fachlichen Eignung der Bieter zusammenhängen. Der Entscheidung lag ein Auftrag zur Erstellung einer Studie über die Katasteraufnahme und die Stadtplanung zugrunde. Die Zuschlagskriterien „Erfahrung des Sachverständigen auf dem Gebiet entsprechender Studien innerhalb der letzten drei Jahre", „Personal und die Ausstattung des Büros" und „Fähigkeit, die Studie im vorgesehenen Zeitraum unter Berücksichtigung der von dem Büro übernommenen Verpflichtungen und seines wissenschaftlichen Potenzials durchzuführen", wurden durch den EuGH für unzulässig befunden.[12]

Die Entscheidung wurde überwiegend als Bestätigung eines Verbots personenbezogener Zuschlagskriterien und damit Rückkehr zum Dogma der strengen Trennungslehre interpretiert.[13] Durch die Lianakis Entscheidung sahen sich die Vergabegerichte wieder zu einer restriktiveren Handhabung personenbezogener Zuschlagskriterien veranlasst.[14] Gleichwohl waren auch kontroverse Rechtsprechungstendenzen ersichtlich, die versuchten einen dogmatisch legitimierten Weg zur Berücksichtigungsfähigkeit personenbezoegener Zuschlagskriterien zu finden.[15]

Einen Wendepunkt stellt, jedenfalls für einen Teilbereich personenbezogener Zuschlagskriterien, die gesetzliche Zulassung personenbezogener Zuschlagskriterien im Rahmen der 7. ÄVOVgV dar.[16] Aus § 4 Abs. 2 S. 2 und

---

10 OLG Düsseldorf, Beschl. v. 25.2.2004, VII-Verg 77/03.

11 EuGH, Urt. v. 24.1.2008, Rs. C-532/06, ECLI:EU:C:2008:40, Rn. 25–31 (Lianakis).

12 EuGH, Urt. v. 24.1.2008, Rs. C-532/06, ECLI:EU:C:2008:40, Rn. 25–31 (Lianakis).

13 Statt vieler *Wittschurky*, Das Verhältnis von Eignungs- und Zuschlagkriterien im europäischen, deutschen und US-amerikanischen Vergaberecht, S. 394–395.

14 OLG Karlsruhe, Beschl. vom 20.7.2011, 15 Verg 6/11; BGH, Urt. v. 15.4.2008, X ZR 129/6, NZBau 2008, 505, 506 (Sporthallenbau).

15 OLG Düsseldorf, Beschl. v. 7.3.2012, VII-Verg 82/11.

16 Siebte Verordnung zur Änderung der Verordnung über die Vergabe öffentlicher Aufträge v. 15.10.2013, BGBl. Teil I, 2013 Nr. 63, S. 3854 f.

§ 5 Abs. 1 S. 2 VgV a.F folgte die Zulassung der Organisation, Qualifikation und Erfahrung des mit der Ausführung des Auftrags betrauten Personals als Zuschlagskriterien für den Bereich nachrangiger Dienstleistungen.

Mit Inkrafttreten der Vergaberichtlinie 2014/24/EU, insbesondere des Art. 67 Abs. 2 lit. b) sowie seiner nationalen Umsetzungsvorschrift in § 58 Abs. 2 Nr. 2 VgV erfolgte eine Übernahme und Erweiterung dieser Reglung für den uneingeschränkten Bereich allgemeiner Auftragsvergabe.

Die lediglich punktuelle Kodifizierung personenbezogener Zuschlagskriterien ließ gleichwohl umfassenden Deutungsspielraum zu, der bis heute von einer damit einhergehenden Aufhebung des Trennungsgebots, über seine Durchbrechung bis zur punktuellen Ausnahme und einer rein deklaratorischen Regelung reichen.[17] Weder die Reichweite des Trennungsgebots, noch seine konkreten Auswirkungen für den Bereich personenbezogener Zuschlagskriterien sind bislang abschließend geklärt. Die Berücksichtigung personenbezogener Zuschlagskriterien bei der Auftragsvergabe birgt damit fortwährend erhebliche Rechtsunsicherheiten.

Die im Bereich personenbezogener Zuschlagskriterien zentrale Frage, wie im konkreten Einzelfall ein Eignungskriterium von einem personenbezogenen Zuschlagskriterium abgegrenzt werden kann, ist ebenfalls nicht abschließend geklärt. Die auf die Rechtsprechung des EuGH zurückzuführende schwerpunktmäßige Abgrenzung erschöpft sich in der Aussage, dass Kriterien, die in ihrem Schwerpunkt nicht der Ermittlung des wirtschaftlich günstigsten Angebots dienen, sondern im Wesentlichen mit der Beurteilung der fachlichen Eignung der Bieter zusammenhängen, als Zuschlagskriterien ausgeschlossen seien. Diese durch den EuGH in ständiger Rechtsprechung nahezu apodiktisch wiederholte Feststellung, wird im Schrifttum als wenig aussagekräftig wahrgenommen.[18]

In der vergaberechtlichen Literatur gibt es - soweit ersichtlich - bislang keine eingehenderen Untersuchungen zur Ausgestaltung der schwerpunktmäßigen Abgrenzung. Auch die insoweit einschlägigste Arbeit von *Wittschurky* zum Verhältnis von Eignungs- und Zuschlagskriterien beschränkt sich auf die

---

17 *Fritz*, VergabeR 2017, 267, 268; *Conrad*, DVBl 2014, 958, 958; *Müller-Wrede*, in: Müller-Wrede, VgV § 58 Rn. 163; *Opitz*, in: Beck'scher Vergaberechtskommentar, Bd. 1, GWB § 127 Rn. 100; *Dittmann*, NZBau 2013, 746, 752; *Summa*, NZBau 2012, 729, 735.

18 *Hölzl/Friton*, NZBau 2008, 307, 310; *Rosenkötter*, NZBau 2015, 609, 610.

Rezeption und Bewertung der tragenden Entscheidungsgründe.[19] Der Versuch einer Konkretisierung dieser durch den EuGH determinierten Abgrenzungsmethode wurde bislang hingegen nicht unternommen.

II. Gang der Untersuchung

Den ersten Teil der Untersuchung bildet die Darlegung der Rechtsgrundlagen (A) sowie eine Bestimmung der zentralen Rechtsbegriffe, insbesondere wird der Begriff der personenbezogenen Zuschlagskriterien konkretisiert (B).

Der zweite Teil der Arbeit lässt sich in zwei wesentliche Bereiche unterteilen.

Im Rahmen des ersten Schwerpunkts wird die grundsätzliche Zulässigkeitsfrage im Hinblick auf personenbezogene Zuschlagskriterien sowie der daraus abzuleitenden Implikationen für die inhaltlichen Grenzen ihrer Ausgestaltung geklärt (C).

Am Maßstab des europäischen und nationalen Vergaberechtssystems, insbesondere der Vergabegrundsätze, des Trennungsgebots sowie des allgemeinen Doppelverwertungs-verbots, wird die Grundsatzfrage eines Verbots personenbezogener Zuschlagskriterien einer umfassenden Untersuchung unterzogen.

Den zweiten Schwerpunkt bildet eine umfassende Ermittlung der sich aus dem Vergaberechtssystem ergebenden materiellen und formellen Grenzen für ihre Festsetzung und Gewichtung sowie für die Bewertung personenbezogener Zuschlagskriterien (D).

Dabei werden anhand der gesetzlich erfassten Tatbestände im Bereich personenbezogener Zuschlagskriterien sowie der allgemeinen Vorgaben für Zuschlagskriterien, die materiellen Grenzen ihrer Festlegung, Gewichtung und Bewertung umfassend ermittelt.

Nach Darlegung der formellen Grenzen (E), erfolgt die abschließende Untersuchung der gerichtlichen Überprüfbarkeit personenbezogener Zuschlagskriterien (F).

Der Gegenstand der Untersuchung beschränkt sich auf den Anwendungsbereich der Auftragsvergaberichtlinie 2014/24/EU sowie das nationale Umsetzungsrecht. Die Regelungsbereiche zur Sektorenauftragsvergabe nach der

19 *Wittschurky*, Das Verhältnis von Eignungs- und Zuschlagkriterien im europäischen, deutschen und US-amerikanischen Vergaberecht.

RL 2014/25/EU, der Konzessionsvergabe nach der RL 2014/23/EU sowie der Vergabe im Bereich Verteidigung und Sicherheit nach der RL 2009/81/EG, als auch das jeweilige Umsetzungsrecht, sind von der Untersuchung nicht umfasst. Aufgrund nahezu wortgleicher Regelungen in § 58 VgV, § 16d Abs. 2 VOB/A, § 52 SektVO und § 34 VSVgV lassen sich die Erkenntnisse gleichwohl weitgehend übertragen.

ERSTER TEIL

Grundlagen

Rechtsgrundlagen

Das europäische Vergaberecht ist durch eine Zweiteilung, einerseits in Oberschwellen-, andererseits in Unterschwellenbereich, geprägt.[20] Maßstab für die Einordnung in den Ober- oder Unterschwellenbereich sind die Schwellenwerte in Art. 4 RL 2014/24/EU. Diese werden im Zweijahresturnus durch die Europäische Kommission an das WTO-Übereinkommen über öffentliche Beschaffung angepasst.[21] Auf nationaler Ebene enthält § 106 Abs. 2 GWB einen dynamischen Verweis auf die vorbenannte Richtliniennorm, sodass ein Gleichlauf der Schwellenwerte auf europäischer und nationaler Ebene besteht. Die durch die Kommission festgesetzten Werte erlangen somit in den Mitgliedsstaaten unmittelbare Geltung.[22] Die Schwellenwerte stellen letztlich einen Ausfluss der begrenzten Regelungskompetenz der Europäischen Union

---

20 *Dreher*, in: Immenga/Mestmäcker, GWB § 97 Rn. 41; vgl. zur Zweiteilung im Lichte des Verfassungs- und Europarechts *Pietzcker*, Die Zweiteilung des Vergaberechts, 2001.

21 Übereinkommen zur Errichtung der Welthandelsorganisation (WTO) vom 15. April 1994 (ABl. L 336 S. 3) EU-Dok.-Nr.:2 1994 A 1223 (01); vgl. zur Bedeutung des WTO-Übereinkommens über öffentliche Beschaffung für das EU-Vergaberecht; vgl. *Weiß*, NZBau 2016, 198; Delegierte VO (EU) 2023/2495 der Kommission vom 15. November 2023.

22 *Dörr*, in: Beck'scher Vergaberechtskommentar, Bd. 1, Einleitung Rn. 18; zur unmittelbaren Geltung der materiellen Vergaberichtlinien über den dynamischen Verweis hinaus EuGH, Urt. v. 17.9.1997, C54/96, ECLI:EU:C:1997:413, Rn. 44 (Dorsch Consult); EuGH, Urt. v. 24.9.1998, C-76/97, ECLI:EU:C:1998:432, Rn. 47 (Tögel); EuGH, Urt. v. 14.1.2021, C-387/19, ECLI:EU:C:2021:13, Rn. 43–50 (RTS infra).

dar.[23] Eine Harmonisierung des Vergaberechts in der gesamten Europäischen Union scheint nur in den Bereichen gerechtfertigt, in denen eine Binnenmarktrelevanz der Auftragsvergabe zu vermuten ist. Diese Binnenmarktrelevanz wird an das Erreichen der festgelegten Auftragswerte geknüpft. Unterhalb dieser Werte scheint es weder gerechtfertigt, dem öffentlichen Auftraggeber eine europaweite Ausschreibung, noch den Bietern das Einhalten eines umfassenden, europäisch determinierten Regelungssystems zuzumuten. Als weiterer Zweck der Zweiteilung wird die Vermeidung von Investitionshemmnissen im Unterschwellenbereich angesehen.[24] Der primäre Rechtsschutz, der gegebenenfalls zur Aussetzung des Zuschlags bis zur rechtskräftigen Entscheidung über die Ansprüche unterlegener Bieter führt, solle dem Oberschwellenbereich vorbehalten bleiben. Im Unterschwellenbereich werde damit, mangels langjähriger, das Vergabeverfahren verzögernder Gerichtsverfahren zu einer effektiveren Beschaffung beigetragen. Eine Ausweitung des primären Rechtsschutzes sei im Lichte des Auftragswerts sowie des Beschaffungsziels im Unterschwellenbereich nicht verhältnismäßig.[25] Dies dürfte insbesondere in Anbetracht des Basiszwecks des Vergaberechts, welcher in der Ermöglichung der Erfüllung von Verwaltungsaufgaben liegt, gerechtfertigt sein.[26]

Aufgrund der weitgehenden Harmonisierung des Vergaberechts gilt die Zweiteilung gleichsam im deutschen Rechtssystem[27]. Allein im Oberschwellenbereich kommt das sekundäre Vergaberecht in Form der europäischen Vergaberichtlinien und Verordnungen bzw. das nationale GWB-Vergaberecht samt der untergesetzlichen Vergabevorschriften zur Anwendung.[28] Unterhalb

---

23 *Dörr*, in: Beck'scher Vergaberechtskommentar, Bd. 1, Einleitung Rn. 18.

24 *Pukall*, in: Pitschas/Ziekow, Vergaberecht im Wandel, S. 17, 20.

25 *Pietzcker*, NVwZ 2007, 1225, 1226.

26 *Burgi*, in: FS Marx, S. 75; *Lieb*, Beschaffungsdienstleister im Vergabeverfahren, S. 139.

27 *Siegel*, in: MüKo Wettbewerbsrecht, Bd. 4, GWB § 97 Rn. 3; *Seidel/Probst*, in: Dauses/Ludwigs, GWB § 97 Rn. 240; *Dörr*, in: Beck'scher Vergaberechtskommentar, Bd. 1, Einleitung: Vergaberecht in Deutschland – Das Recht der öffentlichen Auftragsvergabe im Stufenbau der Rechtsordnung Rn. 18, 19.

28 Insb. Richtlinie 2014/24/EU des Europäischen Parlaments und des Rates vom 26.02.2014 über die öffentliche Auftragsvergabe und zur Aufhebung der Richtlinie 2004/18/EG, ABl. L 94 vom 28.03.2014, S. 65 („Auftragsvergaberichtlinie"); Richtlinie 2014/25/EU des Europäischen Parlaments und des Rates vom 26.02.2014 über die Vergabe von Aufträgen durch Auftraggeber im Bereich der Wasser, Energie- und

der gesetzlich festgelegten Schwellenwerte - dem Unterschwellenbereich - kommen auf nationaler Ebene lediglich das Haushalts- und Verfassungsrecht sowie ggf. Vergaberegeln des betreffenden Bundeslandes sowie die Unterschwellenvergabeordnung (UVgO) zur Anwendung.[29] Auf europäischer Ebene kommen im Unterschwellenbereich lediglich die primärrechtlichen Grundregeln des AEUV, insbesondere die Grundfreiheiten und das allgemeine Diskriminierungsverbot zur Anwendung.[30]

In Anbetracht der Umstände, dass ca. 90 Prozent der Vergabeverfahren im Unterschwellenbereich angesiedelt sind, wird zum Teil gefordert den vergaberechtlichen Rechtsschutz und die im Oberschwellenbereich geltenden Prinzipien auch im Unterschwellenbereich anzuwenden.[31] Im Unterschwellenbereich sind unterlegene Bieter nach aktuellem Rechtsstand auf den allgemeinen Rechtsschutz nach der ZPO beschränkt. Zwar erscheint es aufgrund der umfassenden formalen Anforderungen und Vorgaben im Hinblick auf die europaweite Ausschreibung nicht gerechtfertigt die Unterscheidung in Ober- und Unterschwellenbereich gänzlich zu hinterfragen, jedoch scheint eine Ausdehnung jedenfalls des vergaberechtlichen Rechtsschutzes unterhalb der Schwellenwerte angebracht zu sein.[32] Die Rechtsschutzdefizite erscheinen besonders im Bereich der Bauvergabe, wo der Schwellenwert bei 5.538.000 EUR und der Anteil an Unterschwellenvergaben bei ca. 89 Prozent liegt, mit der primärrechtlichen Garantie des wirksamen Rechtsschutzes durch die Mitgliedsstaaten nach Art. 19 Abs. 1 UAbs. 2 EUV schwer vereinbar. Einige Bundesländer haben daher in den

---

Verkehrsversorgung sowie der Postdienste und zur Aufhebung der Richtlinie 2004/17/EG, ABl. L 94 vom 28.03.2014, S. 243 („Sektorenrichtlinie"); Richtlinie 2014/23/EU des Europäischen Parlaments und des Rates vom 26.02.2014 über die Konzessionsvergabe, ABl. L 94 vom 28.03.2014, S. 1 („Konzessionsrichtlinie"); vgl. *Dörr*, in: Beck'scher Vergaberechtskommentar, Bd. 1, Einleitung: Vergaberecht in Deutschland – Das Recht der öffentlichen Auftragsvergabe im Stufenbau der Rechtsordnung Rn. 19, 23.

29 Insb. Haushaltsgrundsätzegesetz (HGrG) und Bundeshaushaltsordnung (BHO).

30 *Dörr*, in: Beck'scher Vergaberechtskommentar, Bd. 1, GWB § 97 Rn. 23.

31 *Csaki/Kniha*, ZfBR 2021, 138; *Dreher*, in: Immenga/Mestmäcker, GWB Vor §§ 97 ff., Rn. 98.

32 So auch für den Bereich der Bauvergabe: Die Empfehlungen des 1. Deutschen Baugerichtstags, ZfBR 2006, 620, 620; zur Verfassungsmäßigkeit der Beschränkung des Nachprüfungsverfahrens auf den Oberschwellenbereich BVerfGE v. 13.6.2006, 1 BvR 1160/03; dagegen *Gaier* NZBau 2008, 289, 292.

Landesvergabegesetzen Nachprüfungsverfahren für den Unterschwellenbereich eingeführt.[33] Eine solch uneinheitliche Regelung ist jedoch angesichts des bundesweit immensen Auftragsvolumens unbefriedigend.

Der wesentliche Teil des GWB-Vergaberechts beruht auf den europäischen Vergaberichtlinien.[34] Die letzte zentrale Novellierung erfolgte durch das Gesetz zur Modernisierung des Vergaberechts (VergRModG), welches am 18.4.2016 in Kraft trat.[35] Dieses Gesetz wurde in Umsetzung der europäischen Richtlinie 2014/24/EU über die öffentliche Auftragsvergabe[36] (Allgemeine Vergaberichtlinie), der Richtlinie 2014/25/EU über die Vergabe von Aufträgen durch Auftraggeber im Bereich der Wasser-, Energie- und Verkehrsversorgung sowie der Postdienste[37] (Sektorenrichtlinie) und der Richtlinie 2014/23/EU über die Konzessionsvergabe[38] (Konzessionsrichtlinie) erlassen.

Bis zur vorbenannten Novellierung bestand im gesamten Oberschwellenbereich eine dreistufige Regelungskaskade.[39] Diese wurde im Zuge des VergRModG weitestgehend um eine Stufe gekürzt. Lediglich im Bereich der Bauvergabe besteht die Regelungskaskade in drei Stufen fort.[40] Insbesondere die Kaskadenstruktur führt zu dem Vorwurf, das Vergaberecht sei zu komplex, zu unwirtschaftlich, zu formalisiert und führe damit zu erheblichen Rechtsunsicherheiten und mangelnder Transparenz.[41] Die Weiterentwicklungsbestrebungen des Vergaberechts halten somit an.[42] Auf erster Stufe

---

33 Thüringen § 19 ThürVgG, Sachsen-Anhalt § 19 LVG LSA, Sachsen § 8 SächsVG.

34 *Fehling*, in: Pünder/Schellenberg, GWB § 97 Rn. 29.

35 Gesetz zur Modernisierung des Vergaberechts (Vergaberechtsmodernisierungsgesetz – VergRModG) vom 17.02.2016, BGBl. 2016 I S. 203.

36 ABl. EU 2014 L 94 S. 65.

37 ABl. EU 2014 L 94 S. 243.

38 ABl. EU 2014 L 94 S. 1.

39 Vgl. zur Verfassungsmäßigkeit der Regelungskaskade BVerfGE 116, 135, 153–154; *Knauff*, NZBau 2010, 657, 659–660; *von Wietersheim*, VergabeR 2016, 269, 270.

40 *Byok*, in: FS Marx, S. 87, 89; *Kau*, EuZW 2005, 492, 494; *Pietzcker*, NZBau 2000, 64; *Dreher*, NVwZ 1999, 1265, 1268; *Hertwig*, Praxis des Vergaberechts, Rn. 46; *Breloer*, Europäische Vorgaben und das deutsche Vergaberecht, S. 29–30; *Otting*, in: FS Marx, S. 531.

41 *Pukall*, in: Pitschas/Ziekow, Vergaberecht im Wandel, S. 17, 18; *dies.*, VergabeR 2006, 586, 588; *Pietzcker*, NVwZ 2007, 1225; *Schwab/Giesemann*, VergabeR 2014, 351, 367; *Burgi*, ZHR 178 (2014) 2, 9; *Opitz*, NZBau 2014, 129, 130.

42 *Burgi*, NZBau 2016, 321, 321; *Pukall*, in: Pitschas/Ziekow, Vergaberecht im Wandel, S. 17, 18.

des Kaskadensystems stehen dabei die einfachgesetzlichen Regelungen der §§ 97 ff. GWB. Das GWBVergaberecht stellt dabei eine Art systembildende Rahmenfunktion für die nachfolgenden Regelungsstufen dar.[43] Es regelt die Grundlagen des Vergabeverfahrens, von der Leistungsbeschreibung über die Prüfung der Ausschlussgründe sowie der Eignung, die Zuschlagsentscheidung und die Bedingungen der Auftragsausführung. Die Regelungen des GWB-Vergaberechts erfahren auf zweiter Stufe, gestützt auf die Verordnungsermächtigung nach § 113 GWB, ihre Konkretisierung und Ergänzung durch die Vergabeverordnung (VgV), die Sektorenverordnung (SektVO), die Konzessionsvergabeverordnung (KonzVgV) und die Vergabeverordnung für Verteidigung und Sicherheit (VSVgV).[44] Im Bereich der Bauvergabe erfolgt eine weitere Konkretisierung in Gestalt der VOB/A EU auf dritter Regelungsstufe. Die VOB/A bildet dabei als weitestgehende Konkretisierungsstufe den Kernnormbestand eines jeden Vergabeverfahrens im Bereich von Bauleistungen.[45] Die Verweisungsnormen als Bindeglied zwischen den Regelungskaskaden sind in § 2 VgV und § 2 VSVgV enthalten. Einzig durch die starre Verweisung des § 2 VgV erlangen die Vergabe- und Vertragsordnungen ihren Verordnungsrang und damit ihre Rechtsnatur als materielles Gesetz mit Außenwirkung.[46] Die VOB/A wird dabei durch den privatrechtlich geprägten Vergabe- und Vertragsausschuss (DVA) in Form eines nicht rechtsfähigen Vereins erarbeitet.[47] Seine Legitimation als Gesetzgebungsorgan ist gleichwohl umstritten.[48] Der DVA ist paritätisch aus Auftraggebern und Auftragnehmern zusammengesetzt. Ihm gehören Vertreter aller bedeutenden öffentlichen Bauauftraggeber (Regierungsressorts des Bundes und der Länder, kommunale Spitzenverbände, sonstige öffentliche Auftraggeber wie die Deutsche Bahn AG) und Spitzenorganisationen der Wirtschaft und der

---

43 *Krönke*, NVwZ 2016, 568, 569; *Baumann*, GWR 2016, 159, 160.

44 Verordnung zur Modernisierung des Vergaberechts (Vergaberechtsmodernisierungsverordnung – VergRModVO) v. 12.4.2016, BGBl. 2016 I 624; siehe § 1 Abs. 1 VgV, § 1 Abs. 1 SektVO § 1 KonzVgV und § 1 VSVgV.

45 *Byok*, in: FS Marx, S. 91.

46 *Byok*, in: FS Marx, S. 89.

47 *Dreher*, in: Pitschas/Ziekow, Vergaberecht im Wandel, S. 25, 28.

48 *Dreher*, in: Pitschas/Ziekow, Vergaberecht im Wandel, S. 25, 28; a.A. *von Wietersheim*, VergabeR 2016, 269, 270; *Breloer*, Europäische Vorgaben und das deutsche Vergaberecht, S. 30.

Technik an.[49] Die Vergabe- und Vertragsordnungen werden sodann vom Bundeskabinett beschlossen und im Bundesanzeiger veröffentlicht.

Die Kaskadenstruktur ist seit jeher im Hinblick auf ihre Rechtssicherheit und das verfassungsrechtlich verankerte Transparenzgebot umstritten.[50] Auch der punktuelle Fortbestand der Regelungskaskade wird weiterhin kritisch gesehen.[51] Die Sonderstellung der VOB/A sei nicht durch bauspezifische Anforderungen zu rechtfertigen und damit ebenfalls aufzulösen. Die vormals auf der dritten Regelungsstufe ebenfalls befindlichen Verordnungen der VOL/A und der VOF wurden aufgelöst und inhaltlich in die VgV und UVgO implementiert. Im Oberschwellenbereich ist damit nunmehr grundsätzlich von einer durch GWB und Vergabeverordnungen gebildeten Zweistufigkeit des Regelungssystems auszugehen. Einzige Ausnahme bildet fortwährend der Bereich bauspezifischer Vergaben.

---

49 https://www.bmwsb.bund.de/Webs/BMWSB/DE/themen/bauen/bauwesen/bauauftragsvergabe/bauauftragsvergabe-node.html [zuletzt abgerufen am 30.4.2025].

50 *Bröhmer*, Transparenz als Verfassungsprinzip, S. 33ff.; *Dreher*, in: Immenga/Mestmäcker, GWB vor §§ 97 ff. Rn. 97; ders. NVwZ 1999, 1265, 1266 ff.; *Pache*, DVBl 2001, 1781, 1791; *Rudolf*, in: Byok/Jaeger, Einführung Rn. 111; *Burgi*, Vergaberecht, § 4 Rn. 17; *Knauff*, NZBau 2010, 657, 659; *Schwab/Giesemann*, VergabeR 2014, 351, 367.

51 Siehe etwa Stellungnahme des Nationalen Normenkontrollrates gem. § 6 Abs. 1 NKRG zum Entwurf einer Verordnung zur Modernisierung des Vergaberechts, NKR-Nr. 3543, S. 4 (Anlage BR-Drs. 87/16); *Eichler*, in: MüKo Wettbewerbsrecht, Bd. 3, GWB § 97 Rn. 236; *Dreher*, in: Immenga/Mestmäcker, GWB Vor §§ 97 ff. Rn. 75 (m.w.N).

Begriffsbestimmung

I. Zuschlagsentscheidung

Die im Rahmen der Zuschlagsentscheidung auf erster Stufe der Kaskadenstruktur maßgebliche Vorschrift des § 127 GWB findet nach § 115 GWB Anwendung auf die Vergabe von öffentlichen Aufträgen im Sinne des § 103 Abs. 1 GWB durch öffentliche Auftraggeber im Sinne des § 99 GWB. Danach ist der Zuschlag auf das wirtschaftlichste Angebot zu erteilen.

1. Beschaffungsautonomie

Die Beschaffungsautonomie umfasst die Befugnis des öffentlichen Auftraggebers, den öffentlichen Bedarf und die zu beschaffende Leistung zu bestimmen.[52] Mit der Beschaffungsautonomie einher geht ein eingeschränkt überprüfbarer weiter Beurteilungsspielraum des Auftraggebers.[53] Bereits in den Erwägungsgründen der RL 2014/24/EU wird klargestellt, dass alle Angebote, die den Zuschlag erhalten, danach ausgewählt werden sollten, was der öffentliche Auftraggeber für die wirtschaftlich beste Lösung unter

---

52 *Ahlers*, Grundlagen und Grenzen der Beschaffungsautonomie, S. 49; *Ziegler*, ZfBR 2018, 37, 38.

53 OLG Koblenz, Beschl. v. 5.9.2002, 1 Verg 2/02; OLG Düsseldorf, Beschl. v. 31.5.2017, VII-Verg 36/16, NZBau 2017, 623, 625; BGH, 4.4.2017, X ZB 3/17, NZBau 2017, 366, 369 Rn. 34; OLG München, 2.8.2007, Verg 7/07, ZfBR 2007, 732, 734; OLG Celle, 26.4.2010, 13 Verg 4/10, NZBau 2010, 715, 716; OLG Karlsruhe, 15.11.2013, 15 Verg 5/13, NZBau 2014, 378, 380 f.; *Ahlers*, Grundlagen und Grenzen der Beschaffungsautonomie, S. 49.

den Angeboten hält.[54] Die Beschaffungsautonomie des öffentlichen Auftraggebers umfasst dabei nicht nur die grundsätzliche Bestimmung des Beschaffungsbedarfs, sondern auch die Bestimmung der Kriterien und der Bewertungsmethode anhand derer er das wirtschaftlichste Angebot ermitteln und damit die Zuschlagsentscheidung treffen will.[55] Es unterliegt damit seinem Bestimmungsrecht, worauf es ihm bei dem konkreten Auftrag ankommt und was er als wirtschaftlich erachtet.[56] Ob dem Auftraggeber bei der Bestimmung und Ermittlung der Wirtschaftlichkeit, ein Beurteilungs- oder aber Ermessensspielraum zusteht, wird begrifflich uneinheitlich behandelt.[57] Die Gesetzesbegründung zu § 127 Abs. 4 GWB spricht von einem weiten Ermessensspielraum des Auftraggebers.[58] Obgleich dieser uneinheitlichen Begriffsverwendung im Ergebnis keine erhebliche Bedeutung beizumessen ist, scheint die Annahme eines Beurteilungsspielraums überzeugender, da es sich bei der Wirtschaftlichkeit um einen unbestimmten Rechtsbegriff auf Tatbestandsebene handelt. Der grundsätzlich weite Beurteilungsspielraum des öffentlichen Auftraggebers im Bereich der Wirtschaftlichkeit, wird durch die beispielhaften Auflistungen an Zuschlagskriterien im Rahmen des § 58 Abs. 2 VgV scheinbar eingeengt.[59] Erfolgt die Konkretisierung eines Rechtsbegriffs durch eine nicht abschließende Aufzählung, bleibt der zu konkretisierende Rechtsbegriff jedoch weiterhin unbestimmt.[60] Der zu konkretisierende Rechtsbegriff der Wirtschaftlichkeit, stellt demnach trotz exemplarischer Nennung möglicher Unterkriterien in § 58 Abs. 2 VgV weiterhin einen unbestimmten Rechtsbegriff dar. Die Ausgestaltung des Tatbestandes in Form einer nicht abschließenden Aufzählung ermöglicht dem

---

54 Erwägungsgrund 89 RL 2014/24/EU.

55 VK Bund, Beschl. v. 15.2.2018, VK 1, 161/17, Rn. 93; OLG Düsseldorf, Beschl. v. 8.2.2017, VII-Verg 31/16 mit Anm. Gielen, VergabeR 2017, 505, 506; *Dörr*, in: Beck'scher Vergaberechtskommentar, Bd. 1, Einl. Rn. 5.

56 OLG Koblenz, Beschl. v. 5.9.2002, 1 Verg 2/02.

57 *Greb*, NZBau 2020, 147, 149; BGH, Urt. v. 16.10.2001, X ZR 100/99, NZBau 2002, 107, 107; OLG Düsseldorf, Beschl. v. 31.5.2017, VII-Verg 36/16, NZBau 2017, 623, 625; BGH, 4.4.2017, X ZB 3/17, NZBau 2017, 366, 369 Rn. 34; OLG München, Beschl. v. 2.8.2007, Verg 7/07, ZfBR 2007, 732, 734; *Götz*, Öffentliche Beschaffungsmärkte und Europarecht, S. 158.

58 Gesetzesbegründung zu § 127 Abs. 4 GWB, BT-Drs. 18/6281, S. 112.

59 *Willenbruch*, in: FS Marx, S. 845.

60 *Barczak*, JuS 2020, 905, 910.

Rechtsanwender personenbezogene Zuschlagskriterien festzulegen, die im Einklang mit der gesetzgeberischen Intention in das normative Gefüge der Regelbeispiele Organisation, Qualifikation und Erfahrung eingebettet werden können. Die Norm besitzt damit eine den unbestimmten Rechtsbegriffen innewohnende Reservefunktion, die Umstände des Einzelfalls bzw. zukünftige Rechtsentwicklungen zu berücksichtigen vermag.[61] Die qualitativen Zuschlagskriterien der Organisation, Qualifikation und Erfahrung, räumen dem Auftraggeber dabei einen doppelten Beurteilungsspielraum ein;[62] einerseits bei der Festsetzung der konkretisierenden Unterkriterien, andererseits bei der Bewertung der jeweiligen Angebote unter Anwendung dieser Kriterien. Die Wertungsentscheidung stellt dabei einen besonders sensiblen und zugleich für die Zuschlagsentscheidung determinierenden Vorgang dar.[63]

Die dem Vergaberecht immanente weite Beschaffungsautonomie darf dem öffentlichen Auftraggeber gleichwohl keine uneingeschränkte Entscheidungsfreiheit einräumen.[64] Das weite Bestimmungsrecht des öffentlichen Auftraggebers bei der Konkretisierung der Wirtschaftlichkeitsmaßstäbe im Rahmen der Angebotswertung findet seine Schranken in den allgemeinen Vergaberechtsprinzipien.[65] Die Reichweite und die Grenzen des Beurteilungsspielraums des öffentlichen Auftraggebers richten sich zudem nach § 127 Abs. 4 GWB, der Konkretisierungen der Vergabeprinzipien enthält. Danach müssen die Zuschlagskriterien derart bestimmt und objektivierbar ausformuliert sein, dass sie dem öffentlichen Auftraggeber keine unbeschränkte Entscheidungsfreiheit gewähren und eine willkürliche Zuschlagserteilung verhindern.[66] Die Zuschlagskriterien müssen zudem überprüfbar ausgestaltet sein. Sie dürfen keine für den Bieter unvorhersehbaren willkürlichen Wertungsmöglichkeiten des Auftraggebers ermöglichen.[67]

---

61 *Barczak*, JuS 2020, 905, 910.

62 Vgl. *Pauka*, NZBau 2015, 18, 21.

63 *Lieb*, Beschaffungsdienstleister im Vergabeverfahren, S. 182; *Plauth*, in: Müller-Wrede, GWB § 127 Rn. 194.

64 EuGH, Urt. v. 17.9.2002, Rs. C-513/99, ECLI:EU:C:2002:495, Rn. 61 (Concordia Bus).

65 *Probst/Winter*, VergabeR 2014, 115, 116.

66 EuGH, Urt. v. 20.9.1988, Rs. C-31/87, ECLI:EU:C:1988:422, Rn. 27, 37 (Beentjes); EuGH, Urt. v. 17.9.2002, Rs. C-513/99, ECLI:EU:C:2002:495, Rn. 69 (Concordia Bus); EuGH, Urt. v. 4.12.2003, Rs. C-448/01, ECLI:EU:C:2003:651, Rn. 33, 34 (Wienstrom).

67 *Ziekow*, in: Ziekow/Völlink, GWB § 127 Rn. 25.

Bei der Einordnung eines Kriteriums als Eignungs- oder Zuschlagskriterium, obliegt dem öffentlichen Auftraggeber indes bereits auf Tatbestandsebene kein Beurteilungsspielraum. Die Abgrenzung der Kriterienkategorien stellt eine gebundene Entscheidung dar, die allein anhand der schwerpunktmäßigen Abgrenzungsmethode aufgrund einer Gesamtabwägung der tatsächlichen Umstände zu erfolgen hat und im Nachprüfungsverfahren einer uneingeschränkten Überprüfung unterliegt.[68] Der Beurteilungsspielraum erstreckt sich damit zwar auf die Auswahl der Kriterien, die der Auftraggeber für die Beurteilung personenbezogener Qualität im Rahmen des wirtschaftlichsten Angebots für maßgeblich erachtet, nicht jedoch auf die Frage, ob er das jeweilige Kriterium seiner entsprechenden Kategorie vergaberechtskonform zugeordnet hat.

2. Das wirtschaftlichste Angebot

Die Auftragsvergaberichtlinie 2014/24/EU sieht in Art. 67 Abs. 1 die Zuschlagserteilung auf das „wirtschaftlich günstigste Angebot“ vor. Der Regelungsgehalt des Art. 67 RL 2014/24/EU erschöpft sich nicht allein in der Umsetzungsvorschrift des § 127 GWB, sondern findet auch in § 58 VgV und § 16d Abs. 2 VOB/A EU Einzug.[69] Die Konkretisierungen zu § 127 GWB regelt der Normgeber auf Grundlage der Ermächtigung nach § 113 S. 2 Nr. 5 GWB in § 58 VgV und § 16d Abs. 2 VOB/A.[70] Die nationale Umsetzung in § 127 Abs. 1 S. 1 GWB spricht indes vom „wirtschaftlichsten Angebot“. Der auf den ersten Blick enger anmutende Wortlaut der Richtlinie, stellt jedoch lediglich einen terminologischen Unterschied zwischen nationaler und unionaler Begrifflichkeit dar und ist damit zu vernachlässigen.[71] Es handelt sich

---

[68] EuGH, Urt. v. 12.11.2009, Rs. C-199/07, ECLI:EU:C:2009:693, Rn. 55 (Kommission/Griechenland); EuGH, Urt. v. 24.1.2008, Rs. C-532/06, ECLI:EU:C:2008:40, Rn. 30, 31 (Lianakis); VK Sachsen, Beschl. v. 30.8.2017, 1/SVK/015–17; *Opitz*, in: Beck'scher Vergaberechtskommentar, Bd. 1, GWB § 127 Rn. 97; *Plauth*, in: Müller-Wrede, GWB § 127 Rn. 217; *Hölzl*, in: MüKo Wettbewerbsrecht, Bd. 3, GWB § 122 Rn. 38; *Beckmann*, in: Leinemann/Otting/Kirch/Homann, VgV § 58 Rn. 18.

[69] *Kreuzer*, Die Vergaberechtsreform 2016 durch die Richtlinien 2014/23/EU, 2014/24/EU, 2014/25/EU, S. 259; *Delcuvé*, in: Müller-Wrede, GWB § 127 Rn. 6; *Hölzl*, in: MüKo Wettbewerbsrecht, Bd. 3, GWB § 127 Rn. 12; *Opitz*, in: Beck'scher Vergaberechtskommentar, Bd. 1, GWB § 127 Rn. 15.

[70] *Delcuvé*, in: Müller-Wrede, GWB § 127 Rn. 1.

[71] *Schwab/Giesemann*, VergabeR 2014, 351, 360.

lediglich um eine sprachliche, nicht um eine inhaltliche Abweichung.[72] Die Begriffe des wirtschaftlichsten Angebots und des wirtschaftlich günstigsten Angebots finden daher synonyme Verwendung.[73] Das Merkmal der Wirtschaftlichkeit stellt den wohl bedeutendsten unbestimmten Rechtsbegriff des Vergaberechtssystems und zugleich die zentrale Wertentscheidung des Vergabeverfahrens dar.[74] Ausfüllungsbedürftige Rechtsbegriffe werden verwendet, wenn aufgrund der Vielzahl möglicher Fallgestaltungen ein Erfassen sämtlicher Konstellationen im Vorfeld nicht möglich erscheint.[75]

Zwar enthält § 127 Abs. 1 S. 1 GWB keine imperative Formulierung, gleichwohl ergibt sich aus der insoweit klarer formulierten Gesetzesbegründung, dass den Auftraggeber eine Pflicht zur Zuschlagserteilung auf das wirtschaftlichste Angebot trifft.[76] Dort wird ausdrücklich festgestellt, dass der Auftraggeber den Zuschlag auf das wirtschaftliche Angebot erteilen muss.[77] Es kommen im Rahmen der Angebotsbewertung damit ausschließlich Zuschlagskriterien in Betracht, die der Ermittlung des wirtschaftlich günstigsten Angebots dienen.[78] Die Verwendung der superlativen Formulierung „wirtschaftlichste" impliziert, dass die Angebote relativ zueinander zu bewerten sind.[79] Im Gegensatz zur Eignungsprüfung, die absolut aufgrund einer ja/nein Basis erfolgt und zum Ausschluss ungeeigneter Bieter führt, handelt es sich bei der Zuschlagsentscheidung um eine relative Wertungsentscheidung mit dem Ziel der Ermittlung einer Rangfolge unter den Angeboten.[80] Die Eignung eines Bewerbers oder Bieters liegt entweder vor oder sie liegt

---

72 *Schwab/Giesemann*, VergabeR 2014, 351, 360.

73 BGH, Urt. v. 17.2.1999, X ZR 101/97, NJW 2000, 137; VK Brandenburg, Beschl. v. 26.2.2013, VK 46/12, BeckRS 2013, 7312; OLG Brandenburg, Beschl. v. 5.1.2006, Verg W 12/05, ZfBR 2006, 503.

74 BT-Drs. 18/6281, S. 111; Erwägungsgrund 89 RL 2014/24/EU; vgl. *Schwarze*, EuZW 2000, 133, 141; *Hillen*, Die gerichtliche Kontrolle von Wirtschaftlichkeit im Vergaberecht, S. 408; *Mayr*, Eignungs- und Zuschlagskriterien im Vergaberecht, S. 211.

75 *Stickelbrock*, Inhalt und Grenzen richterlichen Ermessens, S. 117.

76 BT-Drs. 18/6281, S. 111.

77 BT-Drs. 18/6281, S. 111.

78 EuGH, Urt. v. 20.9.1988, Rs. C-31/87, ECLI:EU:C:1988:422, Rn. 19 (Beentjes); EuGH, Urt. v. 19.6.2003, Rs. C-315/01, ECLI:EU:C:2003:360, Rn. 64 (GAT); *Dobmann*, Das neue Vergaberecht, S. 32; *Hattenhauer/Butzert*, ZfBR 2018, 229, 232.

79 *Delcuvé*, in: Müller-Wrede, GWB § 127 Rn. 12.

80 BT-Drs. 18/6281, S. 111.

nicht vor, unabhängig von der Eignung anderer Bewerber oder Bieter.[81] Die Angebotsbewertung erfolgt demgegenüber in Form einer relativen Wertung der Angebote zueinander.

Dem Begriff des wirtschaftlichsten Angebots kommt dabei keine einschränkende Funktion zu. Der Auftraggeber kann sowohl einzelwirtschaftliche als auch gesamtwirtschaftliche Aspekte berücksichtigen.[82] Er impliziert daher auch keine Einschränkung auf rein ökonomische Aspekte. Das wirtschaftlichste Angebot kann infolge dogmatischer Legitimation in § 127 Abs. 1 GWB ebenso anhand qualitativer, umweltbezogener oder sozialer Aspekte bestimmt werden.

Die normative Konkretisierung in § 127 Abs. 1 GWB legt weiterhin fest, dass das wirtschaftlichste Angebot auf Grundlage des besten Preis-Leistungs-Verhältnisses zu bestimmen ist. Maßgeblich ist damit die günstigste Relation zwischen dem ausgeschriebenen Beschaffungsgegenstand und den dafür einzusetzenden Mitteln.[83] Die beiden zur Bestimmung des wirtschaftlichsten Angebots zulässigen Optionen, einerseits allein anhand monetärer Kriterien, andererseits anhand einer Kombination monetärer und nichtmonetärer Kriterien, sind abschließender Natur.[84] Der Richtliniengeber macht in den Richtlinienerwägungen deutlich, dass er bei der Regelung der Zuschlagsentscheidung ein Zusammenspiel von qualitativen und quantitativen Kriterien zur Ermittlung des besten Preis-Leistungs-Verhältnisses anstrebt.[85]

Die im Rahmen des Art. 67 Abs. 2 lit. b) RL 2014/24/EU sowie seiner nationalen Umsetzung in § 58 Abs. 2 Nr. 2 VgV erfassten personenbezogenen Zuschlagskriterien, die zur Ermittlung des besten Preis-Leistungs-Verhältnisses herangezogen werden können, sind hingegen wiederum

---

81 BT-Drs. 18/6281, S. 111.

82 *Hattenhauer/Butzert*, ZfBR 2018, 229, 232; *Delcuvé*, in: Müller-Wrede, GWB § 127 Rn. 14; a.A. zur alten Rechtslage *Opitz*, NZBau 2001, 12, 13; *Ziekow*, NZBau 2001, 72, 74; *Breloer*, Europäische Vorgaben und das deutsche Vergaberecht, S. 86, 89; *Ricken*, Beurteilungsspielräume und Ermessen im Vergaberecht, S. 311; a.A. *Opitz*, NZBau 2001, 12, 13; *Ziekow*, NZBau 2001, 72, 74.

83 BT-Drs. 18/6281, S. 111; *Lux*, in: Müller-Wrede, GWB § 97 Rn. 31; *Dörr*, in: Beck'scher Vergaberechtskommentar, Bd. 1, GWB § 97 Abs. 1 Rn. 51.

84 EuGH, Urt. v. 26.4.1994, Rs. C-272/91, ECLI:EU:C:1994:167, Rn. 35 (Lottomatica); EuGH, Urt. v. 24.1.2008, Rs. C-532/06, ECLI:EU:C:2008:40, Rn. 28 (Lianakis); EuGH, Urt. v. 7.10.2004, Rs. C 247/02, ECLI:EU:C:2004:593, Rn. 38 (Sintesi).

85 Erwägungsgrund 92 RL 2014/24/EU.

nicht abschließend, sondern lediglich als exemplarischer Katalog im Gesetz aufgeführt.[86]

a) Monetäre Zuschlagskriterien

Der Wortlaut des § 127 Abs. 1 GWB als auch des § 58 Abs. 2 S. 2 VgV, sehen vor, dass neben dem Preis oder den Kosten auch qualitative, umweltbezogene oder soziale Zuschlagskriterien berücksichtigt werden können. Daraus kann gefolgert werden, dass monetäre Aspekte jedenfalls bei der Ermittlung des besten Preis-Leistungs-Verhältnisses berücksichtigt werden müssen und nichtmonetäre Kriterien optional berücksichtigt werden können.[87] Dies findet Bestätigung in den Gesetzesbegründungen sowie den Richtlinienerwägungen.[88] Die Ermittlung des besten Preis-Leistungs-Verhältnisses kann indessen auch unter Festsetzung eines Festpreises oder Festkosten außerhalb der Zuschlagskriterien erfolgen. Die Zuschlagsentscheidung nach dem niedrigsten Preis oder den niedrigsten Kosten, stellt dabei eine gebundene Entscheidung nach rein quantitativen Kriterien dar.[89] Sie kommt insbesondere bei einfach gelagerten, standardisierten Auftragsgegenständen oder der Beschaffung homogener Massengüter in Betracht.[90]

b) Nichtmonetäre Zuschlagskriterien

Die Normen des § 127 Abs. 1 S. 3 GWB sowie § 58 Abs. 2 S. 2 VgV eröffnen neben den monetären Zuschlagskriterien die Möglichkeit qualitative, umweltbezogene und soziale Kriterien als nichtmonetäre Zuschlagskriterien zu berücksichtigen. Personenbezogene Zuschlagskriterien unterfallen dabei den qualitativen Zuschlagskriterien. Der unbestimmte Rechtsbegriff der qualitativen Zuschlagskriterien erfährt durch § 58 Abs. 2 Nr. 2 VgV eine Konkretisierung für den Bereich personenbezogener Qualität.[91] Die

---

86 EuGH, Urt. v. 17.9.2002, Rs. C-513/99, ECLI:EU:C:2002:495, Rn. 54 (Concordia Bus); EuGH, Urt. v. 19.6.2003, Rs. C-315/01, ECLI:EU:C:2003:360, Rn. 63 (GAT).

87 *Hillen*, Die gerichtliche Kontrolle von Wirtschaftlichkeit im Vergaberecht, 533, 534; *Krönke*, NVwZ 2016, 568, 570.

88 BT-Drs. 18/6281, S. 110–111; BR-Drs. 87/16, S. 212; Erwägungsgrund 90 RL 2014/24/EU.

89 *Götz*, Öffentliche Beschaffungsmärkte und Europarecht, S. 158.

90 *Ricken*, Beurteilungsspielräume und Ermessen im Vergaberecht, S. 143.

91 Verordnungsbegründung zu § 58 Abs. 2, S. 1 VgV, BR-Drs. 87/16, S. 212.

personenbezogene Qualität ist gleichwohl ihrerseits konkretisierungsbedürftig und erfordert im Lichte des Transparenzgrundsatzes eine Konkretisierung im Hinblick auf den konkreten Auftragsgegenstand.[92] Eine Konkretisierung des unbestimmten Rechtsbegriffs der Wirtschaftlichkeit allein durch den ebenfalls unbestimmten Rechtsbegriff der Personalqualität, vermag im Lichte des Transparenzgrundsatzes nicht zu gelingen.[93] Es bedarf damit einer weiteren Konkretisierung durch Unterkriterien. Wie weit in die Tiefe die Zuschlagskriterien durch den öffentlichen Auftraggeber in Form weiterer Unterkriterien und Unter-Unterkriterien auszufüllen sind, hängt vom Auftragsgegenstand und den jeweiligen Kriterien des Einzelfalls ab.[94] Unterkriterien sind Kriterien, die der Konkretisierung eines Hauptkriteriums dienen und präzisieren, worauf es dem Auftraggeber ankommt.[95] Eine Pflicht zur Bildung von Unterkriterien besteht grundsätzlich nicht.[96] Gleichwohl ist das Offenlassen der Bewertungsunterkriterien im Lichte des Transparenzgebots nur in den Schranken hinreichender Bestimmtheit zulässig, in denen für den potentiellen Bieter ausreichend und eindeutig erkennbar bleibt, welche Bewertungsmaßstäbe der öffentliche Auftraggeber bei der Bewertung der Angebote an den Tag legt.

Hinter den monetären Zuschlagskriterien stellt die Qualität des Auftragsgegenstandes bzw. der Auftragsausführung das wichtigste Zuschlagskriterium im Rahmen der Zuschlagsentscheidung dar.[97] Die Qualität des zu beschaffenden Produkts oder der Leistung kann in Abhängigkeit vom Auftragsgegenstand eine herausragende Bedeutung bei der Ermittlung des wirtschaftlichsten Angebots einnehmen.[98] Die Leistungsqualität kann in Abhängigkeit des Auftragsgegenstands mehr oder weniger stark von der

92 *Mutschler-Siebert/Kern*, in: Gabriel/Krohn/Neun, Handbuch Vergaberecht, § 32 Rn. 61.

93 *Hillen*, Die gerichtliche Kontrolle von Wirtschaftlichkeit im Vergaberecht, S. 538; *Willenbruch*, in: FS Marx, 841, 847.

94 *Hillen*, Die gerichtliche Kontrolle von Wirtschaftlichkeit im Vergaberecht, S. 539–540.

95 OLG Celle, Beschl. v. 25.3.2021, 13 Verg 1/21, ZfBR 2021, 686, 686; OLG Frankfurt, Beschl. v. 5.10.2010, 11 Verg 7/10, ZfBR 2011, 394, 398.

96 *Plauth*, in: Müller-Wrede, GWB § 127 Rn. 198.

97 *Mutschler-Siebert/Kern*, in: Gabriel/Krohn/Neun, Handbuch Vergaberecht, § 32 Rn 61; *Voppel*, in: Voppel/Osenbrück/Bubert, VgV § 58 Rn. 37.

98 *Voppel*, in: Voppel/Osenbrück/Bubert, VgV § 58 Rn. 37; *Mutschler-Siebert/Kern*, in: Gabriel/Krohn/Neun, Handbuch Vergaberecht, § 32 Rn. 61.

Personalqualität des ausführenden Personals beeinflusst werden.[99] Den qualitativen Zuschlagskriterien wird dabei regelmäßig ein unmittelbarer Bezug zum Auftragsgegenstand zugesprochen.[100] Dies ist auch für den Bereich personenbezogene Qualität denkbar, sofern diese im Rahmen des konkreten Auftrags erheblichen Einfluss auf die Leistungsqualität ausübt. Der Richtliniengeber hat den Beurteilungsspielraum der öffentlichen Auftraggeber im Rahmen der RL 2014/24/EU im Hinblick auf qualitative Zuschlagskriterien erweitert.[101] Danach werden öffentliche Auftraggeber ausdrücklich zur Wahl von Zuschlagskriterien ermutigt, mit denen sie qualitativ hochwertige Leistungen erhalten, die ihren Bedürfnissen optimal entsprechen.

II. Personenbezogene Zuschlagskriterien

Weder das europäische noch das nationale Vergaberechtssystem enthält eine Legaldefinition des Begriffs personenbezogener Zuschlagskriterien.[102] Der Begriff personenbezogener Zuschlagskriterien impliziert dabei bereits nach seinem Wortsinn den Bezug eines Zuschlagskriteriums zu einem individualisierbaren Bezugssubjekt oder einer abgrenzbaren Gruppe von Bezugssubjekten.

In der Vergaberechtsentwicklung verfestigte sich lange Zeit eine Unterscheidung nach personenbezogenen Eignungskriterien und angebotsbezogenen Zuschlagskriterien, die sich auch heute noch finden lässt.[103] Dies scheint zunächst der Personenbezogenheit eines Zuschlagskriteriums zu widersprechen. Spätestens mit der 7. ÄVOVgV fand jedoch insoweit ein Umdenken statt, als die Legitimation personenbezogener Zuschlagskriterien in den §§ 4, 5 VgV a.F. dogmatische Bestätigung fand. Hier wurden erstmals, in Vorwegnahme der unionsrechtlichen Regelung in Art. 67 RL 2014/24/EU die Organisation, Qualifikation und Erfahrung des für den Auftrag

---

[99] *Voppel*, in: Voppel/Osenbrück/Bubert, VgV § 58 Rn. 46.

[100] *Lausen*, in: Beck'scher Vergaberechtskommentar, Bd. 2, VgV § 58 Rn. 28.

[101] Erwägungsgrund 92 RL 2014/24/EU.

[102] Vgl. *Plauth*, in: Müller-Wrede, GWB § 127 Rn. 193.

[103] *Burgi*, Vergaberecht, § 17 Rn. 1; *Burgi*, ZHR 178 (2014) 2, 4; *Krönke*, NVwZ 2016, 568, 570; *Schabel*, in: FS Marx, 643, 654; Verordnungsbegründung zu § 4 VgV, BR-Drs. 610/13, S. 11; *Siegel*, NVwZ 2016, 1672, 1675; OLG Karlsruhe, Beschl. v. 21.12.2012, 15 Verg 10/12, NZBau 2013, 528, 529.

einzusetzenden Personals als berücksichtigungsfähige Zuschlagskriterien zugelassen. Fortan fand der Begriff personenbezogener Zuschlagskriterien vermehrt Einzug im Schrifttum.[104] Gleichwohl hat sich bislang kein klares Begriffsverständnis durchsetzen können. Die Begriffe der personenbezogenen, bieter- oder unternehmensbezogenen Zuschlagskriterien unterliegen einer uneinheitlichen bis kontroversen Verwendung.[105]

Im Lichte des aktuellen Rechtsstands scheint eine Differenzierung zwischen den gesetzlich legitimierten personenbezogenen Zuschlagskriterien im Hinblick auf das für den konkreten Auftrag einzusetzende Personal einerseits sowie den personenbezogenen Zuschlagskriterien im Hinblick auf den Bieter andererseits geboten. Die Gruppe personenbezogener Zuschlagskriterien in Bezug auf das für den Auftrag einzusetzende Personal, soll dabei im weiteren Verlauf der Untersuchung als personenbezogene Zuschlagskriterien im engeren Sinne eingeordnet werden. Die Kriterien der Organisation, Qualifikation und Erfahrung des für den Auftrag einzusetzenden Personals, stellen den Kernbereich des bisherigen Diskurses im Bereich personenbezogener Zuschlagskriterien dar.[106] Die Gruppe personenbezogener Zuschlagskriterien in Bezug auf den Bieter, soll im Folgenden als personenbezogene Zuschlagskriterien im weiteren Sinne bezeichnet werden. Im Bereich dieser Kriterien befindet sich bislang ausschließlich auf nationaler Ebene eine dogmatische Legitimation in § 65 Abs. 5 VgV für den Bereich sozialer und anderer besonderer Dienstleistungen, deren Europarechtskonformität jedoch umstritten ist.[107] Angesichts des Umstands, dass im Bereich personenbezogener Zuschlagskriterien im engeren Sinne, die grundsätzliche Zulässigkeit im Anwendungsbereich des Art. 67 RL 2014/25/EU sowie der nationalen Umsetzung in § 58 Abs. 2 Nr. 2 VgV gemeinhin anerkannt ist während im Bereich personenbezogener Zuschlagskriterien im weiteren Sinne nach aktuell überwiegender Auffassung eine grundsätzliche Zulässigkeit abgelehnt wird, scheint eine derartige Differenzierung für die Zwecke vorliegender

---

104 *Pauka,* NZBau 2015, 18, 20 (m.w.N.).

105 Beispielhaft dazu OLG Karlsruhe, Beschl. v. 21.12.2012, 15 Verg 10/12, NZBau 2013, 528, 530.

106 *Pauka*, NZBau 2015, 18; *Petersen*, VergabeR 2015, 8; *Heller*, EWeRK 2015, 144.

107 VK Niedersachsen, Beschl. v. 28.9.2023, VgK-26/2023, juris Rn. 153; VK Westfalen, Beschl. v. 17.2.2021, VK 1–52/20, Rn. 63; *Schulz A./Schulz*, in: BeckOK Vergaberecht, VgV § 65 Rn. 6; *Opitz,* Beck'scher Vergaberechtskommentar, Bd. 1, GWB § 127 Rn. 101.

Untersuchung geboten. Personenbezogene Zuschlagskriterien sind nach hiesigem Verständnis damit der Oberbegriff sowohl für personalbezogene Kriterien im Sinne des § 58 Abs. 2 Nr. 2 VgV als auch für bieterbezogene Kriterien, die sich nach der schwerpunktmäßigen Abgrenzungsprüfung als Zuschlagskriterien erweisen.[108]

1. Personenbezogene Zuschlagskriterien im engeren Sinne

Seit dem Inkrafttreten der Richtlinie 2014/24/EU, insbesondere des Art. 67 Abs. 2 lit. b) sowie seiner nationalen Umsetzungsnormen, wird der Begriff der personenbezogenen Zuschlagskriterien mit den dort kodifizierten Zuschlagskriterien der Organisation, Qualifikation und Erfahrung des für den Auftrag einzusetzenden Personals in Verbindung gebracht.[109] Die in § 58 Abs. 2 VgV genannten Zuschlagskriterien unterliegen keinem einheitlichen Begriffsverständnis und sind nicht überschneidungsfrei voneinander abgrenzbar.[110] Die an dieser Stelle enumerativ gennannten Fallgruppen betreffen materielle Eigenschaften des Auftragsgegenstands, immaterielle Eigenschaften des Auftragsgegenstands sowie vertragliche Aspekte. Die sich auf die Auftragsqualität auswirkende personenbezogene Qualität im Sinne des § 58 Abs. 2 Nr. 2 VgV stellt dabei eine immaterielle Eigenschaft des Auftragsgegenstandes dar. Das Zuschlagskriterium der Qualität in Ausprägung personenbezogener Qualität bildet den Oberbegriff zu den Unterkriterien Organisation, Qualifikation und Erfahrung des einzusetzenden Personals.[111] Die Aufzählung der personenbezogenen Qualitätskriterien ist ausweislich der Verordnungsbegründung nicht

---

108 Wohl auch *Seeger*, in: Müller-Wrede, VgV § 46 Rn. 62; zur schwerpunktmäßigen Abgrenzung EuGH, Urt. v. 12.11.2009, Rs. C-199/07, ECLI:EU:C:2009:693, Rn. 55 (Kommission/Griechenland); EuGH, Urt. v. 24.1.2008, Rs. C-532/06, ECLI:EU:C:2008:40, Rn. 30, 31 (Lianakis); VK Sachsen, Beschl. v. 30.8.2017, 1/SVK/015–17; *Opitz*, in: Beck'scher Vergaberechtskommentar, Bd. 1, GWB § 127 Rn. 97.

109 *Petersen*, VergabeR 2015, 8; *Heller*, EWeRK 2015, 144; *Pauka*, NZBau 2015, 18; *Seeger*, in: Müller-Wrede, VgV § 46 Rn. 62; *Leinenbach*, ZfBR 2020, 741, 744; *Raab*, Auswirkungen personenbezogener Vergabekriterien für öffentliche Bauaufträge und öffentliche baunahe Dienstleistungsaufträge auf den österreichischen Bauarbeits- und Bietermarkt, S. 108.

110 *Opitz*, in: Beck'scher Vergaberechtskommentar, Bd. 1, GWB § 127 Rn. 73.

111 *Müller-Wrede*, in: Müller-Wrede, VgV § 58 Rn. 165; *Bulla*, in: Willenbruch/Wieddekind, VgV § 58 Rn. 16.

abschließend.[112] Weitere Unterkriterien der Personalqualität können damit im Wege der Auslegung ermittelt werden. Der Wortlaut legt gleichwohl nahe, dass die Qualität des einzusetzenden Personals insbesondere durch die Unterkriterien Organisation, Qualifikation und Erfahrung konkretisiert werden kann.[113] Der Gesetzgeber sah jedoch Raum für weitere durch Auslegung zu ermittelnde Unterkriterien im Lichte der enumerativ genannten.

Im Rahmen der vorliegenden Untersuchung werden als personenbezogene Zuschlagskriterien im engeren Sinne diejenigen Kriterien angesehen, die in Gestalt von Unterkriterien zur Konkretisierung der in Art. 67 Abs. 2 lit. b) der Richtlinie 2014/24/EU sowie wortgleich in § 58 Abs. 2 Nr. 2 VgV normierten Personalqualität in Form der Organisation, Qualifikation und Erfahrung des einzusetzenden Personals, festgelegt werden.

2. Personenbezogene Zuschlagskriterien im weiteren Sinne

Im Schrifttum sind zahlreiche Beiträge zu finden, in denen auf bieterbezogene Zuschlagskriterien rekurriert wird.[114] Der Großteil dieser Beiträge befasst sich in der Sache jedoch mit dem Bereich personenbezogener Zuschlagskriterien im Hinblick auf das für den Auftrag einzusetzende Personal, welchem lediglich ein mittelbarer Bezug zum Bezugssubjekt des Bieters innewohnt. Den personenbezogenen Zuschlagskriterien im weiteren Sinne sind nach dem Verständnis der vorliegenden Arbeit demgegenüber all diejenigen Zuschlagskriterien zuzuordnen, die bereits im Rahmen ihrer ausdrücklichen Festsetzung einen unmittelbaren Bezug zum Bieter aufweisen.

Eine dogmatische Verankerung personenbezogener Zuschlagskriterien im weiteren Sinne findet sich bislang ausschließlich auf nationaler Ebene in § 65 Abs. 5 VgV. Der § 65 Abs. 5 VgV stellt eine Konkretisierung des § 58 Abs. 2 Nr. 2 VgV für das Sonderregime der sozialen und anderen besonderen Dienstleistungen dar.[115] Danach können insbesondere auch der Erfolg und

---

[112] Gesetzesbegründung zu § 58 Abs. 2, BR-Drs. 87/16, S. 213; vgl. *Steck*, in: Ziekow/Völlink, VgV § 58 Rn. 28.

[113] *Leinenbach*, ZfBR 2020, 741, 744; *Burgi*, ZHR 178 (2014) 2, 4–5.

[114] *Bulla*, in: Willenbruch/Wieddekind, VgV § 58 Rn. 15; *Schwabe*, IBR 2015, 268, 268; *Ziekow*, in: Ziekow/Völlink, GWB § 127 Rn. 41; *Conrad*, DVBl. 2014, 958.

[115] *Mußgnug*, in: Pünder/Schellenberg, VgV § 65 Rn. 21; *Rixen*, in: Beck'scher Vergaberechtskommentar, Bd. 2, VgV § 65 Rn. 10.

die Qualität bereits erbrachter Leistungen des Bieters als Zuschlagskriterien berücksichtigt werden.[116]

Für das Bedürfnis einer eingehenden Untersuchung personenbezogener Zuschlagskriterien im weiteren Sinne spricht auch der Umkehrschluss des § 46 Abs. 3 Nr. 6 VgV. Nach dieser Regelung lässt der Verordnungsgeber fachliche Qualifikationen des Bieters oder seines Führungspersonals als Eignungskriterien zu, sofern diese nicht als Zuschlagskriterien bewertet werden. Darin liegt das einzige ausdrücklich normierte Doppelverwertungsverbot des Vergaberechtssystems begründet.[117] Aus seinem Umkehrschluss wird deutlich, dass der Verordnungsgeber die Berücksichtigung fachlicher Qualifikationen des Bieters und seines Führungspersonals auf Zuschlagsebene grundsätzlich für möglich erachtet. Im Schrifttum wird im Zusammenhang mit den bieterbezogenen Kriterien des § 46 Abs. 3 Nr. 6 VgV vereinzelt von personenbezogenen Zuschlagskriterien gesprochen.[118]

III. Zwischenfazit

Die Beschaffungsautonomie des Auftraggebers bei der Ermittlung des wirtschaftlichsten Angebots umfasst die Festsetzung personenbezogener Qualitätskriterien. Im Bereich dieser qualitativen personenbezogenen Zuschlagskriterien ist eine Differenzierung geboten. Zu unterscheiden ist zwischen den kodifizierten, in Rechtsprechung und Schrifttum in ihrer dogmatisch legitimierten Zulässigkeit inzwischen grundsätzlich anerkannten, Zuschlagskriterien im Hinblick auf das für den konkret ausgeschriebenen Auftrag einzusetzende Personal einerseits und den personenbezogenen Zuschlagskriterien in Anknüpfung an den Bieter andererseits. Letztere haben bislang lediglich eine punktuelle nationale Kodifizierung für den Bereich sozialer und anderer besonderer Dienstleistungen erfahren und unterliegen in Fragen ihrer grundsätzlichen Zulässigkeit überwiegend einer ablehnenden Haltung.

---

116 Vgl. VK Rheinland, Beschl. v. 27.9.2019, VK 35/19.

117 Dazu ausführlich Kap. C.IV.1.

118 *Seeger*, in: Müller-Wrede, VgV § 46 Rn. 62.

ZWEITER TEIL

Zulässigkeit und Grenzen personenbezogener Zuschlagskriterien

Zulässigkeit personenbezogener Zuschlagskriterien

Im Bereich der personenbezogenen Zuschlagskriterien im engeren Sinne, ist die Zulässigkeit aufgrund ausdrücklicher gesetzlicher Regelung innerhalb der normierten Voraussetzungen determiniert. Insoweit stellt sich lediglich die Frage, ob der gesetzlichen Zulassung in Art. 67 Abs. 2 lit. b) RL 2014/24/EU sowie seiner nationalen Umsetzung in § 58 Abs. 2 Nr. 2 VgV konstitutive oder deklaratorische Wirkungen beizumessen sind. Im Bereich personenbezogener Zuschlagskriterien im weiteren Sinne besteht ausschließlich für soziale und andere besondere Dienstleistungen eine gesetzliche Zulassung in § 65 Abs. 5 VgV, deren Europarechtskonformität jedoch umstritten ist.[119] Im Übrigen bleibt die Frage, ob sich ein grundsätzliches Verbot personenbezogener Zuschlagskriterien aus dem europäischen oder nationalen Vergaberechtssystem oder aber den Vergabegrundsätzen ableiten lässt, offen.

I. Vergabezwecke

Der Basiszweck des Vergaberechts liegt in der Ermöglichung und erfolgreichen Erfüllung von Verwaltungsaufgaben sowie der damit einhergehenden

119 VK Westfalen, Beschl. v. 17.2.2021, VK 1–52/20, Rn. 63; *Schulz A./Schulz*, in: BeckOK Vergaberecht, VgV § 65 Rn. 6; *Opitz*, Beck'scher Vergaberechtskommentar, Bd. 1, GWB § 127 Rn. 101; *Jansen*, in: Röwekamp/Kus/Marx/Portz/Prieß, VgV § 65 Rn. 23, 24; eingehend dazu Kap. D.III.3.

Sicherung der Funktionsfähigkeit der Verwaltung.[120] Die Grundsätze der Wirtschaftlichkeit und Sparsamkeit unterfallen indes den Primärzwecken, da eine unwirtschaftliche Beschaffung die Funktionsfähigkeit der Verwaltung unmittelbar zu bedrohen vermag.[121] Eine wirtschaftliche Beschaffung soll dabei durch umfassenden Wettbewerb gewährleistet werden.[122] Die Zuschlagskriterien, die der Ermittlung des wirtschaftlich günstigsten Angebots dienen, sichern ihrerseits den Basiszweck der Funktionsfähigkeit der Verwaltung und scheinen damit jedenfalls in seinem Lichte betrachtenswert zu sein.[123] Für eine erfolgreiche Aufgabenerfüllung darf dabei die Beschaffungsautonomie des öffentlichen Auftraggebers nicht unverhältnismäßig eingeschränkt werden.[124] Die konkreten Grenzen einer verhältnismäßigen Einschränkung im Bereich gesetzlich nicht erfasster personenbezogener Zuschlagskriterien sind mangels normativer Festlegungen bislang uneindeutig. Der Basiszweck des Vergaberechts kann, jedenfalls soweit die personenbezogene Qualität auf die Wirtschaftlichkeit des Angebots Einfluss haben kann, eher für eine Berücksichtigungsfähigkeit im Rahmen einer wirtschaftlichen und durch die Beschaffungsautonomie geprägten Auftragsvergabe nutzbar gemacht werden.

II. Vergabegrundsätze

In der Rechtslehre wird zwischen Rechtssätzen, die Tatbestand und Rechtsfolge enthalten und einer Subsumtion zugänglich sind, auf der einen Seite und Grundsätzen oder Prinzipien, die lediglich eine Leitlinie vorschreiben, auf der anderen Seite, unterschieden.[125] Es erscheint als eine nahezu banale Schlussfolgerung allgemeiner Methodenlehre, dass einschlägigen Rechtssätzen aufgrund ihrer konkreteren Ausgestaltung stets Vorrang gegenüber einschlägigen Grundsätzen zukommt. Die Vergabegrundsätze kommen

---

120 *Burgi*, in: FS Marx, S. 75; *ders.*, Vergaberecht, § 6 Rn. 2; *Benedict*, Sekundärzwecke im Vergabeverfahren, S. 20; *Lieb*, Beschaffungsdienstleister im Vergabeverfahren, S. 139; *Marx*, in: FS Bechtold, S. 328.

121 *Benedict*, Sekundärzwecke im Vergabeverfahren, S. 20; *Ziegler*, ZfBR 2018, 37, 37.

122 *Lampe-Helbig*, in: FS Korbion, S. 249.

123 *Benedict*, Sekundärzwecke im Vergabeverfahren, S. 139.

124 *Fehling*, in: Pünder/Schellenberg, GWB § 97 Rn. 84.

125 *Wank*, Juristische Methodenlehre, § 5 Rn. 328; *Burgi*, NZBau 2008, 29, 31; *Röhl*, Allgemeine Rechtslehre, S. 254.

als Auslegungsleitlinien damit nur dort zum Tragen, wo die einschlägigen Rechtssätze auf der Ebene des Tatbestands, beispielsweise als unbestimmte Rechtsbegriffe oder auf der Ebene der Rechtsfolge als Ermessen, Spielräume für den öffentlichen Auftraggeber eröffnen. Der unbestimmte Rechtsbegriff des wirtschaftlichsten Angebots stellt ein solches Einfallstor dar. Die drei zentralen Vergabegrundsätze, des Wettbewerbs, der Transparenz und der Gleichbehandlung stellen Ausprägungen der Grundfreiheiten dar und finden damit bereits im europäischen Primärrecht ihre Verankerung.[126] Im europäischen Sekundärrecht finden Sie in Art. 18 Abs. 1 RL 2014/24/EU und im nationalen Umsetzungsrecht in § 97 Abs. 1, 2 GWB ihre normative Grundlage. Im Bereich dieser Grundsätze besteht damit ein Gleichlauf zwischen Primär- und Sekundärrecht.[127]

1. Wettbewerbsgrundsatz

Der Wettbewerbsgrundsatz erfasst subjektiv die Chancen einzelner Bieter und objektiv die mikro- und makroökonomische Ausprägung des Wettbewerbs als Institution.[128] Der Wettbewerbsgrundsatz gewährleistet jedoch nicht nur den freien Zugang zu den Beschaffungsmärkten, sondern zugleich eine kostengünstige Beschaffung und damit sparsame Verwendung öffentlicher Mittel.[129] Die Einschränkung eines wirksamen Wettbewerbs ist nur zulässig, soweit sie durch sachliche Gründe eine Rechtfertigung erfährt.[130] Wird der Wettbewerb aufgrund personenbezogener Kriterien zugunsten einzelner Bieter verschoben, scheint dies zunächst den Grundsätzen des Wettbewerbs zu widersprechen und bedarf einer sachlichen Rechtfertigung.[131] Die Verwendung personenbezogener Zuschlagskriterien muss daher durch die besonderen Anforderungen des Auftragsgegenstandes gerechtfertigt sein. Ihre Berücksichtigung darf nicht von sachfremden Erwägungen getragen

---

126 *Burgi*, in: FS Streinz, S. 19; *ders.*, NZBau 2008, 29, 31.

127 *Burgi*, NZBau 2008, 29, 31; *Marx*, in: FS Bechtold, S, 321.

128 *Burgi*, in: FS Streinz, S. 22, 23.

129 *Summann*, Vergabegrundsätze und Vergabeverfahren im Rechtsvergleich Deutschland – USA, S. 32; *Benedict*, Sekundärzwecke im Vergabeverfahren, S. 20; *Ziegler*, ZfBR 2018, 37, 37.

130 *Müller-Wrede/Plauth*, in: Müller-Wrede, GWB § 127 Rn. 238.

131 *Meurers*, Der Grundsatz der Verhältnismäßigkeit im Vergaberecht, S. 277; *Müller-Wrede/Plauth*, in: Müller-Wrede, GWB § 127 Rn. 238.

sein, die beispielsweise aufgrund der Bevorzugung bekannter und bewährter Bieter neuen Wettbewerbern den Marktzutritt unbillig erschweren.[132] Naheliegend ist, dass nur ein intakter Wettbewerb zu einer wirtschaftlichen Beschaffung zu führen vermag.[133] Auf Märkten, in denen kein oder kaum Wettbewerb vorhanden ist, können wenige oder gar ein Marktteilnehmer den Preis für die zu beschaffende Leistung maßgeblich bestimmen.

Gleichwohl scheint auch ein Verstoß gegen den Wettbewerbsgrundsatz denkbar, wenn einem Marktteilnehmer durch bewusste Gestaltung personenbezogener Zuschlagskriterien, sein auf dem Markt erworbener Vorteil entzogen oder neutralisiert werden würde.[134] Besteht für eine zu beschaffende Leistung kein oder kaum Wettbewerb, wird der öffentliche Auftraggeber geneigt sein, mit vergaberechtlichen Mitteln, beispielsweise durch die Ausgestaltung der Zuschlagskriterien, den Wettbewerb zu beleben. Dies kann geeignet sein, um die Zuschlagschancen von Newcomern zu erhöhen und Anreize für den oder die Marktführer zu schaffen, ihr Angebot zu wettbewerbsnäheren Konditionen abzugeben.[135] Vergabeverfahren erfolgen gleichwohl im bestehenden Wettbewerb. Die Wahrung und Ermöglichung des Wettbewerbs ist Aufgabe des normativen Vergaberechtssystems, nicht des öffentlichen Auftraggebers im einzelnen Vergabeverfahren.[136]

Ist der öffentliche Auftraggeber verpflichtet, im Vergabeverfahren mittelstandsfördernde Maßnahmen zu treffen, beispielsweise mittelstandsfördernde Zuschlagskriterien festzusetzen, kann eine Ungleichbehandlung beispielsweise gegenüber Großunternehmen vorliegen, die jedoch durch die Regelung des § 97 Abs. 4 GWB sachlich gerechtfertigt wird.[137] Dem Großunternehmer kann damit sein im Wettbewerb erlangter Vorteil zugunsten eines mittelständischen Unternehmens entzogen werden. Die mögliche Einschränkung des subjektiven Wettbewerbs einzelner Bieter erfolgt jedoch zugunsten eines

---

132 *Dreher/Hoffmann*, NZBau 2008, 545, 546; *Pauka*, NZBau 2015, 18, 21; *Jürschik*, in: Heuvels/Höß/Kuß/Wagner, VgV § 58 Rn. 15.

133 *Schonebeck/Schwenker*, Vergaberecht in der anwaltlichen und gerichtlichen Praxis, Rn. 109.

134 *Ziegler*, ZfBR 2018, 37, 39.

135 *Ziegler*, ZfBR 2018, 37, 37.

136 *Ziegler*, ZfBR 2018, 37, 39.

137 *Griesewelle*, Mittelstandsförderung im Vergaberecht, S. 167; *Knauff*, in: MüKo Wettbewerbsrecht, Bd. 3, GWB § 97 Rn. 228. Siehe dazu auch Kap. C. II. 6.

objektiven mikro- oder makroökonomischen Wettbewerbs als Institution. Die Förderung mittelständischer Bieter vermag den Wettbewerb auf einem bestimmten Markt zu beleben, sodass in der Gesamtbetrachtung gerade nicht von einer Einschränkung des Wettbewerbsgrundsatzes durch den Grundsatz mittelstandsfreundlicher Vergabe, sondern vielmehr von einer Ausprägung des Wettbewerbsgrundsatzes ausgegangen werden kann.[138]

Bei näherer Betrachtung des Wettbewerbsgrundsatzes als Ausprägung des Gleichheitsgebots sowie der Zuschlagskriterien, die den Zweck erfüllen, Unterschiede in den Angeboten auszumachen und das beste Preis-Leistungs-Verhältnis zu ermitteln, wird deutlich, dass personenbezogene Zuschlagskriterien diesen Wettbewerbsgrundsatz wahren. Die Berücksichtigungsfähigkeit personenebezogener Zuschlagskriterien ist untrennbar mit ihrem erheblichen Einfluss auf die Leistungsqualität verbunden. Dies gilt nicht nur für den Anwendungsbereich des § 58 Abs. 2 Nr. 2 VgV, der das Merkmal des erheblichen Einflusses enthält, sondern auch für den übrigen Bereich personenbezogener Zuschlagskriterien. Nur der erhebliche Einfluss auf die Leistungsqualität vermag im Rahmen schwerpunktmäßiger Abgrenzung zu einem Zwecksetzungsschwerpunkt zur Ermittlung des wirtschaftlich günstigsten Angebots und damit zu einem Zuschlagskriterium zu führen. Eine erhöhte Leistungsqualität kann und muss geradezu ein sachgerechtes Kriterium im Wettbewerb darstellen.

Obgleich dem Vergaberecht eine genuin wettbewerbsschützende Funktion zukommt und es den Erhalt eines freien Marktzugangs bezweckt, können seine Grenzen die grundsätzliche Zulässigkeit personenbezogener Zuschlagskriterien nicht tangieren.[139] Die Grenzen des Wettbewerbsgrundsatzes entfalten im Bereich personenbezogener Zuschlagskriterien dort ihre Wirkung, wo die Berücksichtigung personenbezogener Zuschlagskriterien nicht der Ermittlung der besten Leistungsqualität und damit des wirtschaftlichsten Angebots, sondern zur Bevorzugung bestimmter Bieter dient und damit zur sachfremden Wettbewerbsverzerrung führt.

---

[138] *Weiner*, in: Gabriel/Krohn/Neun, Handbuch Vergaberecht, § 1 Rn. 72.

[139] *Ziegler*, ZfBR 2018, 37, 37.

2. Transparenzgrundsatz

Der Transparenzgrundsatz dient primär der Durchsetzung des Wettbewerbs- und Gleichheitsgrundsatzes.[140] Ohne Transparenz ist eine Wahrung von Wettbewerb und Gleichheit im Vergabeverfahren nicht möglich. Die Einhaltung der Transparenzanforderungen dient ausweislich der Gesetzesbegründung vordergründig der Verhinderung von Regionalprotektionismus sowie der Verhinderung wettbewerbswidriger Praktiken.[141] Wirksamer Wettbewerb und damit Gleichheit sind nur möglich, sofern die Zuschlagskriterien derart präzise formuliert sind, dass der Durchschnittsbieter klar erkennen kann, worauf es dem öffentlichen Auftraggeber bei der Wertung der Angebote ankommt und er sein Angebot optimal ausrichten kann.[142] Auch die Rechtsstaatlichkeitsgarantie erfordert die Vorhersehbarkeit, Messbarkeit und Transparenz staatlichen Handelns.[143] Demnach sind sämtliche Zuschlagskriterien spätestens bei Anforderung zur Angebotsabgabe, bekanntzugeben. Ausweislich der Erwägungsgründe zur RL 2014/24/EU ist auch das Transparenzgebot bereits Ausfluss des europäischen Primärrechts.[144] Die Bieter müssen bei der Vorbereitung ihrer Angebote in der Lage sein, von sämtlichen Zuschlagskriterien sowie ihrer relativen Bedeutung Kenntnis zu nehmen.[145] Dies gewährleiste die Beachtung des Gleichheitsgebots und der Transparenz. Der Auftraggeber darf bei der Angebotsbewertung damit keine personenbezogenen Zuschlagskriterien oder Gewichtungsregeln anwenden, die er den Bietern nicht im Vorfeld der Angebotserstellung bekanntgegeben hat.

Zahlreichen Verfahren zur vermeintlichen Klärung der Zulässigkeitsfrage personenbezogener Zuschlagskriterien, lagen Verstöße gegen den

---

140 EuGH, Urt. v. 18.10.2001, Rs. C-19/00, ECLI:EU:C:2001:553 Rn. 41 (SIAC Construction); EuGH, Urt. v. 18.11.1999, Rs. C-275/98, ECLI:EU:C:1999:567, Rn. 31 (Unitron Scandinavia).

141 BT-Drs. 18/6281, S. 67.

142 VK Rheinland, Beschl. v. 29.7.2019, VK 26/19-L, juris Rn. 22; *Schima*, NZBau 2002, 1, 7.

143 BGH, Urt. v. 8.9.1998, X ZR 109/96, NJW 1998, 3644, 3646 (Klärwerkerweiterung); vgl. *Bröhmer*, Transparenz als Verfassungsprinzip, S. 146 ff.

144 Erwägungsgrund 1 RL 2014/24/EU.

145 EuGH, Urt. v. 24.1.2008, Rs. C-532/06, ECLI:EU:C:2008:40, Rn. 36 (Lianakis); EuGH, Urt. v. 12.12.2002, Rs. C-470/99, ECLI:EU:C:2002:746, Rn. 98 (Universale-Bau AG); EuGH, Urt. v. 25.4.1996, Rs. C-87/94, ECLI:EU:C:1996:161, Rn. 88 (Kommission/Belgien).

Transparenzgrundsatz zugrunde.[146] Die für unzulässig befundenen Zuschlagskriterien wurden oftmals nicht ihres Inhalts bzw. ihrer Ausgestaltung wegen für unzulässig erklärt, sondern vielmehr, weil sie auf Zuschlagsebene Berücksichtigung fanden, obgleich sie vorab nicht als Zuschlagskriterien festgesetzt und in den Vergabeunterlagen bekannt gegeben worden waren.[147] Den Bietern nicht transparent bekanntgegebene Zuschlagskriterien können jedoch magels formeller Rechtmäßigkeit nicht berücksichtigt werden. Infolge zahlreicher Entscheidungen, in denen die Berücksichtigung personenbezogener Zuschlagskriterien aufgrund fehlender Bekanntgabe als Zuschlagskriterium für unzulässig befunden wurde, wurde teilweise im Schrifttum die Auffassung vertreten, ein „Mehr an Eignung" könne bei der Zuschlagsentscheidung Berücksichtigung erfahren, sofern die Berücksichtigung besonderer Eignung im Rahmen der Zuschlagskriterien bekanntgegeben wurde.[148] Dies ist jedoch aufgrund des darin liegenden Verstoßes gegen die Systematik des Vergaberechtssystems abzulehnen.

Die Zuschlagskriterien Organisation, Qualifikation und Erfahrung bedürfen weiterer Konkretisierung und erfüllen für sich genommen nicht die Anforderungen des Transparenzgrundsatzes.[149] Der Transparenzgrundsatz bildet damit im Bereich personenbezogener Zuschlagskriterien die formelle Grenze in Bezug auf ihre Bekanntgabe und die materielle Grenze in Bezug auf ihre hinreichende Bestimmtheit und damit Konkretisierung durch Unter- und gegebenenfalls Unter-Unterkriterien.

3. Grundsatz der Gleichbehandlung und Nichtdiskriminierung

Das Gleichbehandlungsgebot, welches als rechtsübergreifendes materielles Prinzip[150] bereits im europäischen Primärrecht und der nationalen Verfassung in Art. 3 GG verankert ist, kann darüber hinaus auch aus den europäischen Grundfreiheiten abgeleitet werden.[151] Es erfährt seine einfachgesetzliche Verankerung für den Bereich des Vergaberechts in § 97 Abs. 2 GWB und

146 BGH, Urt. v. 8.9.1998, X ZR 109/96, NJW 1998, 3644, 3646 (Klärwerkerweiterung).

147 So ausdrücklich etwa BKartA, Beschl. v. 10.11.2014 - VK 1–88/14 Rn. 42, BeckRS 2014, 121087.

148 *Leinemann*, VergabeR 2004, 537, 542.

149 *Petersen*, VergabeR 2015, 18, 20.

150 *Wank*, Juristische Methodenlehre, § 5 Rn. 339.

151 Erwägungsgrund 1 RL 2014/24/EU.

gehört zu dessen Elementarprinzipien.[152] Es steht in untrennbarer Wechselwirkung zu den Grundsätzen des Wettbewerbs und der Transparenz. Die Wahrung der Gleichheit stellt dabei eine der Entstehungsvoraussetzungen für den Wettbewerb dar.[153] Ohne Transparenz ist Gleichbehandlung nicht durchsetzbar.[154] Das Gleichbehandlungsgebot findet sich zudem in zahlreichen Ausprägungen des sekundären Vergaberechts wieder. Für Vergaben außerhalb des Anwendungsbereichs der Vergaberichtlinien sowie seiner nationalen Umsetzungen, insbesondere dem Unterschwellenbereich, stellt es fortwährend einen zentralen Maßstab dar.[155]

Personenbezogenen Zuschlagskriterien wohnt eine gewisse Gefahrgeneigtheit zu mangelnder Objektivität und damit eine potenzielle Gefährdung des Gleichheitsgrundsatzes inne. Keine sachliche Rechtfertigung kann sich grundsätzlich aus dem Umstand ergeben, dass ein Bieter bereits aus vorangegangenen Aufträgen bekannt und bewährt ist.[156] Ein dahingehend motiviertes Zuschlagskriterium benachteiligt konkurrierende Anbieter ohne sachliche Rechtfertigung und ist damit nicht berücksichtigungsfähig. Aus der Eigenschaft als „bekannt und bewährt" ergibt sich kein unmittelbarer Einfluss auf die Leistungsqualität. Will der Auftraggeber die Erfahrung als Zuschlagskriterium berücksichtigen, muss er im Einzelfall einen erheblichen Einfluss auf die Qualität der Leistung darlegen, um eine sachliche Rechtfertigung herbeiführen zu können. Auch aus der Erfahrung eines Bieters oder des für den Auftrag einzusetzenden Personals, kann für sich genommen keine sachliche Rechtfertigung für eine Ungleichbehandlung abgeleitet werden. Erst die durch die Erfahrung herbeigeführte Beeinflussung der Leistungsqualität ermöglicht eine sachliche Rechtfertigung. Die Verhinderung offener als auch verdeckter Diskriminierung ist vom Primärzweck des Vergaberechts selbst umfasst, gleichwohl ist daraus keineswegs ein allgemeines Verbot personenbezogener Zuschlagskriterien abzuleiten. Personenbezogene

---

152 OLG Jena, Beschl. v. 16.7.2007, 9 Verg 4/07, BeckRS 2008, 06000, Rn. 29; *Dörr*, in: Beck'scher Vergaberechtskommentar, Bd. 1, GWB § 97 Rn. 2; *Marx*, in: BeckOK Vergaberecht, GWB § 97 Rn. 1.

153 *Marx*, in: BeckOK Vergaberecht, GWB § 97 Rn. 1.

154 *Dörr*, in: Beck'scher Vergaberechtskommentar, Bd. 1, GWB § 97 Rn. 2.

155 *Dörr*, in: Beck'scher Vergaberechtskommentar, Bd. 1, GWB § 97 Rn. 2.

156 BGH, Urt. v. 16.10.2001, X ZR 100/99, NZBau 2002, 107, 107; *Müller-Wrede/Plauth*, in: Müller-Wrede, GWB § 127 Rn. 243.

Zuschlagskriterien sind einer Überprüfung im Hinblick auf ihre sachliche Rechtfertigung zugänglich. Zuschlagskriterien an sich dienen gerade dazu eine unterschiedliche Behandlung der Angebote im Rahmen der Wertung und Bildung einer Rangfolge zu ermöglichen. Das Zuschlagskriterium stellt selbst die sachliche Rechtfertigung der im Rahmen der Wertung sogar erforderlichen Ungleichbehandlung der Angebote dar. Dies gilt gleichwohl ausschließlich für vergaberechtmäßige Zuschlagskriterien. Die im Bereich personenbezogener Zuschlagskriterien ergangene Rechtsprechung unter Rückgriff auf das Gleichheitsgebot basierte vielfach auf zugrunde liegenden Vergabeverfahren in denen die berücksichtigten Zuschlagskriterien als ein Mehr an Eignung ohne vorherige Bekanntgabe oder aber vergaberechtswidrige Berücksichtigung von Eignungskriterien auf Zuschlagsebene zugrunde gelegt wurden.[157] Ein vorab nicht bekanntgegebenes Zuschlagskriterium oder gar ein Eignungskriterium auf Zuschlagsebene ist hingegen vergaberechtswidrig und kann mitnichten einer sachlichen Rechtfertigung dienen.

Kommt man zu dem Ergebnis, dass ein Kriterium wie die Erfahrung der Bieter im konkreten Einzelfall erheblichen Einfluss auf die Leistungsqualität ausübt, scheint es im Lichte des Gleichheitsgebots sogar denkbar, daraus eine Pflicht zur Berücksichtigung des personenbezogenen Zuschlagskriteriums abzuleiten.[158] Das Gleichheitsgebot verbietet Gleiches ungleich zu behandeln und im Umkehrschluss Ungleiches gleich zu behandeln. Eine Ungleichbehandlung des Angebots mit höherer Leistungsqualität scheint denkbar, jedenfalls in den Grenzen der durch den Auftraggeber im Rahmen seiner Beschaffungsautonomie festgelegten Qualitätsanforderungen, deren Selbstbindung er unterliegt. Dies gilt umso mehr, wenn man die Leistungsqualität im Lichte der Pflicht zur Zuschlagserteilung auf das wirtschaftlichste Angebot nach § 127 Abs. 1 GWB betrachtet.

---

157 OLG Sachsen-Anhalt, Beschl. v. 3.9.2009, 1 Verg 4/09, juris Rn. 74; VK Bund, Beschl. v. 16.7.2013, VK 3–47/13, juris Rn. 85; VK Sachsen-Anhalt, Beschl. v. 30.10.2009, 1 VK LVwA 32/09, juris Rn. 34; OLG Sachsen-Anhalt, Beschl. v. 3.9.2009, 1 Verg 4/09, juris Rn. 74.

158 *Rixen*, in: Beck'scher Vergaberechtskommentar, Bd. 2, VgV § 65 Rn. 12.

4. Wirtschaftlichkeitsgrundsatz

Der Wirtschaftlichkeitsgrundsatz nimmt im Bereich der Zuschlagskriterien eine Art Doppelrolle ein. Zum einen erfolgt gem. § 127 Abs. 1 GWB die Zuschlagserteilung auf das wirtschaftlichste Angebot, zum anderen wirkt er im Sinne des § 97 Abs. 1 S. 2 GWB als übergeordneter Vergabegrundsatz und damit Auslegungsmaxime soweit Ermessensspielräume des öffentlichen Auftraggebers bestehen.[159] Der Wirtschaftlichkeitsgrundsatz, der in allen Stufen des Vergabeverfahrens zu berücksichtigen ist, dient insbesondere der möglichst schonenden Verwendung öffentlicher Mittel.[160] Er wurde mit dem Vergabemodernisierungsgesetz 2016 deklaratorisch in § 97 Abs. 1 S. 2 GWB implementiert.[161] Obgleich dies in der rechtlichen Beurteilung zu keinerlei Änderungen führt, stellt die Hervorhebung als allgemeiner Vergabegrundsatz seine Bedeutung in der aktuellen Rechtsentwicklung klar.[162]

In der jüngsten Rechtsentwicklung sowie den Reformbestrebungen der letzten Bundesregierung ist eine Tendenz zur ausgeglicheneren Gewichtung des Wirtschaftlichkeitsgrundsatzes gegenüber den übrigen Vergabegrundsätzen erkennbar. Das Bundesministerium für Wirtschaft und Klimaschutz (BMWK) entwickelte auf Grundlage des Koalitionsvertrages 2021 - 2025 zwischen SPD, Bündnis 90/Die Grünen und FDP das sog. Vergabetransformationspaket 2023.[163] Dort hieß es „Die Regeln für die öffentliche Beschaffung werden durch das Vergaberecht bestimmt, insbesondere unter Berücksichtigung der Grundsätze von Wirtschaftlichkeit, Wettbewerb, Transparenz, Gleichbehandlung, Nichtdiskriminierung und Verhältnismäßigkeit."[164] Bemerkenswert ist dabei, die im Gegensatz zur traditionellen Reihenfolge im Normtext des § 97 GWB abgewandelte Reihenfolge, unter Voranstellung

---

159 *Fehling*, in: Pünder/Schellenberg, GWB § 97 Rn. 48; *Hillen*, Die gerichtlicheKontrolle von Wirtschaftlichkeit im Vergaberecht, S. 173.

160 *Hattenhauer/Butzert*, ZfBR 2018, 229, 232.

161 BT-Drs. 18/6281, S. 67; *Burgi*, NZBau 2016, 321, 321.

162 BT-Drs. 18/6281, S. 67; *Probst/Winters*, JuS 2019, 1157, 1159.

163 BMWK, online unter: https://www.bmwk.de/Redaktion/DE/Schlaglichter-der-Wirtschaftspolitik/2023/07/05-vergabetransformationspaket-2023.html [zuletzt abgerufen am 30.4.2025]

164 BMWK, online unter: https://www.bmwk.de/Redaktion/DE/Schlaglichter-der-Wirtschaftspolitik/2023/07/05-vergabetransformationspaket-2023.html, S. 13 [zuletzt abgerufen am 30.4.2025].

der „Wirtschaftlichkeit". Auch der zugrundeliegende Koalitionsvertrag selbst enthält eine entsprechende Voranstellung.[165] Der § 97 Abs. 1 S. 1 GWB nennt demgegenüber in traditioneller Reihenfolge zunächst die Grundsätze Wettbewerb und Transparenz. Bereits im Rahmen der RL 2014/24/EU wurde die Effizienzsteigerung öffentlicher Ausgaben als Zielsetzung proklamiert.[166]

Ob lediglich einzelwirtschaftliche oder auch gesamtwirtschaftliche Aspekte erfasst sein können, war lange umstritten.[167] Neben einzelwirtschaftlichen Aspekten des öffentlichen Auftraggebers kann die Verfolgung gesamtwirtschaftlicher strategischer Ziele angestrebt werden.[168] Die vormals vertretene Auffassung, dem Wirtschaftlichkeitsgebot als auch dem wirtschaftlichsten Angebot im Bereich der Zuschlagsentscheidung müsse ein einzelwirtschaftliches Verständnis zugrunde gelegt werden[169], ist spätestens seit der gesetzlichen Implementierung der vergabefremden Zuschlagskriterien, die teilweise auch als Sekundärzwecke bezeichnet werden, nicht mehr haltbar. Der Gesetzgeber hat damit die gesamtwirtschaftliche Betrachtung klar zum Ausdruck gebracht. Der Wirtschaftlichkeitsbegriff ist folglich in einem weiten Sinne zu verstehen.[170] Vor der ausdrücklichen Zulassung von Sekundärzwecken wie Umwelt- und Sozialbelangen als Zuschlagskriterien, war eine einzelwirtschaftliche Betrachtung verbreitet.[171] So könnten beispielsweise die höheren Kosten der verstärkten Beschäftigung von Langzeitarbeitslosen bei der Leistungserbringung in einer Bilanzierung mit den Folgekosten der Belastung der öffentlichen Haushalte mit Sozialausgaben als

165 https://www.spd.de/fileadmin/Dokumente/Koalitionsvertrag/Koalitionsvertrag_2021-2025.pdf, S. 27 „Die Bundesregierung wird die öffentliche Beschaffung und Vergabe wirtschaftlich, sozial, ökologisch und innovativ ausrichten und die Verbindlichkeit stärken, ohne dabei die Rechtssicherheit von Vergabeentscheidungen zu gefährden oder die Zugangshürden für den Mittelstand zu erhöhen." [zuletzt abgerufen am 30.4.2025].

166 Erwägungsgrund 2 RL 2014/24/EU.

167 *Hattenhauer/Butzert*, ZfBR 2018, 229, 232; a.A. *Opitz*, NZBau 2001, 12, 13; *Ziekow*, NZBau 2001, 72, 74.

168 *Hattenhauer/Butzert*, ZfBR 2018, 229, 232; *Breloer*, Europäische Vorgaben und das deutsche Vergaberecht, S. 89.

169 *Dreher*, JZ 2001, 140, 140; *Benedict*, Sekundärzwecke im Vergabeverfahren, S. 139.

170 EuGH, Urt. v. 17.9.2002, Rs. C-513/99, ECLI:EU:C:2002:495, Rn. 55 (Concordia Bus); *Ziekow*, in: Pitschas/Ziekow, Vergaberecht im Wandel, S. 158.

171 A.A. zur alten Rechtslage *Lampe-Helbig*, in: FS Korbion, S. 254.

wirtschaftlicher angesehen werden. Doch schließt es der notwendige Bezug der Kriterien auf „den jeweiligen Auftrag" aus, vergabefremde Zwecke als Kriterien des wirtschaftlich günstigsten Angebots einfließen zu lassen"[172]

Im Schrifttum wird im Zusammenhang mit den Vergabegrundsätzen, insbesondere dem Wirtschaftlichkeitsgebot, oftmals ein Vergleich zum US-amerikanischen Vergaberechtssystem gezogen.[173] Dort erfolgte bereits zu Beginn der 1990er Jahre eine Entwicklung weg von einer stark am Wettbewerbsgrundsatz und dem Bieterschutz orientierten Vergaberecht hin zu mehr Verfahrenseffizienz.[174] Auch die europäische Vergaberechtsentwicklung lässt erkennen, dass die Gewährleistung eines möglichst effizienten Einsatzes öffentlicher Gelder als Zielvorgabe aktueller Richtlinienentwicklungen, in den Vordergrund rückt.[175] Im Rahmen des Vergaberichtlinienpakets trat das Vergaberecht vordergründig als Instrument der Haushaltspolitik und Korruptionsprävention in Erscheinung.[176]

Der Wirtschaftlichkeitsgrundsatz kann daher als Auslegungsmaxime im Bereich der Beurteilungs- und Ermessensspielräume für eine Berücksichtigungsfähigkeit personenbezogener Zuschlagskriterien nutzbar gemacht werden. Ein Verbot personenbezogener Zuschlagskriterien kann ihm damit nicht entnommen werden.

5. Verhältnismäßigkeitsgrundsatz

Mit dem Vergabemodernisierungsgesetz erfolgte die deklaratorische Aufnahme des Verhältnismäßigkeitsgrundsatzes in den Katalog des § 97 GWB als allgemeiner Vergabegrundsatz.[177] Er wird darüber hinaus unmittelbar aus den europäischen Grundfreiheiten sowie dem Rechtsstaatsprinzip abgeleitet.[178] Nach § 97 Abs. 1 S. 2 GWB unterliegt das gesamte Vergabeverfahren und damit auch die Auswahl und Gewichtung der Zuschlagskriterien

---

172 *Ziekow*, NZBau 2001, 72, 74.

173 *Burgi/Gölnitz*, DÖV 2009, 829, 831; *Summann*, Vergabegrundsätze und Vergabeverfahren im Rechtsvergleich Deutschland – USA, S. 43.

174 *Burgi/Gölnitz*, DÖV 2009, 829, 830, 831.

175 Erwägungsgrund 2 RL 2014/24/EU; vgl. *Gyulai-Schmidt*, ZfBR 2019, 762, 762.

176 *Burgi*, in: FS Streinz, S. 19; *Holoubek/Fuchs*, in: FS Marx, S. 268.

177 BT-Drs. 18/6281, S. 67; *Probst/Winters*, JuS 2019, 1157, 1159.

178 Erwägungsgrund 1 RL 2014/24/EU; *Meurers*, Der Grundsatz der Verhältnismäßigkeit im Vergaberecht, S. 23; *Voßkuhle*, JuS 2007, 429, 429.

dem Verhältnismäßigkeitsgrundsatz. Bei der Entscheidung des öffentlichen Auftraggebers darüber, ein personenbezogenes Kriterium entweder auf Eignungs- oder Zuschlagsebene zu berücksichtigen, stellt der Verhältnismäßigkeitsgrundsatz einen zentralen Maßstab dar.[179] Im Bereich personenbezogener Zuschlagskriterien stellt der Verhältnismäßigkeitsgrundsatz daher eine in seiner Bedeutung gemeinhin unterschätzte Schranke dar.[180] Auch der EuGH misst Zuschlagskriterien am Verhältnismäßigkeitsgrundsatz.[181]

a) Legitimer Zweck

Der legitime Zweck personenbezogener Zuschlagskriterien liegt regelmäßig in der Ermittlung der besten Leistungsqualität unter den Angeboten und damit in der Ermittlung des besten Preis-Leistungs-Verhältnisses.[182] Mit welchen Mitteln diese Leistungsqualität bestimmt werden kann, hängt maßgeblich vom konkreten Auftragsgegenstand ab.[183] Das gewählte Mittel in Form des konkreten Zuschlagskriteriums muss sich dabei im Rahmen der geltenden Vergaberechtsordnung bewegen. Da sich nach den bislang geprüften Vergabezwecken und -grundsätzen weder aus dem europäischen noch dem deutschen Vergaberechtssystem ein grundsätzliches Verbot personenbezogener Zuschlagskriterien ergibt,[184] stellen personenbezogene Zuschlagskriterien ein prinzipiell zulässiges Mittel zu dieser Zweckerreichung dar. Ob das festgesetzte personenbezogene Zuschlagskriterium im Einzelfall vergeberechtmäßige Ausgestaltung erfahren hat und damit einen legitimen Zweck darzustellen vermag, hängt insbesondere davon ab, ob nach geeigneter Abgrenzungsmethode sein Schwerpunkt in der Ermittlung des wirtschaftlichsten Angebots liegt und sowohl formelle als auch materielle Vorgaben des Vergaberechtssystems eingehalten wurden.

---

179 Vgl. zur Verhältnismäßigkeit von Sekundärzwecken *Ziekow*, in: Pitschas/Ziekow, Vergaberecht im Wandel, S. 162.

180 Ähnlich *Dreher*, EWiR 1999, 139, 140.

181 EuGH, Urt. v. 27.10.2005, Rs. C-234/03, ECLI:EU:C:2005:644, Rn. 61–64 (Contse).

182 EuGH, Urt. v. 1.3.2018, Rs. C-9/17, ECLI:EU:C:2018:142, Rn. 37 (Tirkkonen); EuGH, Urt. v. 24.1.2008, Rs. C-532/06, ECLI:EU:C:2008:40, Rn. 30 (Lianakis).

183 *Völlink*, VergabeR 2009, 352, 353.

184 Siehe dazu oben Kap. C. II. 3, 4.

b) Geeignetheit

Eine Geeignetheit des personenbezogenen Zuschlagskriteriums zur Erreichung des durch den Auftraggeber verfolgten Zwecks ist gegeben, wenn der Zweck durch das Kriterium erfüllt oder zumindest gefördert werden kann.[185] Notwendig ist, dass sich die Leistungsqualität im konkreten Einzelfall variabel darstellt und das personenbezogene Zuschlagskriterium geeignet ist, eine Beeinflussung dieser Leistungsqualität herbeizuführen. Der Umstand, dass personenbezogene Qualitätskriterien dem Grunde nach geeignet sind, die Leistungsqualität in Abhängigkeit des Auftragsgegenstands zu beeinflussen, scheint, soweit ersichtlich, unbestritten.[186]

c) Erforderlichkeit

Das Zuschlagskriterium ist dann erforderlich, wenn es keine mildere Maßnahme gibt, die denselben Erfolg mit gleicher Sicherheit erzielt.[187] Die gegenüber personenbezogenen Zuschlagskriterien kritischen Stimmen, verneinen teilweise die Erforderlichkeit personenbezogener Zuschlagskriterien zur Erreichung der vom Auftraggeber bezweckten Ziele, da dem Auftraggeber anderweitige Maßnahmen wie beispielsweise eine höhere Eignungsschwelle, genauere Leistungsbeschreibung oder das Nichtoffene Verfahren zur Verfügung stünden.[188] In seiner Klärwerks-Entscheidung erklärte der BGH die langjährige Erfahrung des Bieters beim Bau von Klärwerken als Zuschlagskriterium für unzulässig.[189] Den Auftraggebern stünde für die Berücksichtigung der Bietererfahrung geeignete Mittel zur Verfügung. Für die Berücksichtigung eines "Mehr an Eignung" bestehe im Offenen Verfahren damit schon kein Bedürfnis.[190] Dagegen wird jedoch angeführt, das Nichtoffene Verfahren

---

185 *Voßkuhle*, JuS 2007, 429, 430.

186 Vgl. Verordnungsbegründung zu § 4 VgV, BR-Drs. 610/13, S. 10; *Schabel*, VergabeR 2008, 500, 500.

187 *Voßkuhle*, JuS 2007, 429, 430.

188 *Freise*, NZBau 2009, 225, 226; vgl. *Tugendreich*, NZBau 2011, 467, 468; *Jasper/ Sande*, Vergabe Navigator 6/2015, 5; *Wittschurky*, Das Verhältnis von Eignungs- und Zuschlagkriterien im europäischen, deutschen und US-amerikanischen Vergaberecht, S. 544–545.

189 BGH, Urt. v. 8.9.1998, X ZR 109/96, NJW 1998, 3644, 3646 (Klärwerkerweiterung); BGH, Urt. v. 16.10.2001, X ZR 100/99, NZBau 2002, 107, 107 (Sozialer Wohnungsbau).

190 BGH, Urt. v. 8.9.1998, X ZR 109/96, NJW 1998, 3644, 3646 (Klärwerkerweiterung) m. krit. Anm. *Dreher*, EWiR 1999, 139, 140.

sei an besondere Voraussetzungen gebunden und stehe dem Auftraggeber damit nicht gleichermaßen zur Verfügung.[191] Darüber hinaus schränke es den Wettbewerb ein und könne damit gegenüber dem Offenen Verfahren nicht als gleichwertig angesehen werden.

Mit der Festlegung der Eignungskriterien offenbart der öffentliche Auftraggeber, welche Mindestanforderungen er an die Bieter stellt, damit diese als grundsätzlich geeignet angesehen werden können, um den Auftrag auszuführen.[192] Mit der Festlegung der Zuschlagskriterien gibt der Auftraggeber hingegen bekannt, wie er die Angebote bewerten wird.[193] Denkbar sind jedoch Auftragsgegenstände, die nicht lediglich eine ordnungsgemäße Auftragsausführung erfordern, sondern es rechtfertigen, die Qualität zum Gegenstand der Auswahlentscheidung zu erheben. Bei der Berücksichtigung personenbezogener Zuschlagskriterien kommt es dem öffentlichen Auftraggeber gerade darauf an, die personenbezogene Qualität zum Gegenstand der Auswahlentscheidung zu machen. Das dies dem Grunde nach zulässig ist, hat sowohl der europäische Richtliniengeber als auch der nationale Normgeber anerkannt. Eine grundsätzliche Unzulässigkeit ergibt sich selbst im Bereich der personenbezogenen Zuschlagskriterien im weiteren Sinne nicht.[194]

Im Ergebnis überrascht das Urteil des BGH kaum, da die Erfahrung des Bieters durch den Auftraggeber nicht als Zuschlagskriterium festgesetzt wurde und damit aufgrund Verstoßes gegen den Transparenzgrundsatz keine Berücksichtigung im Rahmen der Zuschlagsentscheidung finden durfte. Hinsichtlich eines vermeintlich fehlenden Erfordernisses personenbezogener Zuschlagskriterien, kann die Ausweichmöglichkeit auf eine andere Verfahrensart wie dem Nichtoffenen Verfahren hingegen nicht überzeugen. Vielmehr kann die freie Wahl des Auftraggebers zu einem Nichtoffenen Verfahren auch für eine gegenteilige Argumentation in Form eines Erst-recht-Schlusses fruchtbar gemacht werden.[195] Wenn die Systematik des Vergaberechts dem Auftraggeber die freie Wahl der Verfahrensart eröffnet, scheint ein deutlich

---

191 *Dreher*, EWiR 1999, 139, 140.

192 OLG Düsseldorf, Beschl. v. 16.5.2011, VII-Verg 44/11, juris, Rn. 33; *Lieb*, Beschaffungsdienstleister im Vergabeverfahren, S. 171; *Gröning*, VergabeR 2008, 721, 728; *Hertwig*, NZBau 2007, 543, 544.

193 *von Bechtolsheim*, in: BeckOK Vergaberecht, GWB § 127 Rn. 7.

194 Hierzu ausführlich nachfolgend in Kap. C. III.

195 Vgl. *Burgi*, NZBau 2016, 321, 322; *Dobmann*, Das neue Vergaberecht, S. 32.

geringerer Eingriff in den Wettbewerbsgrundsatz in Form der Zuschlagskriterien beim Offenen Verfahren erst recht angemessen.

Auch das Argument, der Auftraggeber könne bei der Leistungsbeschreibung bereits konkreter die von ihm angestrebte höhere Qualität festlegen, statt eine personenbezogene Qualität im Rahmen der Zuschlagskriterien festzulegen, die nur möglicherweise zu einer höheren Qualität der Leistung zu führen vermag, überzeugt nicht.[196] Der Hauptanwendungsfall personenbezogener Zuschlagskriterien sind Leistungen die durch besondere Anforderungen an die Leistungsqualität hervortreten und gerade nicht immer einer vollständigen Beschreibbarkeit unterliegen.[197]

d) Angemessenheit

Im Rahmen der Angemessenheitsprüfung hat eine Abwägung im Einzelfall zu erfolgen.[198] Die belastende Wirkung personenbezogener Zuschlagskriterien darf nicht außer Verhältnis zum angestrebten Zweck der Leistungsqualitätssteigerung stehen.

Der Einsatz personenbezogener Zuschlagskriterien führt regelmäßig zu einem Spannungsverhältnis zwischen dem Basiszweck des Vergabeverfahrens, der wirtschaftlichen Aufgabenerfüllung durch qualitativ hochwertige Leistungen mit einem grundsätzlich weiten Beurteilungsspielraum des Auftraggebers auf der einen Seite und dem Gleichheits- und Wettbewerbsgrundsatz als Maßstäben zur Wahrung eines objektiven und fairen Vergabeverfahrens auf der anderen Seite. Personenbezogene Zuschlagskriterien dürfen den Wettbewerb gleichwohl nicht über das erforderliche Maß für die Erfüllung des Beschaffungsbedarfs in gerechtfertigter Leistungsqualität hinaus einschränken.[199]

Auch der Richtliniengeber scheint die Verhältnismäßigkeitsprüfung insbesondere in ihrer Angemessenheit als geeignetes Mittel zur Missbrauchsprävention zu erachten, indem er in seinen Erwägungsgründen ausdrücklich darauf hinweist, dass es den Auftraggebern freistehe, angemessene Qualitätsstandards

---

196 *Eydner*, IBR 2009, 1394, 1394.
197 Gesetzesbegründung zu § 58 Abs. 2 Nr. 2 VgV, BR-Drs. 87/16, S. 213.
198 *Voßkuhle*, JuS 2007, 429, 430.
199 *Müller-Wrede/Plauth*, in: Müller-Wrede, GWB § 127 Rn. 266.

in Form von technischen Spezifikationen festzulegen.[200] Die Festlegung technischer Spezifikationen ist im Hinblick auf den Missbrauch zu Zwecken der Bevorzugung bestimmter Hersteller bzw. Bieter ähnlich gefahrgeneigt wie die Festlegung personenbezogener Zuschlagskriterien.

e) Zwischenfazit

Der Verhältnismäßigkeitsgrundsatz steht der Zulässigkeit eines personenbezogenen Zuschlagskriteriums dem Grunde nach nicht entgegen und bildet für seine Berücksichtigung im Einzelfall einen zentralen Maßstab.[201] Der Auftraggeber muss mit der Festlegung des personenbezogenen Zuschlagskriteriums einen legitimen Zweck verfolgen, der regelmäßig in der Steigerung der Leistungsqualität zu sehen sein wird. Das Kriterium muss zur Zweckerreichung geeignet, erforderlich und im Einzelfall angemessen sein.

Der Verhältnismäßigkeitsgrundsatz scheint damit entgegen überwiegender Auffassung, welche das ungeschriebene Trennungsgebot als zentralen Maßstab personenbezogener Zuschlagskriterien erachtet, der geeignetere Maßstab für die Beurteilung der Zulässigkeit eines personenbezogenen Zuschlagskriteriums zu sein.[202] Dies gilt jedenfalls, nachdem eine erfolgte Abgrenzung zur Einordnung als Zuschlagskriterium führen konnte. Die mit personenbezogenen Zuschlagskriterien in Verbindung gebrachte Missbrauchsgefahr liegt darin begründet, dass der Auftraggeber die personenbezogenen Zuschlagskriterien derart festlegen mag, dass bestimmte vom Auftraggeber im Vorfeld ausgewählte Bieter bevorzugt werden und damit eine gegen den Gleichheits- und Wettbewerbsgrundsatz verstoßende Vergabeentscheidung herbeiführen könnten. Gleichwohl kann eine Berücksichtigung personenbezogener Zuschlagskriterien aufgrund besonderer Anforderungen des Auftragsgegenstands insbesondere an die Leistungsqualität gerechtfertigt sein.

Auch die Funktion der Eignungs- und Zuschlagskriterien kann für die Erforderlichkeit personenbezogener Zuschlagskriterien fruchtbar gemacht werden. Die Eigenschaft der Eignungskriterien als Ausschlusskriterien

---

200 Erwägungsgrund 90 RL 2014/24/EU.

201 *Benedict*, VergabeR 2012, 768, 770.

202 OLG München, Beschl. v. 25.7.2013, Verg 7/13, NZBau 2014, 528; *Frister*, in: Kapellmann/Messerschmidt, VOB/A § 16b Rn. 30; *Pauka/Frischmuth*, MüKo Wettbewerbsrecht, Bd. 3, VgV § 58 Rn. 12.

vermag gegenüber den Zuschlagskriterien als Auswahlkriterien schon kein gleich geeignetes Mittel zur Zweckerreichung darzustellen. Die Berücksichtigung personenbezogener Qualität im Rahmen der Eignung stellt einen Mindestqualitätsstandard auf und ist aufgrund ihrer Funktion als Ausschlusskriterium und damit dem gegenüber Zuschlagskriterien schwerwiegenderem Eingriff am Verhältnismäßigkeitsgrundsatz zu messen. Eine sehr hohe Eignungsschwelle in Form personenbezogener Qualität kann damit nur insoweit verhältnismäßig sein, als sie zur ordnungsgemäßen Auftragsausführung erforderlich ist. Sie ermöglicht jedoch gerade nicht die Auswahl nach der besten Qualität des Angebots, wenn diese maßgeblich von der personenbezogenen Qualität abhängt. Ob dies wiederum mit der aus § 127 Abs. 1 S. 1 GWB folgenden Pflicht zur Zuschlagserteilung auf das wirtschaftlichste Angebot und damit auf das beste Preis-Leistungsverhältnis im Einklang steht, kann bezweifelt werden.

6. Grundsatz der Mittelstandsförderung

Der Grundsatz der Mittelstandsförderung ist in § 97 Abs. 4 S. 1 GWB verankert und stellt eine Umsetzung des Art. 46 Abs. 1 RL 2014/24/EU dar.[203] Im europäischen Vergaberechtssystem findet er sowohl im Primärrecht des AEUV als auch in den Erwägungsgründen der RL 2014/24/EU Berücksichtigung.[204] Die Förderung mittelständischer Interessen beruht auf wirtschaftspolitischen Zielen. Zuzuordnen ist der Grundsatz der Mittelstandsförderung daher den Sekundärzwecken des Vergaberechts.[205] Die Regelung des § 97 Abs. 4 S. 1 GWB, wonach mittelständische Interessen bei der Vergabe öffentlicher Aufträge vornehmlich zu berücksichtigen sind, stellt neben den Vergabegrundsätzen des Abs. 1 und Abs. 2 einen weiteren, materiellen Vergabegrundsatz dar.[206] Den öffentlichen Auftraggebern erwächst aus ihm die Verpflichtung, das Vergabeverfahren derart zu gestalten, dass auch

---

[203] *Theurer*, in: BeckOK Vergaberecht, GWB § 97 Abs. 4 Rn. 1.

[204] Art. 153 Abs. 2 lit. b) S. 2, 173 Abs. 1 UAbs. 2, 179 Abs. 2 AEUV; Erwägungsgrund 2 und 78 RL 2014/24/EU.

[205] *Griesewelle*, Mittelstandsförderung im Vergaberecht, S. 79.

[206] VK Arnsberg, Beschl. v. 31.1.2001, VK 2-01/01, VPRRS 2013, 0983, II.; *Knauff*, in: MüKo Wettbewerbsrecht, Bd. 3, GWB § 97 Rn. 220; *Antweiler*, in: Beck'scher Vergaberechtskommentar, Bd. 1, GWB § 97 Rn. 33; *Dreher*, in: Immenga/Mestmäcker, GWB § 97 Rn. 146.

mittelständische Interessen Berücksichtigung finden und die Beteiligung mittelständischer Unternehmen am Vergabeverfahren gefördert wird. Der insoweit missverständlich anmutende Wortlaut des § 97 Abs. 4 S. 1 GWB enthält die Verpflichtung, mittelständische Interessen bei der Vergabe öffentlicher Aufträge „vornehmlich“ zu berücksichtigen. Daraus folgt gleichwohl weder die Möglichkeit noch die Pflicht zur Bevorzugung mittelständischer Unternehmen.[207] Gegenteiliges wäre mit den Grundsätzen der Gleichbehandlung, der Wirtschaftlichkeit und des Wettbewerbs, zu denen er sich in einem Spannungsverhältnis befindet, nicht vereinbar.[208] Zwar wird teilweise davon ausgegangen, dass er in einem Gleichordnungsverhältnis zum Wettbewerbs- und Transparenzgrundsatz steht, ihm aber im unmittelbaren Anwendungsbereich des § 97 Abs. 4 GWB Vorrang gegenüber dem Gleichheitsgrundsatz zukommt.[209] Dabei wird aber verkannt, dass die Regelung nach ihrem Sinn und Zweck nur die Chancengerechtigkeit gegenüber großen Unternehmen herstellen will.[210] Es soll gewährleitet werden, dass allen Unternehmen unabhängig von ihrer Unternehmensgröße, gleicher Zugang zum Vergabeverfahren sowie zur Zuschlagserteilung ermöglicht wird.[211] Es erfolgt damit keine Mittelstandsförderung um jeden Preis. Der Grundsatz der Mittelstandsförderung ist auch nicht vorrangig gegenüber dem Grundsatz des Wettbewerbs zu berücksichtigen,[212] sondern stellt richtigerweise eine Konkretisierung des Wettbewerbs- und Gleichbehandlungsgrundsatzes dar.[213] Als wichtigstes Instrument der Mittelstandsförderung fungiert die in § 97 Abs. 4 S. 2 GWB normierte Losaufteilung. Der Grundsatz der mittelstandsfreundlichen Vergabe erschöpft sich jedoch nicht in der Pflicht zur Losaufteilung, sondern ist vom öffentlichen Auftraggeber im gesamten Verfahren zu berücksichtigen, somit auch bei der Festlegung der

---

207 VK Sachsen, Beschl. v. 30.4.2008, 1/SVK/020–08, IBRRS 2008, 1623; *Theurer*, in: BeckOK Vergaberecht, GWB § 97 Abs. 4 Rn. 2.

208 *Theurer*, in: BeckOK Vergaberecht, GWB § 97 Abs. 4 Rn. 2.

209 *Knauff*, in: MüKo Wettbewerbsrecht, Bd. 3, GWB § 97 Rn. 221.

210 *Dreher*, in: Immenga/Mestmäcker, GWB, § 97 Rn. 149 Fn. 312 (m.w.N.)

211 *Faßbender*, NZBau 2010, 529, 533.

212 *Müller/Brauser-Jung/Wiedemann/Kus/Dicks*, in: Röwekamp/Kus/Portz/Prieß, GWB § 97 Rn. 171.

213 *Dreher*, in: Immenga/Mestmäcker, GWB, § 97 Rn. 149.

Zuschlagskriterien.[214] Personenbezogenen Zuschlagskriterien wie der Erfahrung mag dabei auf den ersten Blick eine der Mittelstandsförderung hinderliche Wirkung beigemessen werden.[215] Je größer sich ein Bieterunternehmen in seiner gewachsenen Unternehmensstruktur sowie seinem Gesamtpersonalbestand darstellt, desto mehr Erfahrung wird er regelmäßig gegenüber kleinen oder mittelständischen Bietern, die sich unter Umständen noch nicht lange auf dem Markt befinden vorweisen können. Gleichwohl ist auch das Gegenteil denkbar, wenn etwa das Kriterium dem ortsansässigen Mittelstand als bereits erfahrenem Bietern zugutekommen mag.[216] Die im Rahmen der 7. ÄVOVgV in §§ 4, 5 VgV a.F. eingeführte Beschränkung der Gewichtungsmöglichkeit der damals eingeführten personenbezogenen Zuschlagskriterien auf 25 Prozent, wurde ausweislich der Verordnungsbegründung zum Schutz von Neu- bzw. Erstanbietern und damit kleinen Unternehmen eingeführt.[217] Der Verordnungsgeber sah in der uneingeschränkten Gewichtung insbesondere des Kriteriums der Erfahrung, die Gefahr, dass die Zugangsmöglichkeit zu öffentlichen Aufträgen für neu gegründete Unternehmen übermäßig erschwert werde. Die Aufhebung dieser Beschränkung in § 58 Abs. 2 Nr. 2 VgV bringt jedoch ein Umdenken zum Ausdruck. Aus dem Grundsatz der Mittelstandsförderung resultierende Umstände, die gegen eine grundsätzliche Zulassung personenbezogener Zuschlagskriterien sprechen, sind damit nicht ersichtlich. Eine an den Grundsätzen der Wirtschaftlichkeit und des Wettbewerbs orientierte Berücksichtigung personenbezogener Zuschlagskriterien vermag daher auch im Einklang mit dem Grundsatz der Mittelstandsförderung zu erfolgen.

7. Zwischenfazit

Ein Verbot personenbezogener Zuschlagskriterien ergibt sich weder aus den Vergabezwecken noch den Vergabegrundsätzen. Vielmehr stellen diese im Rahmen der inhaltlichen Ausgestaltung personenbezogener

---

214 *Faßbender*, NZBau 2010, 529, 533.

215 *Ruh*, VergabeR 2005, 718, 728.

216 *Ruh*, VergabeR 2005, 718, 728.

217 Siebte Verordnung zur Änderung der Verordnung über die Vergabe öffentlicher Aufträge v. 15.10.2013, BGBl. Teil I, 2013 Nr. 63, S. 3854 f.; Verordnungsbegründung zu § 4 VgV BR-Drs. 610/13, S. 12.

Zuschlagskriterien einen über die konkreten materiellen Regelungen hinausgehenden Regelungsrahmen dar.

Der Bereich personenbezogener Zuschlagskriterien tangiert zudem ein grundlegendes Spannungsverhältnis des Vergaberechts.[218] Dem Vergaberecht wohnen einerseits der dogmatisch legitimierte weite Beurteilungsspielraum des Auftraggebers, der seine Berechtigung aus dem Basiszweck des Vergaberechts selbst abzuleiten vermag und andererseits die Primärzwecke und Vergabegrundsätze inne, die zugleich die Schranken dieses Beurteilungsspielraums determinieren.[219] Das Vergaberecht selbst, welches zwischen dem Recht der Wirtschaft und dem Recht der Verwaltung einzuordnen ist, lässt bereits auf das bestehende Spannungsverhältnis zwischen Entscheidungsfreiheit und Gesetzesbindung des öffentlichen Auftraggebers bei der Auftragsausschreibung schließen.[220]

III. Trennungsgebot

Den zentralen Maßstab für die Beurteilung der Zulässigkeit personenbezogener Zuschlagskriterien bildet das sog. Trennungsgebot. Das Trennungsgebot beruht auf der systematischen Trennung der beiden zentralen Prüfungsstufen des Regelverfahrens im Vergaberecht, der Eignungsprüfung und der Zuschlagsentscheidung.[221] Die Existenz des Trennungsgebots entspricht weitestgehend einhelliger Auffassung in Rechtsprechung und Schrifttum und wird teilweise gar als vergaberechtliches Dogma angesehen.[222] Zum

---

218 *Gröning*, VergabeR 2008, 721, 728; vgl. *Rechten/Portner*, NZBau 2014, 276, 277.

219 *Fehling*, in: Pünder/Schellberg, GWB § 97 Rn. 1.

220 *Burgi*, ZHR 178 (2014) 2, 4–5; *Ricken*, Beurteilungsspielräume und Ermessen im Vergaberecht, S. 25; *Rechten/Portner*, NZBau 2014, 276, 277.

221 *Opitz*, in: Beck'scher Vergaberechtskommentar, Bd. 1, GWB § 127 Rn. 98, 99; *Plauth*, in: Müller-Wrede, GWB § 127 Rn. 215.

222 BGH Urt. v. 15.4.2008, X ZR 129/6, NZBau 2008, 505, 506 (Sporthallenbau); OLG Celle, Beschl. v. 12.1.2012, 13 Verg 9/11; OLG Düsseldorf, Beschl. v. 22.12.2021, Verg 16/21; *Plauth*, in: Müller-Wrede, GWB § 127 Rn. 214; *Frister*, in: Kapellmann/Messerschmidt, VOB/A § 16b Rn. 27; *Heller*, EWeRK 2015, 144, 148.

Teil wird es auch synonym als Vermischungsverbot[223] oder Vermengungsverbot[224] bezeichnet.

1. Herleitung des Trennungsgebots

a) Europäische Vergaberechtsordnung

aa) Primärrecht

Das europäische Primärrecht besteht aus dem EUV, dem AEUV, der europäischen Grundrechte-Charta (GRCh) sowie den allgemeinen Rechtsgrundsätzen.[225] Die Zuschlagskriterien unterliegen insbesondere den primärrechtlichen Grundsätzen der Gleichbehandlung, Nichtdiskriminierung und Transparenz.[226] Das EuG beurteilte in einem Verfahren aus dem Jahr 2013 das Zuschlagskriterium „Erfahrung des Bieters" für unzulässig.[227] Gestützt wurde dies auf einen Verstoß gegen das aus dem europäischen Primärrecht abgeleitete Diskriminierungsverbot. Dem Verfahren lag eine Vergabe unterhalb der Schwellenwerte der Vergaberichtlinien zugrunde, sodass europäisches Vergabesekundärrecht keine Anwendung fand. Dies mag für eine Verankerung des Trennungsgebots im Primärrecht sprechen. Überzeugender scheint es jedoch, aus dem primärrechtlichen Diskriminierungsverbot allenfalls ein allgemeines Verbot der Angebotsbewertung anhand sachlich nicht gerechtfertigter Kriterien abzuleiten. Was im Einzelfall einer sachlichen Rechtfertigung zugänglich ist, bleibt vielmehr der Vergaberichtlinie vorbehalten. Eine Herleitung des Trennungsgebots aus dem Primärrecht oder den allgemeinen Vergabegrundsätzen lässt sich auch der EuGH- Rechtsprechung nicht entnehmen.

---

223 *Schwabe*, VPR 2015, 99; ders., IBR 2015, 268, 268; *Boesen*, in: FS Marx, S. 22; *Wittschurky*, Das Verhältnis von Eignungs- und Zuschlagkriterien im europäischen, deutschen und US-amerikanischen Vergaberecht, S. 453–454; *Voppel*, in: Voppel/Osenbrück/Bubert, VgV § 46 Rn. 65; *Eiermann*, NZBau 2016, 76, 76; *Gyulai-Schmidt*, ZfBR 2019, 762, 766.

224 *Heller*, EWeRK 2015, 144, 148; *Jasper*, VergabeR 2010, 775, 775.

225 *Wank*, Juristische Methodenlehre, § 3 Rn. 34.

226 Erwägungsgrund 1, 90 RL 2014/24/EU; Erwägungsgrund 2, 95 RL 2014/25/EU; *Petersen*, VergabeR 2015, 8, 20.

227 EuG, Urt. v. 29.5.2013, Rs. T-384/10, ECLI:EU:T:2013:277, Rn. 120–121 (Spanien/Kommission).

bb) Sekundärrecht

Nach inzwischen weitestgehend einhelliger Auffassung wird das Trennungsgebot aus der Systematik des Vergaberechtssystems hergeleitet.[228] Die europäische Vergaberichtlinie 2014/24/EU unterscheidet einerseits zwischen der Eignungsprüfung und andererseits der Zuschlagsentscheidung. Der Zweck der Vergaberichtlinie liegt vordergründig darin, die Bevorzugung einheimischer Bieter oder Bewerber bei der Auftragsvergabe durch den öffentlichen Auftraggeber zu verhindern und zum anderen auszuschließen, dass er sich von anderen als wirtschaftlichen Überlegungen leiten lässt.[229]

Die Geburtsstunde des sog. Trennungsgebots dürfte auf die Schlussanträge des Generalanwalts *Darmon* im Beentjes-Verfahren vor dem EuGH im Jahr 1988 zurückzuführen sein.[230] In dem Ausgangsverfahren hatte die niederländische Vergabestelle die Vergabeentscheidung davon abhängig gemacht, dass sich das beschäftigte Personal zu mindestens 70 Prozent aus Langzeitarbeitslosen zusammensetzen muss, die von der örtlichen Arbeitsbeschaffungsstelle vermittelt werden. Aus Art. 20 der damals geltenden RL 71/305/EWG leitete er den „Grundsatz einer Trennung" zwischen den jeweiligen Kriterien für die Prüfung der fachlichen Eignung der Unternehmer und für die Erteilung des Zuschlags her. Die Richtlinie treffe eine klare Unterscheidung zwischen den Kriterien für die Eignungsprüfung, die die Eigenschaften des Unternehmers betreffen sowie denjenigen Kriterien für die Zuschlagserteilung, die sich auf die angebotene Leistung beziehen. Nach der Vorschrift des Art. 20 der RL 71/305/EWG erfolgte der Zuschlag des Auftrags „aufgrund der in Kapitel 2 [...] vorgesehenen Zuschlagskriterien, nachdem die öffentlichen Auftraggeber die fachliche Eignung der Unternehmer [...] nach den in den Artikeln 25 bis 28 genannten Kriterien der wirtschaftlichen, finanziellen und technischen

[228] BGH, Urt. v. 8.9.1998, X ZR 109/96, NJW 1998, 3644, 3646 (Klärwerkerweiterung); *Heller*, EWeRK 2015, 144, 148; *Petersen*, VergabeR 2015, 8, 20; *Goede*, EuZW, 2015, 433, 435; *Egger*, NZBau 2004, 582, 586; *Ziekow*, in: Pitschas/Ziekow, Vergaberecht im Wandel, S. 152.

[229] EuGH, Urt. v. 16.12.2008, Rs. C-213/07, ECLI:EU:C:2008:731, Rn. 54 (Michaniki); EuGH, Urt. v. 27.11.2001, Rs. C-285/99, C-286/99 ECLI:EU:C:2001:640, Rn. 36 (Lombardini); EuGH, Urt. v. 3.10.2000, Rs. C-380/98, ECLI:EU:C:2000:529, Rn. 17 (H. M. Treasury).

[230] Schlussanträge des Generalanwalts *Darmon*, 4.5.1988, Rs. 31/87 (Beentjes), Rn. 22, 36 f.

Leistungsfähigkeit geprüft haben." Zum Teil wurden die Ausführungen des Generalanwalts *Darmon* in der Literatur dahingehend verstanden, dass er das Trennungsgebot sowohl aus dem Wortlaut „nachdem" als auch der Systematik des Art. 20 RL 71/305/EWG hergeleitet habe.[231] Er selbst hat die Bedeutung des Begriffs „nachdem" insoweit konkretisiert, als dass daraus jedenfalls keine strenge Trennung im zeitlichen Ablauf zu folgern sei.[232]

Die Richtlinie[233] treffe eine klare Unterscheidung, sodass sich für die Einhaltung der Richtlinienbestimmungen eine „Verwechslung" zwischen Eignungs- und Zuschlagskriterien verbiete. Für die Erteilung des Zuschlags seien keine Kriterien heranzuziehen, die die fachliche Eignung der Unternehmer betreffen. Entgegen dem vermeintlichen Wortlaut der Vergaberichtlinie „nachdem", könne die Eignungsprüfung und Zuschlagswertung in zeitlicher Hinsicht jedoch parallel vorgenommen werden, sodass vordergründig auf die Systematik der Richtline abzustellen ist.[234] Der Richtliniengeber ist in Art. 67 der RL 2014/24/EU zudem inzwischen von der zeitlich konnotierten Terminologie des „nachdem" abgerückt. Der EuGH schloss sich den Schlussanträgen an und leitet das Trennungsgebot seither aus der Systematik der Vergaberichtlinien und damit aus dem sekundären Unionsvergaberecht ab.[235]

---

231 *Goede*, EuZW, 2015, 433, 435.

232 Schlussanträge des Generalanwalts *Darmon*, 4.5.1988, Rs. 31/87 (Beentjes), Rn. 37; vgl. *Goede*, EuZW, 2015, 433, 435.

233 Art. 20 RL 71/305/EWG: „Der Zuschlag des Auftrags erfolgt aufgrund der in Kapitel 2 [...] vorgesehenen Zuschlagskriterien, nachdem die öffentlichen Auftraggeber die fachliche Eignung der Unternehmer [...] nach den in den Artikeln 25 bis 28 genannten Kriterien der wirtschaftlichen, finanziellen und technischen Leistungsfähigkeit geprüft haben."

234 EuGH, Urt. v. 19.6.2003, Rs. C-315/01, ECLI:EU:C:2003:360, Rn. 60 (GAT); EuGH, Urt. v. 20.9.1988, Rs. C-31/87, ECLI:EU:C:1988:422, Rn. 16 (Beentjes); *Hölzl/Friton*, NZBau 2008, 307, 308.

235 EuGH, Urt. v. 20.9.1988, Rs. C-31/87, ECLI:EU:C:1988:422, Rn. 15 (Beentjes); EuGH, Urt. v. 19.6.2003, Rs. C-315/01, ECLI:EU:C:2003:360, Rn. 59 (GAT); EuGH, Urt. v. 24.1.2008, Rs. C-532/06, ECLI:EU:C:2008:40, Rn. 25–31 (Lianakis); EuGH, Urt. v. 12.11.2009, Rs. C-199/07, ECLI:EU:C:2009:693, Rn. 51–55 (Kommission/Griechenland).

b) Deutsche Vergaberechtsordnung

Auch im nationalen Umsetzungsrecht wird das Trennungsgebot aus der Systematik der Vergaberechtsordnung hergeleitet.[236] Die systematische Unterscheidung zwischen Eignungs- und Zuschlagsebene ist infolge der Richtlinienumsetzung im nationalen GWB Vergaberecht übernommen worden, sodass das Trennungsgebot auch dort seine Verankerung und Bestätigung findet.

2. Anwendungsbereich

Das aus der Systematik der Vergaberichtlinien sowie des nationalen Vergaberechtssystems abgeleitete Trennungsgebot findet uneingeschränkt auf den Anwendungsbereich der RL 2014/24/EU Anwendung.[237] Erfasst werden damit unabhängig von der Leistungsart alle allgemeinen Auftragsvergaben, insbesondere Bau, Liefer- und Dienstleistungsaufträge. Dies gilt auch für den Bereich sozialer und anderer besonderer Dienstleistungen i.S.d. § 130 GWB.[238]

3. Regelungsgehalt

a) Wortlaut

Eine ausdrückliche Regelung des Trennungsgebots ist weder der europäischen noch der nationalen Vergaberechtsordnung zu entnehmen. Nach dem vormals geltenden Art. 20 der RL 71/305/EWG erfolgte der Zuschlag des Auftrags „aufgrund der […] vorgesehenen Zuschlagskriterien, „nachdem“ die öffentlichen Auftraggeber die fachliche Eignung der Unternehmer […] nach den in den Artikeln 25 bis 28 genannten Kriterien der wirtschaftlichen, finanziellen und technischen Leistungsfähigkeit geprüft haben.“ Aus der Verwendung des Wortlauts „nachdem“ wurden Rückschlüsse auf das Erfordernis einer Trennung gezogen. Da die aktuell geltende Fassung der Vergaberichtlinie 2014/24/EU die zeitliche Konotation des „nachdem“ nicht mehr enthält, kann diese Schlussfolgerung jedoch nicht mehr gezogene werden.

---

236 *Heller*, EWeRK 2015, 144, 148.

237 OLG Frankfurt a. M., Beschl. v. 28.2.2006, 11 Verg 15/05, 11 Verg 16/05, Rn. 61; *Sauer/Beel*, EWeRK 2013, 327, 328.

238 *Opitz*, in: Beck'scher Vergaberechtskommentar, Bd. 1, GWB § 127 Rn. 101.

b) Historie

Im Rahmen historischer Auslegungsansätze scheint jedenfalls die ersatzlose Streichung des § 11 Abs. 5 VOF a.F. für den Bereich des aus der nationalen Vergaberechtordnung abzuleitenden Trennungsgebots betrachtenswert. Dieser regelte, dass die klare und nachvollziehbare Abgrenzung zu den Eignungskriterien bei der Auswahl der Bewerber zu beachten ist. Aus der ersatzlosen Abschaffung könnten Schlussfolgerungen auf die Intention des Verordnungsgebers für die Abschaffung des Trennungsgebots insgesamt gezogen werden. Dies vermag angesicht der nach wie vor bestehenden systematischen Trennung zwischen den Ebenen der Eignungsprüfung und der Zuschlagskriterien jedoch nicht zu überzeugen.[239]

c) Systematik

aa) Personenbezogene Zuschlagskriterien im engeren Sinne

Nach einem strengen Verständnis des Trennungsgebots, verbietet sich grundsätzlich die Berücksichtigung personenbezogener Zuschlagskriterien. Die gesetzliche Zulassung personenbezogener Zuschlagskriterien ist als Stein des Anstoßes für die Diskussion um die mögliche Aufweichung, Durchbrechung oder gar regulatorische Aufhebung des Trennungsgebots zu sehen.[240] Vielfach wurde die ausdrücklich normierte Zulässigkeit der Berücksichtigung der Personalqualität in Art. 67 Abs. 2 lit. b) RL 2014/24/EU als Lockerung des strengen Trennungsgebots gedeutet.[241] Insbesondere im Nachgang zur 7. ÄVOVgV wurde vielfach vertreten, mit Art. 67 Abs. 2 lit. b) RL 2014/24/EU sowie den nationalen Umsetzungsnormen sei die strenge Trennung von Eignungs- und Zuschlagskriterien gelockert bzw. aufgehoben worden.[242] Mit Art. 67 Abs. 2 lit. b) RL 2014/24/EU sei der EuGH Rechtsprechung zur strengen Trennungslehre die Grundlage entzogen worden.[243]

Mit den Neuregelungen sei eine Zulassung bieter- oder unternehmensbezogener Zuschlagskriterien, teilweise sogar die Zulassung von Eignungskriterien auf Zuschlagsebene, normiert worden. Es handele sich damit um

---

239 *Müller-Wrede*, in: Müller-Wrede, GWB § 127 Rn. 136.

240 *Fritz*, VergabeR 2017, 267, 268; *Conrad*, DVBl 2014, 958, 958.

241 *Schwab/Giesemann*, VergabeR 2014, 351, 360.

242 *Burgi*, ZHR 178 (2014) 2, 4; *Schwab/Giesemann*, VergabeR 2014, 351, 360; *Frister*, in: Kapellmann/Messerschmidt VOB/A, § 16d Rn. 44.

243 *Neun/Otting*, EuZW 2014, 446, 451.

eine konstitutive Ausnahmevorschrift, die eine punktuelle Vermischung zulasse.[244] Teilweise wird gar vertreten, damit sei die Berücksichtigung eines Mehr an Eignung auf Zuschlagsebene zugelassen worden.[245]

Dies beruht jedoch auf der vormals begrifflichen Undifferenziertheit. Überwiegend werden als personenbezogene Zuschlagskriterien ausschließlich Kriterien im Hinblick auf das für den Auftrag einzusetzenden Personal angesehen[246] und als bieterbezogene Kriterien bezeichnet.[247] Auch wenn teilweise darauf abgestellt wird, die Erfahrung des Bieters im speziellen Aufgabenbereich entfalte Einfluss auf die Wirtschaftlichkeit der Angebote,[248] so ist damit stets nur die Erfahrung des ausführenden Personals gemeint.

Die jeweiligen Argumentationen zielten damit in den wenigsten Fällen auf eine tatsächliche Berücksichtigung von Eignungskriterien ab. Gemeint waren vielmehr die seither gesetzlich normierten personenbezogenen Zuschlagskriterien in Form personalbezogener Zuschlagskriterien.

Es erscheint als zu weitgehend, anzunehmen, dass in der gesetzlichen Zulassung personalbezogener Zuschlagskriterien zugleich eine Durchbrechung des Trennungsgebots zu sehen ist. Überzeugender ist vielmehr ein Verständnis personenbezogener Zuschlagskriterien in der Form, dass es ihnen immanent ist, dass sie inhaltliche Überschneidungen sowohl zu den Eignungs- als auch zu den Zuschlagskriterien aufweisen, sie sich jedoch auf konkret individualisierte Subjekte beziehen.

(1) Europäische Rechtsprechung und Rezeption im Schrifttum

In ständiger Rechtsprechung proklamiert der EuGH, dass Kriterien, die nicht der Ermittlung des wirtschaftlich günstigsten Angebots dienen, sondern die im Wesentlichen mit der Beurteilung der fachlichen Eignung der Bieter für die Ausführung des betreffenden Auftrags zusammenhängen, als Zuschlagskriterien ausgeschlossen seien.[249]

---

[244] *Gulich*, VergabeR 2018, 403, 409.

[245] *Hillen*, Die gerichtliche Kontrolle von Wirtschaftlichkeit im Vergaberecht, S. 626.

[246] *Gerner*, NZS 2016, 492, 497; *Gulich*, VergabeR 2018, 403, 409.

[247] *Bulla*, in: Willenbruch/Wieddekind, VgV § 58 Rn. 15; *Schwabe*, IBR 2015, 268, 268.

[248] *Schabel*, VergabeR 2008, 500, 500.

[249] EuGH, Urt. v. 24.1.2008, Rs. C-532/06, ECLI:EU:C:2008:40, Rn. 30, 31 (Lianakis); EuGH, Urt. v. 26.3.2015, Rs. C-601/13, ECLI:EU:C:2015:204, Rn. 35 (Ambisig); EuGH, Urt. v. 1.3.2018, Rs. C-9/17, ECLI:EU:C:2018:142, Rn. 37 (Tirkkonen).

In seiner Lianakis-Entscheidung stellt er im Zusammenhang mit einer Abgrenzung zwischen Eignungs- und Zuschlagskriterien erstmals klar, dass diejenigen Kriterien als Zuschlagskriterien ausgeschlossen seien, die nicht der Ermittlung des wirtschaftlich günstigsten Angebots dienen, sondern die im Wesentlichen mit der Beurteilung der fachlichen Eignung der Bieter für die Ausführung des betreffenden Auftrags zusammenhängen.[250]

Die Lianakis-Entscheidung des EuGH wurde im Schrifttum weitestgehend einhellig als eindeutigste Absage an die personenbezogenen Zuschlagskriterien interpretiert.[251] Der EuGH habe der Berücksichtigung von Erfahrung der Bieter und ihres Personalbestands sowie ihrer Fähigkeit, den Auftrag zum vorgesehenen Zeitpunkt zu erfüllen, als Zuschlagskriterien unmissverständlich eine Absage erteilt.[252]

Die Rezeption im Schrifttum erfolgt weitgehend zustimmend.[253] Vielfach wird hier für die Berücksichtigung personenbezogener Zuschlagskriterien kein Erfordernis gesehen, da eine höhere Leistungsqualität auch mit einer konkreteren Leistungsbeschreibung unter ausdrücklicher Benennung der geforderten Qualität erreicht werden könne.[254] Da die Beschreibung der Leistung an sich und ihrer Qualität in den Verfahren, in denen vom Auftraggeber ein Bedürfnis für die Berücksichtigung personenbezoger Zuschlagskriterien gesehen wird, nicht immer möglich ist, überzeugt diese Argumentation aber nicht.

Die gesetzlich implementierte Zulassung personenbezogener Zuschlagskriterien im engeren Sinne gem. Art. 67 RL 2014/24/EU vom 26. Februar 2014 erfolgte kurz vor der Ambisig-Entscheidung des EuGH am 26. März 2015. Zwar lag der Entscheidung noch die Vorgängerrichtlinie zugrunde, teilweise wird im Schrifttum jedoch angenommen, das Urteil sei bereits im Lichte

---

[250] EuGH, Urt. v. 24.1.2008, Rs. C-532/06, ECLI:EU:C:2008:40, Rn. 30, 31 (Lianakis).

[251] *Gröning*, VergabeR 2008, 721, 728.

[252] *Gröning*, VergabeR 2008, 721, 728.

[253] Es gab aber auch kritische Stimmen zur Rspr. des EuGH zum Verhältnis von Eignungs- und Zuschlagskriterien, dazu *Wiedmann*, Zulässigkeit sozialer Vergabekriterien, S. 41–42.

[254] *Eydner*, IBR 2009, 1394, 1394.

der Richtlinie ergangen und habe gegenüber der Lianakis-Entscheidung des EuGH aus dem Jahre 2008 zu einem Rechtsprechungswechsel geführt.[255]

In der Ambisig-Entscheidung machte der EuGH unter Verweis auf den weiten Beurteilungsspielraum des öffentlichen Auftraggebers deutlich, dass die Qualität des für den Auftrag einzusetzenden Personals insbesondere im Bereich von Dienstleistungen mit intellektuellem Charakter erheblichen Einfluss auf die Qualität der Auftragsausführung und damit auf die Qualität der Leistung haben kann.[256] Obgleich der Entscheidung ein Verfahren zugrunde lag, welchem das Kriterium der Beschäftigung von Langzeitarbeitslosen beim Bieterunternehmen und damit letztlich die Frage nach der Zulässigkeit von Sekundärzwecken im Rahmen der Angebotsbewertung zugrunde lag, gelten die Erkenntnisse aus dem Urteil hinsichtlich des Verhältnisses von Eignungs- und Zuschlagskriterien auch für den Bereich personenbezogener Zuschlagskriterien als Grundstein. Das Ambisig-Urteil wurde daher vielfach als Bestätigung der Ausnahme vom Trennungsgebot interpretiert.[257]

Der EuGH verweist in der Entscheidung auf seine Lianakis-Entscheidung und macht damit deutlich, dass er keinen Widerspruch zwischen den beiden Urteilen sieht. Die Entscheidung erschöpft sich in der keine wesentlich neuen Erkenntnisse enthaltenen Aussage, dass zwischen den Kriterienkategorien zu unterscheiden ist. Beide Urteile sind daher als einheitliche Rechtsprechungslinie anzusehen. Ein Richtungswechsel in der Rechtsprechung des EuGH ist damit entgegen verbreiteter Auffassung nicht zu erkennen. Zwar erklärte er die Personalqualität in der Lianakis-Entscheidung noch für unzulässig und in der Ambisig-Entscheidung für zulässig. Zugrunde lagen jedoch grundlegend verschiedene Auftragsgegenstände.[258]

Die Ambisig-Entscheidung begründet damit gerade keine Rechtsprechungswende, sondern fügt sich vielmehr folgerichtig in die bisherige Rechtsprechung des EuGH ein.

---

255 *Otting*, VergabeR 2016, 316, 325; *Schabel*, VergabeR 2008, 500, 500; *Raab*, Auswirkungen personenbezogener Vergabekriterien für öffentliche Bauaufträge und öffentliche baunahe Dienstleistungsaufträge auf den österreichischen Bauarbeits- und Bietermarkt, S. 108.

256 EuGH, Urt. v. 26.3.2015, Rs. C-601/13, ECLI:EU:C:2015:204, Rn. 28–34 (Ambisig) mit Anm. *Stoye/Gielen*, VergabeR 2015, 543.

257 *Schwabe*, IBR 2015, 268, 268.

258 So auch *Cho*, IR 2015, 189, 190; *Heller*, EWeRK 2015, 144, 148.

(2) Nationale Rechtsprechung und Rezeption im Schrifttum

In der nationalen Rechtsprechung ist die Ambisig-Entscheidung mitunter dahinggehend interpretiert worden, dass unter bestimmten Voraussetzungen auch die Berücksichtigung von Eignungsmerkmalen bei der Angebotsbewertung zulässig sei.[259]

Der BGH hat aber bereits in seiner Klärwerkerweiterungs-Entscheidung festgestellt, eine klare Trennung der Prüfungsschritte sei unverzichtbar, damit die Vergabeentscheidung objektiv und überprüfbar bleibe.[260]

Für dieses Verständnis spricht die Verordnungsbegründung zu § 4 VgV a.F. in der ausdrücklich klargestellt wird, dass in der Berücksichtigungsfähigkeit personenbezogener Zuschlagskriterien eine moderate Lockerung des Trennungsgebots zu sehen sei.[261] Der Verordnungsgeber weist sodann darauf hin, dass bei der Neuregelung Tendenzen der bereits ergangenen Rechtsprechung aufgegriffen werden. Denkbar ist daher, dass die Einordnung der Neuregelung als Ausnahmevorschrift auf den vormals nahezu unbestrittenen Interpretationen der EuGH-Rechtsprechung zum Regelungsgehalt des Trennungsgebots basiert, die jedoch, wie zuvor gezeigt,[262] bei näherer Betrachtung nicht zu überzeugen vermögen.

(3) Bewertung

Ausnahmen vom Trennungsverbot sind mit der Systematik des europäischen sowie nationalen Vergaberechtssystem unvereinbar und damit nach überzeugender Auffassung vergaberechtswidrig.[263]

Für ein gelockertes Verständnis des Trennungsgebots spricht jedoch die Beschaffungsautonomie des öffentlichen Auftraggebers. Die vorzunehmende Bedarfsdefinition umfasst gerade auch die Bestimmung der Qualität der Leistung.[264] Dem „gelockerten Trennungsgebot" ist zwar im Hinblick auf die darunter zu verstehende inhaltliche Auffassung und Argumentation bei der Auslegung seines Regelungsgehalts zuzustimmen, jedoch vermag

---

259 OLG Düsseldorf, Beschl. v. 29.4.2015, VII-Verg 35/14, NZBau 2015, 440, 443.

260 BGH, Urt. v. 8.9.1998, X ZR 109/96, NJW 1998, 3644, 3646 (Klärwerkerweiterung).

261 Verordnungsbegründung zu § 4 VgV, BR-Drs. 610/13, S. 10.

262 S.o. Kap. C III.3. c) aa) (1).

263 So auch *Sauer/Beel*, EWeRK, 2013, 327, 328.

264 *Ahlers*, Grundlagen und Grenzen der Beschaffungsautonomie, S. 138.

die begriffliche Bezeichnung als „gelockert" aufgrund missverständlicher Konnotation nicht zu überzeugen. Nach vorzugswürdiger Auffassung gibt es keine Rechtsentwicklung von einem vormals strengen Trennungsgebot, zu einem nunmehr gelockerten Trennungsgebot.[265]

bb) Personenbezogene Zuschlagskriterien im weiteren Sinne

Es ist nicht von der Hand zu weisen, dass die Qualität der Leistung in bestimmten Bereichen nicht nur maßgeblich von der persönlichen Qualität des ausführenden Personals, sondern je nach Unternehmensorganisation und Struktur gerade auch vom Führungspersonal des Unternehmens abhängen kann. Ob die Berücksichtigung der Personalqualität des Führungspersonals als personenbezogenes Zuschlagskriterium im weiteren Sinne zulässig ist, beurteilt sich anhand einer Gesamtabwägung im Rahmen der schwerpunktmäßigen Abgrenzungsmethode.

Der Umstand, dass bieterbezogene Kriterien in tatsächlicher Hinsicht Einfluss auf die Qualität der Leistung entfalten können, ist, soweit ersichtlich, unbestritten,[266] ob sie dies vergaberechtlich auch dürfen, unterliegt nachfolgender Untersuchung.

(1) Europäische Rechtsprechung und Rezeption im Schrifttum

Zahlreiche Stimmen im Schrifttum erachten die bieterbezogenen Zuschlagskriterien aufgrund ihrer personellen Anknüpfung an den Bieter oder seinen über das für den Auftrag einzusetzende Personal hinausgehenden Personalbestand per se für unzulässig.[267] Gleichwohl soll die Abgrenzung zwischen Eignungs- und Zuschlagskriterien im Einklang mit der Rechtsprechung des EuGH aufgrund einer schwerpunktmäßigen Abgrenzung vorzunehmen sein.

Dieser Ansatz vermag nicht zu überzeugen. Wenn einerseits proklamiert wird, die Abgrenzung zwischen Eignungs- und Zuschlagskriterien habe nach der schwerpunktmäßigen Abgrenzungsmethode[268] zu erfolgen, kann nicht andererseits eine grundsätzliche Ablehnung bieterbezogener Kriterien als Zuschlagskriterien mit der Begründung erfolgen, sie können aufgrund

---

[265] A.A. *Frister*, in: Kapellmann/Messerschmidt, VOB/A § 16d Rn. 28.

[266] *Conrad*, DVBl 2014, 958, 963.

[267] *Kling*, in: Immenga/Mestmäcker, GWB, § 127 Rn. 18 (m.w.N.).

[268] Hierzu ausführlich Kap. B.III.

ihrer Anknüpfung an den Bieter als Bezugssubjekt keine Zuschlagskriterien darstellen. Dies stünde gerade im Widerspruch zur schwerpunktmäßigen Abgrenzungsmethode, die insbesondere auf die Rechtsprechung des EuGH zurückzuführen ist.

Die Ablehnung eines Kriteriums allein aufgrund seines personellen Bezugssubjekts käme einer Abgrenzung nach den Definitionsmerkmalen des Bieterbezugs beim Eignungskriterium und des Angebotsbezugs beim Zuschlagskriterium gleich. Die Abgrenzungsmethode nach Definitionsmerkmalen wird jedoch gemeinhin abgelehnt.[269]

Auch die Rechtsprechung des EuGH spricht gegen eine grundsätzliche Ablehnung bieterbezogener Zuschlagskriterien. Den einschlägigen Entscheidungen lagen zahlreiche bieterbezogenen Zuschlagskriterien zugrunde, die der EuGH nach schwerpunktmäßiger Abgrenzung als Eignungskriterien einordnete und damit ihre Berücksichtigung als Zuschlagskriterien für unzulässig befand. In keiner dieser Entscheidungen, befand er bieterbezogene Zuschlagskriterien für grundsätzlich unzulässig. Im Lichte der seit Jahrzehnten geführten und auch nach Einführung des Art. 67 RL 2014/24/EU eingeführten Regelung nicht abebbenden Diskussionen, hätte sich eine Klarstellung bei entsprechender Rechtsauffassung des EuGH nahezu aufgedrängt. Wenn auch zuzugestehen ist, dass sich der Schwerpunkt eines bieterbezogenen Kriteriums beim Angebotsbezug in der Praxis schwerlich begründen lassen wird, erscheint dies im Einzelfall doch möglich.

In der nationalen Vergaberechtsprechung ist eine deutlich klarere Begriffsverwendung zu verzeichnen. So stellte die VK Rheinland in einem Nachprüfungsverfahren zur Vergabe eines Sicherheitsdienstes und Objektschutzes klar, § 65 Abs. 5 S. 1 VgV gestatte im Unterschied zu § 58 Abs. 2 S. 2 Nr. 2 VgV die Verwendung bieterbezogener Zuschlagskriterien. Dies gelte auch für personenbezogene Kriterien.[270]

Die Auffassung, dass Kriterien, die sich auf die Person des Bieters beziehen, wie „Referenzen“ des Bieters oder die „Unternehmensqualifikation“ grundsätzlich aufgrund fehlenden Leistungsbezugs nicht für die Ermittlung des

269 Siehe hierzu bereits Kap. B.III.1. und nachfolgend unter Kap. C III. 5. a).
270 VK Rheinland, Beschl. v. 27.9.2019, VK 35/19.

wirtschaftlichsten Angebots geeignet seien[271], ist abzulehnen. Gestützt wird diese Ansicht zumeist auf die Rechtsprechung des EuGH, aus der sich bei näherer Betrachtung ein solcher Grundsatz jedoch nicht ableiten lässt.[272] Der EuGH stellte beispielsweise in der GAT-Entscheidung einen Verstoß gegen die damals geltende Vergaberichtlinie fest, da „im Rahmen eines Verfahrens zur Vergabe eines öffentlichen Lieferauftrags der Auftraggeber die Zahl der Referenzen über die von den Bietern anderen Kunden angebotenen Produkte nicht als Kriterium für die Prüfung der fachlichen Eignung der Bieter zur Durchführung des betreffenden Auftrags, sondern als Zuschlagskriterium berücksichtigt[e]".[273] Der EuGH stellte dabei ausdrücklich darauf ab, dass die vom Auftraggeber im Ausgangsverfahren verlangte Liste von Referenzen, die nur den Namen und die Zahl der früheren Kunden der Bieter anführte, zur Ermittlung des wirtschaftlich günstigsten Angebots nicht geeignet sei. Die reine Anzahl an Referenzen könne daher kein Zuschlagskriterium darstellen.[274]

Der Generalanwalt stellt in seinen Schlussanträgen jedoch klar, dass aus einer Referenzliste, der eine Bewertung der Referenzen zu entnehmen ist, Rückschlüsse auf die Wirtschaftlichkeit des Angebots entnommen werden können.[275] Zwar entfalten die Schlussanträge keine Bindungswirkung, können bei gleichem Ergebnis jedoch als Auslegungshilfe des Urteils dienlich gemacht werden.

Der EuGH macht daher in der GAT-Entscheidung deutlich, dass für die Beurteilung der Zulässigkeit eines personenbezogenen Kriteriums in Abgrenzung zum Eignungskriterium maßgeblich darauf abzustellen ist, dass das Kriterium zur Ermittlung des wirtschaftlich günstigsten Angebots geeignet

---

271 OLG Sachsen-Anhalt, Beschl. v. 12.4.2012, 2 Verg 1/12, juris Rn. 75; OLG München, Beschl. v. 29.7.2010, Verg 9/10, VergabeR 2011, 130, 134 m. Anm. *Donhauser*, VergabeR 2011, 130, 134; OLG Naumburg, Beschl. v. 12.4.2012, Az.: 2 Verg 1/12, juris Rn. 73; *Kreuzer*, Die Vergaberechtsreform 2016 durch die Richtlinien 2014/23/EU, 2014/24/EU, 2014/25/EU, S. 263.

272 EuGH, Urt. v. 20.9.1988, Rs. C-31/87, ECLI:EU:C:1988:422, Rn. 15–19 (Beentjes); EuGH, Urt. v. 24.1.2008, Rs. C-532/06, ECLI:EU:C:2008:40, Rn. 30, 31 (Lianakis); EuGH, Urt. v. 19.6.2003, Rs. C-315/01, ECLI:EU:C:2003:360, Rn. 67 (GAT).

273 EuGH, Urt. v. 19.6.2003, Rs. C-315/01, ECLI:EU:C:2003:360, Rn. 67 (GAT). Siehe dazu auch die Anm. von *Terner*, ZfBR 2003, 710 und *Wirner*, IBR 2003, 439.

274 EuGH, Urt. v. 19.6.2003, Rs. C-315/01, ECLI:EU:C:2003:360, Rn. 67 (GAT).

275 Schlussanträge des Generalanwalts Geelhoed, 10.10.2002, C-315/01, Rn. 51 (GAT).

sei.[276] Er stellt hingegen gerade nicht auf die Anknüpfung des Kriteriums an den Bieter ab, sondern nimmt stets eine Einzelfallbetrachtung anhand der Gesamtumstände vor.

Auch im Schrifttum wird teilweise anerkannt, dass der EuGH die Frage, ob Qualitätskriterien die den Bieter selbst und nicht nur das für den Auftrag einzusetzende Personal betreffen, grundsätzlich mit EU-Recht, insbesondere Art. 67 Abs. 2 S. 2 lit. b) RL 2014/24/EU vereinbar sind, offenließ.[277] Insbesondere das Ambisig- Urteil bestätigte die grundsätzliche Zulässigkeit personenbezogener Zuschlagskriterien im Hinblick auf das einzusetzende Personal und schloß bieterbezogene Zuschlagskriterien nicht per se aus.[278]

Kritische Stimmen werfen dem EuGH eine unzureichende Konkretisierung und mangelnde Aussagekraft im Bereich der schwerpunktmäßigen Abgrenzung vor oder sehen die Gefahr eines willkürlichen Auswahlelements.[279] Dass einer Einzelfallentscheidung jedoch keine generalisierenden Schlussfolgerungen, insbesondere nicht im Hinblick auf das Bezugssubjekt eines Kriteriums zu entnehmen sind, mag daran liegen, dass eine Abgrenzung nach Bezugssubjekten auch nach Auffassung des EuGH untauglich erscheint.

Die reine Zahl der vom Bieter vorzuweisenden Referenzen vermag im Rahmen eines Lieferauftrags nach schwerpunktmäßiger Abgrenzung des Kriteriums offensichtlich nur ein Eignungskriterium darzustellen. Der Umstand, dass der EuGH die Berücksichtigung eines Eignungskriteriums auf Zuschlagsebene für unzulässig befand, ist daher kaum verwunderlich.

Sowohl in der Rechtsprechung des EuG als auch in der deutschen Spruchpraxis gab es Tendenzen zur Zulassung eines „Mehr an Eignung".[280] Danach seien bei einer an der Wirtschaftlichkeit ausgerichteten Angebotswertung Abstufungen nach dem Grad der unternehmensindividuellen Eignung zulässig. Rekurriert wurde unter anderem auf die Evans-Medical-Entscheidung

---

276 EuGH, Urt. v. 19.6.2003, Rs. C-315/01, ECLI:EU:C:2003:360, Rn. 67 (GAT) mit Anm. *Terner*, ZfBR 2003, 710 und *Wirner*, IBR 2003, 439.

277 *Gerner*, NZS 2016, 492, 497.

278 EuGH Urt. v. 26.3.2015 – C-601/13 – „Ambisig", Rn. 30, (juris); zust. *Gerner*, NZS 2016, 492, 498.

279 *Götz*, Öffentliche Beschaffungsmärkte und Europarecht, S. 159.

280 OLG Düsseldorf, Beschl. v. 5.5.2008, VII-Verg 5/08, NZBau 2009, 269, 272.

des EuGH,[281] als auch auf den nicht abschließenden Katalog an Zuschlagskriterien in den Richtlinien.

Die Berücksichtigung eines „Mehr an Eignung“ kann lediglich bei der Begrenzung der Bewerberanzahl nach § 51 VgV Berücksichtigung finden.[282] Danach kann die bessere Eignung eines Bieters für die Auswahlentscheidung des Auftraggebers fungieren. Faktisch werden insoweit graduelle Eignungsunterschiede berücksichtigt. Auch insoweit wirkt sich die graduelle Berücksichtigung der Eignung auf der Ebne der Zulassung zum Verfahren, also beim „ob“ der Leistung und gerade nicht bei der Zuschlagsentscheidung also dem „wie“ der Leistung aus.

Aus dem Wortlaut und der Systematik des Vergaberechtssystem folgt damit nach überzeugender Auffassung vielmehr, dass kein Verbot personenbezogener Zuschlagskriterien im weiteren Sinne existiert. Im Umkehrschluss ist damit von einer grundsätzlichen Zulässigkeit der Berücksichtigung personenbezogener Zuschlagskriterien im weiteren Sinne auszugehen. Die Regelung des § 46 Abs. 3 Nr. 6 VgV bringt ausdrücklich zu Tage, dass der Verordnungsgeber bestimmte fachliche Qualifikationen des Inhabers oder der Führungskräfte sowohl als Eignungskriterien als auch als Zuschlagskriterien zulässt. Die nahezu inhaltsgleiche Vorgabe in Anhang XII Teil II lit. f RL 2014/24/EU führt auch auf europäischer Ebene zu selbigem Ergebnis.

Das Trennungsgebot beschränkt sich damit auf die Festlegung der Rechtsfolgen einer abgeschlossenen Abgrenzung. Es bietet hingegen keinerlei Aufschluss über den Inhalt der Abgrenzung selbst. Es erschöpft sich vielmehr in der, auch durch den EuGH in ständiger Rechtsprechung wiederholten Feststellung, dass ein Kriterium, welches in seinem Schwerpunkt nicht der Ermittlung des wirtschaftlichsten Angebots dient, kein Zuschlagskriterium sein kann.

(2) Nationale Rechtsprechung und Rezeption im Schrifttum

In der nationalen Rechtsprechung sind im Bereich personenbezogener Zuschlagskriterien seit geraumer Zeit liberalere Tendenzen zu verzeichnen. So sind in der nationalen Spruchpraxis deutlich klarere Bekenntnisse für eine Zulassung personenbezogener Zuschlagskriterien im weiteren Sinne

---

281 EuGH, Urt. v. 28.3.1995, Rs. C-324/93, ECLI:EU:C:1995:84, Rn. 44 (Evans Medical).

282 *Könsgen*, in: jurisPK-Vergaberecht, VgV § 46 Rn. 82.

erkennbar. So stellte beispielsweise die VK Bund in einem Beschluss vom 31. Juli 2019 ausdrücklich klar, dass aus der gesetzlichen Zulassung personenbezogener Zuschlagskriterien im engeren Sinne nicht im Umkehrschluss gefolgert werden könne, dass ausschließlich auf das konkret ausführende Personal abgestellt werden könne.[283] Die Frage an welches Bezugssubjekt ein Zuschlagskriterium zulässigerweise anknüpfen könne, sei abhängig von der Natur der ausgeschriebenen Dienstleistung.

Eine flexiblere Handhabung in Abhängigkeit vom Leistungsgegenstand ist auch in anderen Entscheidungen erkennbar. So wird für den Bereich freiberuflicher Leistungen beispielsweise argumentiert, der Zuschlag erfolge hier aufgrund der zumeist nicht abschließenden Beschreibbarkeit der Leistung in der Regel auf Grundlage einer Prognoseentscheidung und gerade nicht auf Grundlage eines konkreten Leistungsangebots durch den Bieter.[284] Dies erfordert geradezu die Berücksichtigung personeller Qualifikationen sowie Referenzen über bereits erbrachte Planungsleistungen des Bieters.

Teilweise werden personenbezogene Zuschlagskriterien im weiteren Sinne wie beispielsweise Erfahrungen und Kenntnisse der Bieter in der nationalen Rechtsprechung pauschal als Berücksichtigung von Eignungskriterien auf Zuschlagsebene eingestuft und für unzulässig befunden.[285] Die Entscheidungsbegründungen erschöpfen sich zumeist in wenig aussagekräftigen Verweisen auf das Trennungsgebot und das damit einhergehende Verbot der Berücksichtigung von Eignungskriterien auf Zuschlagsebene. Eine Prüfung in Form einer schwerpunktmäßigen Abgrenzung erfolgt hingegen gerade nicht.

(3) Bewertung

Das vermeintliche Verbot personenbezogener Zuschlagskriterien und daraus ableitend die als punktuelle Ausnahmevorschriften gewerteten Regelungen personenbezogener Zuschlagskriterien im engeren Sinne werden vornehmlich auf eine Auslegung des EuGH zur Systematik des Vergaberechtssystems

---

[283] VK Bund Beschl. v. 31.7.2019 – VK 2–50/19, BeckRS 2019, 25574 Rn. 43 f.

[284] OLG Rostock, Beschl. v. 16.5.2001, 17 W 2/01, NZBau 2002, 170, 171 mit krit. Anmerkung *Gottschalck*, IBR 2001, 392.

[285] OLG Düsseldorf, Beschl. v. 21.5.2012, Verg 3/12, IBRRS 2012, 2606; VK Bund, Beschl. v. 16.7.2013, VK 3–47/13, juris Rn. 85.

zurückgeführt, die bei näherer Betrachtung weder eine Stütze in den Entscheidungserwägungen noch den Vorschriften des Vergaberechtssystems findet.

Betrachtet man die Rechtsprechung des EuGH näher, ist das vermeintliche Verbot infrage zu stellen. Gewiss gehört die Sicherstellung des objektiven und fairen Vergabeverfahrens zu den elementaren Zwecken des Vergaberechts. Den kritischen Stimmen ist auch zuzugestehen, dass den personenbezogenen Zuschlagskriterien eine abstrakte Gefahr unzureichender Objektivität innezuwohnen scheint. Nicht zuletzt in der Entstehungsgeschichte des Vergaberechts selbst, in der die Bekämpfung von Korruption und Vetternwirtschaft im Vordergrund stand, scheint diese Gefahr begründet und bis heute anhaltend im Rechtsbewusstsein verankert.

Eine abstrakte Gefahr mangelnder Objektivität zum Anlass zu nehmen, evident qualitätsprägende Kriterien generell auszuschließen, erscheint jedoch wenig überzeugend. Dies gilt umso mehr, als auch der Richtliniengeber deutlich gemacht hat, dass er besondere Anforderungen für den Bereich personenbezogener Zuschlagskriterien im weiteren Sinne anerkennt und zulässt.[286]

Auch die Rechtsprechung des EuGH spricht nach hiesiger Überzeugung gegen eine grundsätzliche Ablehnung bieterbezogener Zuschlagskriterien. Den einschlägigen Entscheidungen lagen zahlreiche bieterbezogenen Zuschlagskriterien zugrunde, die der EuGH nach schwerpunktmäßiger Abgrenzung als Eignungskriterien einordnete und damit ihre Berücksichtigung als Zuschlagskriterien für unzulässig befand. In keiner dieser Entscheidungen, befand er bieterbezogene Zuschlagskriterien für grundsätzlich unzulässig.

Im Lichte der seit Jahrzehnten bestehenden Diskussion um die Zulässigkeit personenbezogener Zuschlagskriterien sowie deren erheblicher Bedeutung im Bereich der Vergabepraxis[287], liegt es nahe, dass der EuGH die Frage bewusst offengelassen hat. Dieses Schweigen des EuGH zur vielfach vertretenen Unzulässigkeit personenbezogener Zuschlagskriterien im weiteren Sinne ist jedoch nur folgerichtig. Davon ausgehend, dass in ständiger Rechtsprechung eine Einzelfallabgrenzung anhand der schwerpunktmäßigen

---

[286] Erwägungsgrund 114 RL 2014/24/EU.

[287] *Dittmann*, NZBau 2013, 746, 751; *Heller*, EWeRK 2015, 144, 147; *Wirner*, ZfBR 2003, 545, 548; *Petersen*, VergabeR 2015, 8; *Pauka*, NZBau 2015, 18, 20; *Gröning*, NZBau 2003, 86, 91; *Egger*, NZBau 2004, 582, 586.

Abgrenzung von Eignungs- und Zuschlagskriterien vorgenommen wird, verbietet sich eine Abgrenzung nach Bezugssubjekten.

d) Sinn und Zweck

Der Zweck der Vergaberichtlinie liegt darin, eine Bevorzugung einheimischer Bieter oder Bewerber bei der Auftragsvergabe durch den öffentlichen Auftraggeber zu verhindern und zum anderen auszuschließen, dass er sich von anderen als wirtschaftlichen Überlegungen leiten lässt.[288] Der Zweck des Trennungsgebots liegt primär in der Umsetzung des Transparenzgrundsatzes. Für die potentiellen Bieter muss zu Beginn des Verfahrens klar erkennbar sein, welche Kriterien der öffentliche Auftraggeber als Mindestvoraussetzungen im Rahmen der Eignung voraussetzt und anhand welcher Kriterien die Angebotsbewertung im Rahmen der Zuschlagsentscheidung vorgenommen wird.

Über diesen Zweck hinaus ist dem Gesetzgeber keine weitere Intention bei der deklarierten Unterscheidung zwischen Eignungs- und Zuschlagskriterien über den Aussagewert hinaus zu unterstellen. Der Gesetzgeber hat im vergaberechtlichen Normenkomplex klar zum Ausdruck gebracht, dass er einen grundsätzlich weiten Beurteilungsspielraum des öffentlichen Auftraggebers bei der Beurteilung des wirtschaftlichsten Angebots als eröffnet sieht.

e) Zwischenfazit

Das sog. Trennungsgebot beinhaltet eine ungeschriebene Rechtsfolgenregelung, die sich in der Festlegung erschöpft, dass Eignungskriterien ausschließlich auf Eignungsebene und Zuschlagskriterien ausschließlich auf Zuschlagsebene Berücksichtigung finden dürfen. Es enthält jedoch, entgegen verbreiteter Auffassung, keinerlei Aussagen zu den Voraussetzungen einer Abgrenzung zwischen den beiden Kriterienkategorien. Insofern bedarf es auch keiner „Lockerung" des Trennungsgebots, wie es den jüngeren Entscheidungen des EuGH teilweise entnommen wird. Für ein derartiges Verständnis der Richtliniensystematik spricht auch der Umstand, dass durch die RL 2014/24/EU ein Teil der

---

288 EuGH, Urt. v. 16.12.2008, Rs. C-213/07, ECLI:EU:C:2008:731, Rn. 54 (Michaniki); EuGH, Urt. v. 27.11.2001, Rs. C-285/99, C-286/99 ECLI:EU:C:2001:640, Rn. 36 (Lombardini); EuGH, Urt. v. 3.10.2000, Rs. C-380/98, ECLI:EU:C:2000:529, Rn. 17 (H. M. Treasury).

Das Trennungsgebot findet erst nach erfolgter und abgeschlossener Abgrenzung und Einordnung des Kriteriums Anwendung. Ob personenbezogene Zuschlagskriterien im weiteren Sinne die Qualität der Leistung zu beeinflussen vermögen, stellt keine Rechtsfrage, sondern eine Tatsachenfrage dar, die es im Einzelfall zu prüfen gilt. Ein personenbezogenes Zuschlagskriterium kann dabei als Rechtfertigung für eine ungleiche Behandlung zwischen den Bietern fungieren.

4. Ausnahmen

a) Mehr an Eignung

Eine Reihe von Entscheidungen die im Bereich personenbezogener Zuschlagskriterien ergangen sind, betreffen bei näherer Betrachtung gleichwohl nicht die Frage nach der Zulässigkeit personenbezogener Zuschlagskriterien und damit die Reichweite des Trennungsgebots, sondern vielmehr die Frage nach der Zulässigkeit einer echten Ausnahme vom Trennungsgebot. Der BGH stellte in seiner Klärwerkserweiterungs-Entscheidung fest, der Auftraggeber verhalte sich widersprüchlich, wenn er die Eignung eines Bieters nochmals beim Zuschlag berücksichtige.[289] Er verstoße damit gegen das Transparenzgebot. Die Erwägung des BGH deutet auf einen Verstoß gegen Treu und Glauben nach § 242 BGB hin, den der BGH später als allgemeingültigen Grundsatz zum Maßstab jedes Vergabeverfahrens proklamierte.[290] Teilweise wird vertreten, die Berücksichtigung von Eignungskriterien auf Zuschlagsebene sei mit der gesetzlichen Einführung personenbezogener Zuschlagskriterien zugelassen worden.[291]

Auch beim Diskus zur Zulässigkeit eines Mehr an Eignung erfolgt jedoch keine einheitliche Betrachtung. Teilweise wird bereits im Zusammenhang mit der gesetzlichen Einführung der personenbezogenen Zuschlagskriterien von der Zulassung eines Mehr an Eignung gesprochen. Die gesetzliche Aufnahme der Organisation, Qualifikation und Erfahrung des ausführenden

---

289 BGH, Urt. v. 8.9.1998, X ZR 109/96, NJW 1998, 3644, 3646 (Klärwerkerweiterung).

290 BGH, Beschl. v. 26.9.2006, X ZB 14/06, NZBau 2006, 800, 801 Rn. 23.

291 OLG Düsseldorf, Beschl. v. 29.4.2015, VII-Verg 35/14, NZBau 2015, 440, 443; *Pape*, in: Pünder/Schellenberg, VgV § 76 Rn. 7; *Gröning*, NZBau 2003, 86, 91; *Leinemann*, VergabeR 2004, 537, 542; *Conrad*, DVBl 2014, 958, 960; *Hillen*, Die gerichtliche Kontrolle von Wirtschaftlichkeit im Vergaberecht, S. 626; *Burgi/Krönke*, SRa 2017, 222, 225.

Personals sei als Zulassung von Eignungskriterien auf Zuschlagsebene zu deuten und stelle insoweit eine Ausnahme vom Trennungsgebot dar.[292]

Bei den Auswahlkriterien zur Beschränkung des Bieterkreises im Nichtoffenen Verfahren nach § 51 VgV, wird teilweise die zulässige Berücksichtigung eines Mehr an Eignung diskutiert.[293] Hier erfolgt eine relative Wertung nach Eignungskriterien zur Bildung einer Rangfolge.[294] Es komme demnach regelmäßig zu einer zweistufigen Eignungsprüfung. Zunächst werden anhand der Eignungskriterien diejenigen Bieter ausgeschlossen, welche die Mindestanforderungen an die ordnungsgemäße Auftrags-ausführung nicht zu erfüllen vermögen. Erfüllen mehr Bieter die Mindestanforderungen als die vom Auftraggeber festgelegte Höchstzahl, erfolgt sodann eine Auswahlentscheidung anhand der Eignungskriterien unter Erstellung einer Rangfolge. Eine bessere Eignung der Bieter komme hier unmittelbar zu Tragen.[295]

Teilweise wurde für die Berücksichtigung eines Mehr an Eignung vorgebracht, dass ein Bewerber bzw. Bieter seine Eigenschaften, die ihm durch die Eignungsprüfung verholfen haben, nicht „abstreifen“ könne, sondern dass er über diese Eigenschaften auch im Stadium der Angebotswertung verfüge.[296] Die überwiegende Auffassung hält jedoch eine Berücksichtigung von Eignungskriterien auf Zuschlagsebene als mit dem Trennungsgebot unvereinbar und damit unzulässig.[297] Ein Mehr an Eignung sei auf Zuschlagsebene damit nicht berücksichtigungsfähig.[298]

---

292 *Hillen*, Die gerichtliche Kontrolle von Wirtschaftlichkeit im Vergaberecht, S. 626.

293 *Mayr*, Eignungs- und Zuschlagskriterien im Vergaberecht, S. 98;

294 *Mager*, in: Beck'scher Vergaberechtskommentar, Bd. 2, VgV § 51 Rn. 12, 15; *Friton*, Festlegung und Erfüllung von Eignungsparametern, S. 396.

295 *Mayr*, Eignungs- und Zuschlagskriterien im Vergaberecht, S. 98.

296 *Schabel*, VergabeR 2008, 500, 500.

297 BGH Urt. v. 15.4.2008, X ZR 129/6, NZBau 2008, 505, 506 (Sporthallenbau); OLG Celle, Beschl. v. 12.1.2012, 13 Verg 9/11; OLG Düsseldorf, Beschl. v. 22.12.2021, Verg 16/21; *Plauth*, in: Müller-Wrede, GWB § 127 Rn. 214; *Frister*, in: Kapellmann/Messerschmidt, VOB/A § 16b Rn. 27.

298 *Wirner*, ZfBR 2003, 545, 548–549; *Eiermann*, NZBau 2016, 76, 77; *Ricken*, Beurteilungsspielräume und Ermessen im Vergaberecht, S. 144.

b) Auftragsbezogene Eignung

Eine Auffassung sieht in der auftragsbezogenen bzw. projektbezogenen Eignung ein grundsätzlich zulässiges Zuschlagskriterium.[299] Dies ist jedoch bereits aufgrund der missverständlichen und im Lichte des Trennungsgebots widersprüchlicher Terminologie abzulehnen.

c) Mindestvoraussetzungen und Mehreignung

Mit den Eignungskriterien stellt der Auftraggeber den Maßstab des aus seiner Sicht erforderlichen Mindestmaßes an Leistungsfähigkeit und Fachkunde für eine ordnungsgemäße Auftragsausführung auf.[300] Einer Auffassung zufolge sei die Berücksichtigung der Eignung in Form von Mindestvoraussetzungen auf Eignungsebene und der darüber hinausgehenden Mehreignung auf Zuschlagsebene zulässig.[301] Da die über die Mindestvoraussetzungen hinausgehende Mehreignung auf der Eignungsebene keine Berücksichtigung findet, komme es weder zu einer Doppelberücksichtigung, noch zu einem Widerspruch mit dem Vergaberechtssystem.

Diese Auffassung ist jedoch mit dem geltenden Trennungsgebot nicht in Einklang zu bringen und damit abzulehnen. Ob der auf Zuschlagsebene berücksichtigte Anteil der Mehreignung bereits auf der Eignungsebene Berücksichtigung fand oder nicht, vermag für die Frage der Zulässigkeit eines Zuschlagskriteriums nach überzeugender Auffassung keine Rolle zu spielen. Jedenfalls kann ein Kriterium welches nach schwerpunktmäßiger Abgrenzung eine Einordnung als Eignungskriterium erfahren hat keine Berücksichtigung im Rahmen der Angebotsbewertung finden.

5. Abgrenzungsmethoden

Die normativen Vorgaben des Vergaberechtssystems enthalten materielle und formelle Schranken für die Berücksichtigung personenbezogener Zuschlagskriterien, jedoch vermögen sie nicht zu einer Abgrenzung der

---

299 OLG Karlsruhe, Beschl. v. 21.12.2012, 15 Verg 10/12; *Mayr*, Eignungs- und Zuschlagskriterien im Vergaberecht, S. 98.

300 OLG Düsseldorf, Beschl. v. 16.5.2011, VII-Verg 44/11, juris, Rn. 33; *Lieb*, Beschaffungsdienstleister im Vergabeverfahren, S. 171; *Gröning*, VergabeR 2008, 721, 728; *Hertwig*, NZBau 2007, 543, 544.

301 *Dreher*, EWiR 1999, 139, 140.

beiden Kriterienkategorien nach Eignungs- und Zuschlagskriterien zu führen. Es bedarf somit einer geeigneten Abgrenzungsmethode für die Zuordnung der Kriterien zu einer der beiden Kategorien. Es gibt eine Reihe inhaltsbezogener Abgrenzungsmethoden, die sich an der materiellen Ausgestaltung der jeweiligen Kriterien orientieren sowie anwendungsbezogene Abgrenzungsmethoden, die eine Abgrenzung unabhängig vom Inhalt der Kriterien, rein nach der Art oder dem Ort ihrer Anwendung vornehmen.

Personenbezogene Zuschlagskriterien verkörpern sowohl unternehmens- als auch angebotsbezogene Aspekte, sodass sie Elemente sowohl der Eignungs- als auch der Zuschlagskriterien ineinander vereinen. Sie weisen damit Überschneidungen beider Kriterienkategorien auf und unterfallen den sog. Schnittmengenkriterien.[302] Gerade diese Stellung zwischen den beiden Kriterienkategorien begründet das, im Lichte des Trennungsgebots, bestehende Erfordernis nach einer geeigneten Abgrenzungsmethode.

Wenngleich personenbezogene Kriterien vormals als auf den Bewerber ausgerichtete Kriterien gesehen und damit urtümlich den Eignungskriterien zugeschrieben wurden[303], hat sich das Begriffsverständnis insoweit verändert, als dass sowohl der Bereich der Schnittmengenkriterien als auch die Berücksichtigungsfähigkeit personenbezogener Zuschlagskriterien mit der 7. ÄVOVgV und nachfolgend dem Art. 67 Abs. 2 lit. b) RL 2014/24/EU sowie § 58 Abs. 2 S. 2 Nr. 2 VgV vermehrt in das Bewusstsein des Rechtsverkehrs Einzug gefunden haben.[304]

a) Abgrenzung nach Definitionsmerkmalen

In Betracht zu ziehen ist zunächst eine Abgrenzung nach den Definitionsmerkmalen der Eignungs- und Zuschlagskriterien. Die primären Unterscheidungs- und damit Definitionsmerkmale der beiden Kategorien, stellen nach vorherrschender Meinung die Merkmale des Unternehmensbezugs bei den Eignungskriterien und des Angebotsbezugs bei den Zuschlagskriterien dar.[305]

---

302 *Willenbruch*, VergabeR 2015, 322, 326; *Fehling*, in: Pünder/Schellenberg, GWB § 122 Rn. 8.

303 *Voppel*, in: Voppel/Osenbrück/Bubert, VgV Vor § 46 Rn. 1.

304 *Pauka*, NZBau 2015, 18, 22.

305 EuGH, Urt. v. 12.11.2009, Rs. C-199/07, ECLI:EU:C:2009:693, Rn. 55 (Kommission/Griechenland); EuGH, Urt. v. 24.1.2008, Rs. C-532/06, ECLI:EU:C:2008:40, Rn. 30, 31 (Lianakis).; EuGH, Urt. v. 20.9.1988, Rs. C-31/87, ECLI:EU:C:1988:422, Rn. 15, 16

Diese auf den ersten Blick naheliegende Abgrenzungsmethode mag insbesondere der Gesetzeswortlaut der §§ 122, 127 GWB nahelegen.[306] Der § 122 GWB regelt in seinem Abs. 2 wann ein „Unternehmen" im Rahmen der Eignungsprüfung als geeignet einzustufen ist. Nach dem Wortlaut des § 127 GWB wird der Zuschlag hingegen nicht dem Bieter erteilt, sondern vielmehr auf das wirtschaftlichste „Angebot". Die unternehmensbezogenen Eignungskriterien fungieren damit als Prüfungsmaßstab für die grundsätzliche Eignung des Unternehmens zur Ausführung des Auftrags (das „Ob" der Leistung). Sie dienen damit als eine Art „Vorfilter" für die Negativauslese ungeeigneter Bieter.[307] Die Eignungskriterien müssen als Voraussetzung für die Wertbarkeit der Angebote erfüllt sein.[308] Demgegenüber dienen die angebotsbezogenen Zuschlagskriterien als Prüfungsmaßstab für die Zuschlagsentscheidung darüber, welches Angebot das beste Preis-Leistungs-Verhältnis aufweist (das „Wie" der Leistung). Daraus abgeleitet könnte eine positive Abgrenzung dahingehend erfolgen, dass ein Kriterium das Merkmal der einen Kriterienkategorie aufweist sowie eine negative Abgrenzung dahingehend, dass das Kriterium das Merkmal der jeweils anderen Kriterienkategorie nicht aufweist.[309]

Für eine Abgrenzung anhand der Definitionsmerkmale könnten die Schlussanträge des Generalanwalts Darmon im Beentjes Verfahren vor dem EuGH fruchtbar gemacht werden. Er führte aus, Zuschlagskriterien dürften die zu erbringende Leistung oder ihre Ausführung betreffen, nicht jedoch

---

(Beentjes); BGH, Urt. v. 15.4.2008, X ZR 129/06, NZBau 2008, 505, 506 (Sporthallenbau); OLG Naumburg, Beschl. v. 12.4.2012, 2 Verg 1/12; OLG München, Beschl. v. 10.2.2011, Verg 24/10; *Gröning*, NZBau 2003, 86, 90; *von Bechtolsheim*, in: BeckOK Vergaberecht, GWB § 127 Rn. 7; *Fehling*, in: Pünder/Schellenberg, GWB § 122 Rn. 7; *Gnittke/Hattig*, in: Müller-Wrede, GWB § 122 Rn. 17; *Opitz*, in: Beck'scher Vergaberechtskommentar, Bd. 1, GWB § 127 Rn. 98; *Beckmann*, in: Leinemann/Otting/Kirch/Homann, VgV § 58 Rn. 18; *Sauer/Beel*, EWeRK 2013, 327, 328; *Egger*, NZBau 2004, 582, 586; *Zimmermann*, ZfBR 2020, 542, 543.

306 So auch *Sauer/Beel*, EWeRK 2013, 327, 328.

307 *Opitz*: in: Beck'scher Vergaberechtskommentar, Bd. 1, GWB § 122 Rn. 23; *Fehling*, in: Pünder/Schellenberg, GWB § 127 Rn. 7.

308 *Sauer/Beel*, EWeRK 2013, 327, 328.

309 *Wittschurky*, Das Verhältnis von Eignungs- und Zuschlagkriterien im europäischen, deutschen und US-amerikanischen Vergaberecht, S. 444.

die Person des Leistungserbringers.[310] Sie müssten daher auf das Produkt und nicht den Produzenten, die Eigenschaften der Leistung und nicht die Eigenschaften des Unternehmers bezogen sein.

Grundannahme dieser Abgrenzungsmethode ist jedoch, dass sich beide Kategorien überschneidungsfrei in einem Ausschließlichkeitsverhältnis gegenüberstehen. Ginge man davon aus, Eignungskriterien seien ausschließlich unternehmensbezogen und Zuschlagskriterien ausschließlich angebotsbezogen, könnte die Abgrenzung nach Definitionsmerkmalen für die Einordnung eines Kriteriums in eine der beiden Kategorien dienlich sein.[311] Diese Abgrenzungsmethode entspricht dem vormals geltenden Verständnis einer strengen Trennungslehre, kann jedoch im Bereich von Schnittmengenkriterien, denen die Eigenschaft eines Bieter- und Angebotsbezugs innewohnt, nicht zur Abgrenzung verhelfen.

Die personenbezogenen Qualitätskriterien im Sinne des Art. 67 RL 2014/24/EU und § 58 Abs. 2 Nr. 2 VgV umfassen angebotsbezogene Kriterien, die durch die Bezugnahme auf das beim konkreten Auftrag einzusetzende Personal jedenfalls mittelbar auch einen Bezug zum Bieter aufweisen. Sie können damit nach den klassischen Unterscheidungsmerkmalen des Unternehmens- oder Angebotsbezugs jedenfalls nicht einer der beiden Kategorien zugeordnet werden, da sie die Merkmale beider Kategorien verkörpern. Die Personalqualität als Oberkriterium unterfällt den sog. Schnittmengenkriterien[312], bei denen die Merkmale beider Kategorien deutlich in Erscheinung treten.

Die Defizite der Abgrenzung nach Definitionsmerkmalen liegen daher auf der Hand, wenn man bedenkt, dass nur wenige Kriterien einen ausschließlichen Unternehmens- bzw. Angebotsbezug aufweisen. Teilweise wird in der Literatur gar vertreten, dass keines der Zuschlagskriterien einen ausschließlichen Angebotsbezug aufweise.[313] Sogar der Preis als wohl urtümlichstes Zuschlagskriterium sei danach sowohl durch angebots- als auch durch

---

310 Schlussanträge des Generalanwalts Darmon, S. 4649, Nr. 35.

311 *Frister*, in: Kapellmann/Messerschmidt, VOB/A § 16b Rn. 30.

312 OLG Naumburg, Beschl. v. 12.4.2012, 2 Verg 1/12; *Willenbruch*, VergabeR 2015, 322, 326 („Schnittmenge von Kriterien"); *Fehling*, in: Pünder/Schellenberg, GWB § 122 Rn. 8 („inhaltliche Überschneidung"); *von Bechtolsheim*, in: BeckOK Vergaberecht, GWB § 127 Rn. 7; *Terner*, ZfBR 2003, 710, 716.

313 *Wittschurky*, Das Verhältnis von Eignungs- und Zuschlagkriterien im europäischen, deutschen und US-amerikanischen Vergaberecht, S. 444.

unternehmensbezogene Merkmale geprägt, da ein leistungsfähigerer Bieter seine Leistung regelmäßig kostengünstiger anbieten könne.[314]

Allenfalls nach vormals verbreiteter Auffassung,[315] die eine strenge Trennungslehre zwischen Eignungs- und Zuschlagskriterien vertrat, vermochte die Abgrenzung nach Definitionsmerkmalen als taugliche Methode herangezogen werden.

Spätestens mit der normativen Verankerung der Personalqualität als zulässiges Zuschlagskriterium und der damit einhergehenden Anerkennung der Schnittmengenkriterien, ist die Abgrenzung rein nach Definitionsmerkmalen jedoch abzulehnen. Festzustellen ist somit, dass Eignungs- und Zuschlagskriterien in der Regel nicht überschneidungsfrei voneinander abgegrenzt werden können und die Abgrenzungsmethode nach Definitionsmerkmalen daher jedenfalls für sich genommen ungeeignet ist. Zuschlagskriterien können untereinander in ihrem Grad an Unternehmens- und Angebotsbezug erheblich variieren, wenngleich es eine Reihe an Zuschlagskriterien gibt, bei denen der Unternehmensbezug eine kaum in Erscheinung tretende Bedeutung einnimmt. Gerade diejenigen Kriterien die einen ausgewogenen Unternehmens- und Angebotsbezug aufweisen, begründen das Erfordernis einer geeigneten Abgrenzungsmethode.

Die im Schrifttum teilweise vorgenommene Abgrenzung zwischen zulässigen auftragsbezogenen und unzulässigen unternehmensbezogenen Zuschlagskriterien[316] scheint überholt. Ob ein Zuschlagskriterium als solches zulässig ist, oder ob es sich tatsächlich um ein unzulässiges Eignungskriterium auf Zuschlagsebene handelt, vermag nicht anhand eines Auftrags- oder Unternehmensbezugs beurteilt zu werden.

---

314 *Wittschurky*, Das Verhältnis von Eignungs- und Zuschlagkriterien im europäischen, deutschen und US-amerikanischen Vergaberecht, S. 444.

315 OLG München, Beschl. v. 25.7.2013, Verg 7/13, NZBau 2014, 528; *Frister*, in: Kapellmann/Messerschmidt, VOB/A § 16b Rn. 30; *Pauka/Frischmuth*, MüKo Wettbewerbsrecht, Bd. 3, VgV § 58 Rn. 12; *Petersen*, VergabeR 2015, 8; *Pauka*, NZBau 2015, 18, 20; die die strikte Trennung der Eignungs- und Zuschlagskriterien auf die ständige Rechtsprechung des EuGH zurückführen.

316 *Opitz*, in: Beck'scher Vergaberechtskommentar, Bd. 1, GWB § 127 Rn. 102.

b) Abgrenzung nach Anwendungsweise

Ein weiterer Ansatz zur Abgrenzung, stellt die Abgrenzung über die Anwendungsweise des Kriteriums dar.[317] Dieser stellt im Vergleich zu den übrigen Abgrenzungsmethoden den wohl einzigen Ansatz dar, der schon seiner Natur nach eine zweifelsfreie Zuordnung zu einer der beiden Kriterienkategorien ermöglicht. In der Entscheidung des Auftraggebers über die Art der Anwendungsweise manifestiere sich unmittelbar die Zuordnung zu einer der beiden Kriterienkategorien und damit seiner Bezeichnung in den Vergabeunterlagen. Aus den Geboten der Transparenz und Gleichbehandlung wird gefolgert, dass der öffentliche Auftraggeber bereits in der Auftragsausschreibung bzw. den Vergabeunterlagen deutlich klarstellen muss, ob er ein Kriterium auf der Eignungs- oder Zuschlagsebene berücksichtigt. Eine Differenzierung in der Anwendungsweise ist zudem bereits der Gesetzesbegründung zu § 127 Abs. 1 S. 2 GWB zu entnehmen. Danach heißt es „Während die Eignung eines Bewerbers oder Bieters grundsätzlich absolut festgestellt wird (Eignung liegt vor oder liegt nicht vor) [...] sind die Zuschlagskriterien vom öffentlichen Auftraggeber mit einer Wertungsskala zu versehen und Kriterien für die Beurteilung im Rahmen dieser Wertungsskala festzulegen."[318] Die Erfüllung der Eignungskriterien wird, wie bereits erläutert,[319] auf einer ja/nein-Basis absolut festgestellt.[320] Sie stellen die Mindestvoraussetzungen dar, die ein Bieter erfüllen muss. Die Zuschlagswertung erfolgt demgegenüber aufgrund einer relativen Wertung der Angebote zueinander.[321] Wird das Kriterium als Ausschlusskriterium bzw. als Mindestanforderung für die Prüfung erfüllt/nicht erfüllt verwendet, sei es folglich als Eignungskriterium einzuordnen. Werde es hingegen zur Ermittlung einer Rangfolge unter relativer Betrachtung der Bieter zueinander angewendet, handele es sich um ein Zuschlagskriterium. Hier ist allein auf die durch den Auftraggeber vorgenommene tatsächliche Anwendungsweise abzustellen und gerade nicht auf eine

---

317 *Wittschurky*, Das Verhältnis von Eignungs- und Zuschlagkriterien im europäischen, deutschen und US-amerikanischen Vergaberecht, S. 444 f. mit Verweis zu den Ursprüngen im US- amerikanischen Vergaberecht.

318 BT-Drs. 18/6821, 111.

319 S.o. Kap. B.I.2.

320 *Figgen*, VergabeR 2009, 320, 320; *Krönke*, NVwZ 2016, 568, 570; *Renner*, in: Pünder/Schellenberg, GWB § 127 Rn. 11.

321 *Krönke*, NVwZ 2016, 568, 570; *Gyulai-Schmidt*, ZfBR 2019, 762, 766.

mögliche Anwendungsweise. Denn Eignungskriterien werden grundsätzlich zwar absolut angewendet, gleichwohl wären sie einer graduellen relativen Wertung zugänglich.[322] Eine solche ist im Rahmen des Nichtoffenen Verfahrens nach § 51 VgV sogar gesetzlich vorgesehen.[323]

Im Schrifttum wird teilweise auch auf das intendierte Prüfungsergebnis des Auftraggebers abgestellt.[324] Als Argumentationsgrundlage wird dazu die Rechtsprechung des EuGH herangezogen, wonach als Zuschlagskriterien Kriterien ausgeschlossen seien, die nicht der Ermittlung des wirtschaftlich günstigsten Angebots „dienen", sondern die im Wesentlichen mit der Beurteilung der fachlichen Eignung der Bieter für die Ausführung des betreffenden Auftrags zusammenhängen. Eine andere Auffassung im Schrifttum wertet die Art der Anwendungsweise hingegen als Indiz bei der Abgrenzung der Kriterienkategorien.[325] Diese begründe zwar nicht für sich genommen eine zweifelsfreie Zuordnung, jedoch sei sie bei der Abgrenzung entscheidend. Als weitere Indizien seien im Rahmen einer Gesamtbewertung zu berücksichtigen, ob mit dem Kriterium eine Beurteilung des Unternehmens zum Zeitpunkt der Angebotsabgabe, oder aber der Einsatz personeller oder sachlicher Ressourcen für den konkreten Auftrag beurteilt werden sollen.[326] Ersteres spreche für die Prüfung der Leistungsfähigkeit und damit die Einordnung als Eignungskriterium. Letzteres indiziere hingegen ein auftragsbezogenes Zuschlagskriterium.

Diese Abgrenzungsmethode ermöglicht zwar eine zweifelsfreie Zuordnung des Kriteriums zu einer der beiden Kategorien, ihr wird jedoch entgegengehalten, dass die Anwendungsweise des Kriteriums allein auf der Entscheidung des Auftraggebers beruhe. Die Abgrenzung sei vielmehr objektiv am materiellen Inhalt des Kriteriums auszumachen.[327] Die Zuordnung eines

---

322 *Friton*, Festlegung und Erfüllung von Eignungsparametern, S. 396; *Wittschurky*, Das Verhältnis von Eignungs- und Zuschlagkriterien im europäischen, deutschen und US-amerikanischen Vergaberecht, S. 145–146; *Mager*, in: Beck'scher Vergaberechtskommentar, Bd. 2, VgV § 51 Rn. 15.

323 *Mager*, in: Beck'scher Vergaberechtskommentar, Bd. 2, VgV § 51 Rn. 12.

324 *Sauer/Beel*, EWeRK 2013, 327, 328.

325 *von Bechtolsheim*, in: BeckOK Vergaberecht, GWB § 127 Rn. 7.

326 *von Bechtolsheim*, in: BeckOK Vergaberecht, GWB § 127 Rn. 7.

327 *Beckmann*, in: Leinemann/Otting/Kirch/Homann, VgV § 58 Rn. 20; *Plauth*, in: Müller-Wrede, GWB § 127 Rn. 218.

Kriteriums zu einer der Kriterienkategorien allein der Entscheidungsgewalt des Auftraggebers zu überlassen, scheint nicht überzeugend.[328] Überließe man die Zuordnung ausschließlich dem Entscheidungsspielraum der jeweiligen Auftraggeber, würde dies die Erforderlichkeit einer Differenzierung der beiden Kriterienkategorien an sich in Frage stellen. Die Überprüfbarkeit eines Kriteriums dahingehend, ob es zulässigerweise als Zuschlagskriterium Berücksichtigung fand, wäre obsolet, wenn ohnehin allein der Auftraggeber darüber befinden könnte, ob ein Kriterium als Eignungs- oder Zuschlagskriterium einzuordnen ist.

c) Abgrenzung nach Verbrauch

Eine weitere Möglichkeit der Abgrenzung stellt die Abgrenzung nach dem „Verbrauch“ des Kriteriums dar.[329] Diese anwendungsbezogene Methode stützt sich, unter kritischer Betrachtung des Trennungsgebots, auf die Annahme, dem Trennungsgebot sei bereits durch das Doppelverwertungsverbot genüge getan. Dasselbe Kriterium dürfe nur auf einer der beiden Stufen, entweder bei der Eignungsprüfung, oder bei der Angebotswertung verwendet werden. Klassische Eignungskriterien wie z.B. die Erfahrung des Bieters seien somit ohne inhaltliche Einschränkungen entweder auf Eignungs- oder Zuschlagsebene, obgleich nur unter einmaliger Verwendung berücksichtigungsfähig. Danach seien „Eignungskriterien“ nach deren Verwendung im Rahmen der Eignungsprüfung für das weitere Verfahren als „verbraucht“ anzusehen.[330]

Die Abgrenzung nach Verbrauch wird teilweise auf die Lianakis-Entscheidung des EuGH gestützt[331] und legt letztlich ein allgemeingültiges Doppelverwertungsverbot zugrunde. Kern dieser Abgrenzungsmethode scheint die Ablehnung des Trennungsgebots im Hinblick auf die

---

328 OLG Frankfurt a.M., Beschl. v. 28.5.2013, 11 Verg 6/13, BeckRS 2013, 10982, Rn. 15; *Beckmann*, in: Leinemann/Otting/Kirch/Homann, VgV § 58 Rn. 20.

329 OLG Frankfurt a.M., Beschl. v. 28.6.2006, 11 Verg 15, 16/05, VergabeR 2006, 382, 387; VK Nordbayern, Beschl. v. 1.2.2008, 21.VK-3194–53/07 Rn. 78; *Pauka*, NZBau 2015, 18, 19; *Michels/Rude*, VergabeR 2008, 183, 193, 194.; aA OLG Karlsruhe, Beschl. v. 21.12.2012, 15 Verg 10/12; VK Baden-Württemberg, Beschl. v. 3.9.2012, 1 VK 29/12; VK Thüringen, Beschl. v. 21.9.2011, 250–4004.20–4111/2011-E-014-J.

330 BGH, Urt. v. 8.9.1998, X ZR 109/96, NJW 1998, 3644, 3646 (Klärwerkerweiterung).

331 VK Ansbach, Beschl. v. 1.2.2008, 21.VK-3194–53/07.

Kriterienkategorien zu sein.[332] Anerkannt wird das Trennungsgebot lediglich im Hinblick auf die zu trennenden Stufen der Eignungsprüfung und Angebotswertung. Die Abgrenzung der beiden Kriterienkategorien sei jedoch nicht an die inhaltliche Ausgestaltung der Kriterien zu knüpfen, da sie gleich welchen Inhalts auf beiden Ebenen einsetzbar seien. Eine abstrakte Einordnung der Kriterien in Eignungs- und Zuschlagskriterien nach materiellen Aspekten sei somit entbehrlich. Eine Einordnung in eine der beiden Kategorien erfolge allein danach, auf welcher Ebene der öffentliche Auftraggeber das Kriterium einsetzt und damit verbraucht.[333]

Nicht zu verwechseln ist diese Abgrenzungsmethode nach Verbrauch mit der Diskussion um das Verbot eines „Mehr an Eignung".[334] Letzteres betrifft die Konstellation bei der unterschiedliche Eignungsgrade der Bieter im Rahmen der Zuschlagsentscheidung in dem über das im Rahmen der Eignung aufgestellten Mindestmaß Berücksichtigung finden. Der BGH statuierte in seiner Sporthallenbau-Entscheidung[335], dass das Angebot eines geeigneten Bieters dasjenige eines Konkurrenten nicht maßgeblich wegen dessen höher eingeschätzter Eignung vorgezogen werden dürfe. Wird einem Bieter der Zuschlag erteilt, weil er gegenüber einem anderen Bieter den besseren Eignungsgrad aufweist, verstößt dies regelmäßig bereits gegen das Transparenzgebot. Die dem Diskurs um das Verbot eines Mehr an Eignung zugrunde liegenden Verfahren betrafen zumeist Zuschlagskriterien, die mangels vorheriger Bekanntgabe in den Vergabeunterlagen eine unzulässige Berücksichtigung erfahren haben und damit bereits gegen die Grundsätze eines transparenten Verfahrens verstoßen haben.

---

332 *Pauka*, NZBau 2015, 18, 19.

333 OLG Frankfurt a.M., Beschl. v. 28.6.2006, 11 Verg 15, 16/05, VergabeR 2006, 382, 387; VK Nordbayern, Beschl. v. 1.2.2008, 21.VK-3194–53/07 Rn. 78; *Pauka*, NZBau 2015, 18, 19; *Michels/Rude*, VergabeR 2008, 183, 193, 194.; a.A. OLG Karlsruhe, Beschl. v. 21.12.2012, 15 Verg 10/12; VK Baden-Württemberg, Beschl. v. 3.9.2012, 1 VK 29/12; VK Thüringen, Beschl. v. 21.9.2011, 250–4004.20–4111/2011-E-014-J.

334 BGH, Urt. v. 8.9.1998, X ZR 109/96, NJW 1998, 3644, 3646 (Klärwerkerweiterung); BGH Urt. v. 15.4.2008, X ZR 129/6, NZBau 2008, 505, 506 (Sporthallenbau); *Dittmann*, NZBau 2013, 746, 747; *Sauer/Beel*, EWeRK 2013, 327, 328; a.A. *Petersen*, VergabeR 2015, 8, 16.

335 BGH, Urt. v. 15.4.2008, X ZR 129/06, NZBau 2008, 505, 506 (Sporthallenbau).

Für die Abgrenzung nach dem Verbrauch des Kriteriums könnte § 65 Abs. 5 VgV sprechen. Dieser stellt eine Modifizierung der allgemeinen Regelung des § 58 Abs. 2 S. 2 Nr. 2 VgV für den Bereich der sozialen und anderen besonderen Dienstleistungen dar.[336] Nach § 65 Abs. 5 VgV können als qualitative Zuschlagskriterien insbesondere der Erfolg und die Qualität bereits erbrachter Leistungen des „Bieters" oder des vom Bieter eingesetzten Personals berücksichtigt werden.[337] Die Zulassung der Berücksichtigung der Referenzen des Bieters - eines urtümlichen Eignungskriteriums - auf der Ebene des Zuschlags, könnte als Tendenz des Verordnungsgebers interpretieret werden, von der inhaltsbezogenen Einordnung der Eignungs- und Zuschlagskriterien abzurücken. Der Verordnungsgeber macht in seiner Verordnungsbegründung unter Verweis auf die Ambisig-Rechtsprechung des EuGH[338] deutlich, dass er die Möglichkeit der Berücksichtigung bestimmter „personenbezogener- oder bieterbezogener Kriterien" auf Zuschlagsebene für den Bereich der in § 64 VgV normierten sozialen und anderen besonderen Dienstleistungen eröffnet sieht.[339]

Die Abgrenzungsmethode nach Verbrauch vermag im Ergebnis jedoch nicht zu überzeugen, da sie Fragen des Trennungs- und des Doppelverwertungsverbots vermischt und dogmatisch ungenau erscheint. Die Einordnung eines Kriteriums in eine der beiden Kategorien ist unabhängig von der Frage zu beurteilen, ob das Kriterium bzw. die dazugehörigen Nachweise auf beiden Ebenen verwertet werden dürfen. Eine Abgrenzung zwischen den beiden Kriterienkategorien muss vielmehr objektiv nach materiellen Aspekten erfolgen.[340] Wie der öffentliche Auftraggeber das Kriterium bezeichnet oder in den Vergabeunterlagen einordnet kann demnach nicht maßgeblich sein.[341] Im Umkehrschluss würde diese Abgrenzungsmethode zu der Schlussfolgerung führen, sämtliche Kriterien seien ohne inhaltliche Einschränkungen

---

336 *Rixen*, in: Beck'scher Vergaberechtskommentar, Bd. 2, VgV § 65 Rn. 10; *Mußgnug*, in: Pünder/Schellenberg, VgV § 65 Rn. 21.

337 Vgl. Kap. D.IV.

338 EuGH, Urt. v. 26.3.2015, Rs. C-601/13, ECLI:EU:C:2015:204, Rn. 35 (Ambisig) mit Anm. *Stoye/Gielen*, VergabeR 2015, 543.

339 BT-Drs. 18/7318, 201.

340 So auch *Müller-Wrede*, in: Müller-Wrede, GWB § 127 GWB Rn. 133; *Petersen*, VergabeR 2015, 8, 16; *Beckmann*, in: Leinemann/Otting/Kirch/Homann, VgV § 58 Rn. 20.

341 OLG Celle, Beschl. v. 12.1.2012, 13 Verg 9/11.

auf Zuschlagsebene berücksichtigungsfähig, sofern sie noch nicht auf der Ebene der Eignung verbraucht worden sind. Man müsste dann annehmen, es gäbe gar keine inhaltliche Differenzierung der Kriterien nach Eignungs- und Zuschlagskriterien, sondern vielmehr eine Gesamtheit an Kriterien die ohne Einschränkungen sowohl auf Eignungs- als auch als Zuschlagsebene verwendet werden könnten, jedoch eben nur ein einziges Mal, da sie dann verbraucht wären.

Darüber hinaus würde diese Abgrenzungsmethode dazu führen, dass die Einordnung eines Kriteriums in eine der beiden Kriterienkategorien letztlich allein von der Entscheidungsgewalt des Auftraggebers abhinge, auf welcher Ebene er das Kriterium angewendet sehen will. Die Überprüfbarkeit der Zuschlagskriterien würde sich damit auf die Frage der Mehrfachberücksichtigung eines Kriteriums beschränken. Die inhaltliche Ausgestaltung der Kriterien und der Ort ihrer Verwendung obläge hingegen dem Beurteilungsspielraum des Auftraggebers.

Dies vermag nicht zu überzeugen. Die Abgrenzung beider Kategorien kann nicht davon abhängen, ob ein Kriterium bereits auf einer Ebene Berücksichtigung fand und damit dem öffentlichen Auftraggeber die Entscheidungsgewalt über die Einordnung und Abgrenzung der Kriterien überlassen. Die gänzliche Aufgabe der Unterscheidung zwischen Eignungs- und Zuschlagskriterien scheint mit dem Vergaberechtssystem unvereinbar.

d) Abgrenzung nach Bezugssubjekt

Das Vergaberechtssystem enthält einige Regelungen für den Bereich der Eignungs- und Zuschlagskriterien, die auf Tatbestandsebene eine personenbezogene Anknüpfung enthalten. Dazu zählen insbesondere die Normen zu den personenbezogenen Zuschlagskriterien gemäß Art. 67 Abs. 2 lit. b) RL 2014/24/EU und § 58 Abs. 2 Nr. 2 VgV, die eine tatbestandliche Anknüpfung an das mit der Ausführung des Auftrags betraute Personal enthält.

Eine insoweit ebenfalls zentrale Vorschrift stellt § 46 Abs. 3 Nr. 6 VgV dar, der zudem das einzige ausdrücklich normierte Doppelverwertungsverbot und damit in seinem Anwendungsbereich einen abschließenden Katalog möglicher Eignungskriterien für den Bereich der Liefer- und Dienstleistungen enthält.[342] Daraus könnte im Umkehrschluss gefolgert werden, dass

[342] Kap. C. IV.

Kriterien im Hinblick auf die Qualifikation anderer als der in § 46 Abs. 3 Nr. 6 genannten Inhaber und Führungskräfte ohnehin nur als Zuschlagskriterien festgesetzt werden können. Die Qualifikation anderer Mitarbeiter ist als Eignungsnachweis in § 46 Abs. 3 VgV nicht aufgeführt und damit unzulässig.

Diese tatbestandlichen Anknüpfungen an ein Bezugssubjekt der Kriterien führt zu dem teilweise vertretenen Ansatz, Kriterien, die das ausführende Personal betreffen, seien als Zuschlagskriterien einzuordnen. Kriterien die den Bieter oder das Personal des Bieters als Gesamtheit betreffen, seien indessen als Eignungskriterien einzuordnen.[343] Teilweise wird gar vertreten bei der Abgrenzungsproblematik handele es sich um ein Scheinproblem.[344] Während es bei einem Eignungskriterium auf die Qualität des Personals im Allgemeinen ankomme, zielt das Zuschlagskriterium auf das Personal und die Erfahrung der Personen ab, die ganz konkret den Auftrag auszuführen haben.[345] Personenbezogene Zuschlagskriterien seien demnach ausschließlich auf das für den konkreten Auftrag einzusetzende Personal zu beziehen. Anderenfalls handele es sich um Eignungskriterien.[346] Betrachtet man beispielsweise das Merkmal der „Erfahrung" liegt es zunächst nicht fern, die Erfahrung des Bieters auf der Eignungsebene und die Erfahrung des ausführenden Personals auf Zuschlagsebene zu verorten. Man könnte demnach unter Anknüpfung an das Bezugssubjekt des Kriteriums Rückschlüsse für dessen Einordnung ziehen. Dies verbietet sich jedoch bei näherem Hinsehen, da weder die Erfahrung des Bieters, noch die Erfahrung des ausführenden Personals für sich genommen einen erheblichen Einfluss auf die Auftragsqualität begründen. Zudem kann je nach Personalbestand die Erfahrung des ausführenden Personals mit der Erfahrung des Bieters deckungsgleich sein, sodass auch in solch einer Konstellation die Abgrenzung allein nach personeller Anknüpfung untauglich wäre.

Der EuGH räumte in seiner Ambisig-Entscheidung unter Verweis auf die zuvor ergangene Lianakis-Entscheidung ein, das damalige Verfahren habe

---

343 OLG Naumburg, Beschl. v. 12.4.2012, 2 Verg 1/12, BeckRS 2012, 10195, B. IV.1.b) bb); *Jansen*, in: Röwekamp/Kus/Marx/Portz/Prieß, VgV § 65 Rn. 23; *Zimmermann*, ZfBR 2020, 542, 543.

344 *Voppel*, in: Voppel/Osenbrück/Bubert, VgV § 58 Rn. 45.

345 OLG Celle, Beschl. v. 2.2.2021, 13 Verg 8/20, BeckRS 2021, 1036 Rn. 53; *Scharf*, in: Dieckmann/Scharf/Wagner-Cardenal, VgV § 58 Rn. 107.

346 *Zimmermann*, ZfBR 2020, 542, 543.

das Personal und die Erfahrung der Bieter im Allgemeinen und nicht, wie das vorliegende Verfahren, die Erfahrung des für den konkreten Auftrag einzusetzenden Personals betroffen.[347] Die durch den EuGH hervorgehobene Differenzierung nach dem Personal und der Erfahrung des Bieters im Allgemeinen auf der einen Seite und das den Auftrag konkret ausführende Personal auf der anderen Seite, mag zunächst für eine Abgrenzung nach dem Bezugssubjekt sprechen. Diese differenzierende Feststellung trifft der EuGH jedoch etwas vorgelagert als Ausgangsfeststellung. Erst in den sich unmittelbar anschließenden Ausführungen beginnt er systematische Ausführungen zu den Maßstäben zulässiger Zuschlagskriterien anzustellen.[348] Der Umstand, dass er die Feststellung zum divergierenden Bezugssubjekt in den Verfahren Lianakis und Ambisig als vorgelagerte Feststellung und gerade nicht im Zusammenhang mit der Frage, ob das Kriterium der Ermittlung des wirtschaftlich günstigsten Angebots dient behandelt, spricht indes gegen eine Abgrenzung nach dem Bezugssubjekt. Der EuGH scheint den Bezugssubjekten eine indizielle Wirkung beizumessen, obgleich er sie gerade nicht als entscheidungserhebliche Anknüpfungspunkte hervorhebt.

Dagegen spricht auch der Umkehrschluss der Regelung des § 46 Abs. 3 Nr. 6 VgV, wonach fachliche Qualifikationen des Inhabers oder der Führungskräfte sowohl als Eignungs- als auch als Zuschlagskriterien fungieren können. Zudem können zu den ausführenden Personen im Sinne des § 58 Abs. 2 Nr. 2 VgV je nach Unternehmensstruktur auch der Inhaber oder Führungskräfte eines Bieters gehören.[349] Im Bereich kleiner Unternehmen mag dies sogar der Regelfall sein.

Gegen eine Abgrenzung nach Bezugssubjekten spricht auch § 65 Abs. 5 VgV, der die Qualität des „Unternehmens“ bei Referenzaufträgen im Rahmen der Zuschlagsentscheidung zulässt.[350] Die Abgrenzungsmethode nach der personellen Zuordnung vermag auch vor dem Hintergrund, dass Bieter und ausführendes „Personal“ gerade im Bereich kleiner und mittlerer Unternehmen identisch sein können, nicht zu überzeugen. Verkörpert der Bieter

---

[347] EuGH, Urt. v. 26.3.2015, Rs. C-601/13, ECLI:EU:C:2015:204, Rn. 26 (Ambisig).

[348] EuGH, Urt. v. 26.3.2015, Rs. C-601/13, ECLI:EU:C:2015:204, Rn. 28–34 (Ambisig).

[349] *Könsgen*, in: jurisPK-Vergaberecht, VgV § 46 Rn. 84.

[350] *Wittschurky*, Das Verhältnis von Eignungs- und Zuschlagkriterien im europäischen, deutschen und US-amerikanischen Vergaberecht, S. 480.

als Einzelunternehmer in eigener Person das ausführende Personal, ist eine Abgrenzung nach personeller Anknüpfung schon faktisch unmöglich. Eine Abgrenzung nach personeller Anknüpfung vermag demnach nicht zu überzeugen. Obgleich ist festzustellen, dass der personellen Anknüpfung des Zuschlagskriteriums jedenfalls eine nicht unerhebliche indizielle Wirkung zukommt.

e) Abgrenzung nach Schwerpunkt

In seiner Lianakis-Entscheidung stellt der EuGH im Zusammenhang mit einer Abgrenzung zwischen Eignungs- und Zuschlagskriterien klar, dass diejenigen Kriterien als Zuschlagskriterien ausgeschlossen seien, die nicht der Ermittlung des wirtschaftlich günstigsten Angebots dienen, sondern die im Wesentlichen mit der Beurteilung der fachlichen Eignung der Bieter für die Ausführung des betreffenden Auftrags zusammenhängen.[351] Den Grundstein für die Abgrenzung zwischen Eignungs- und personenbezogenen Zuschlagskriterien legte der EuGH bereits in seiner Beentjes-Entscheidung im Jahre 1988.[352] Die schwerpunktmäßige Abgrenzung stellt in Rechtsprechung und Lehre die inzwischen wohl herrschende Abgrenzungsmethode dar.[353] In Anlehnung an den BGH erfolgt teilweise ein Abstellen darauf, ob das Kriterium „im Kern" auf Angaben gestützt wird, die ausschließlich für den konkreten Auftrag Bedeutung erlangen oder auf die generelle Qualität des Unternehmens.[354]

Teilweise kritisch beurteilt das Schrifttum die schwerpunktmäßige Abgrenzung.[355] Es lasse sich regelmäßig nur schwerlich ermitteln, ob ein

---

351 EuGH, Urt. v. 24.1.2008, Rs. C-532/06, ECLI:EU:C:2008:40, Rn. 30, 31 (Lianakis).

352 EuGH, Urt. v. 20.9.1988, Rs. C-31/87, ECLI:EU:C:1988:422, Rn. 15–19 (Beentjes); vgl. *Schäfer*, Öffentliche Belange im Auftragswesen und Europarecht, S. 231.

353 EuGH, Urt. v. 12.11.2009, Rs. C-199/07, ECLI:EU:C:2009:693, Rn. 55 (Kommission/Griechenland); EuGH, Urt. v. 24.1.2008, Rs. C-532/06, ECLI:EU:C:2008:40, Rn. 30, 31 (Lianakis); VK Sachsen, Beschl. v. 30.8.2017, 1/SVK/015–17; *Opitz*, in: Beck'scher Vergaberechtskommentar, Bd. 1, GWB § 127 Rn. 97, *Plauth*, in: Müller-Wrede, GWB § 127 Rn. 217; *Hölzl*, in: MüKo Wettbewerbsrecht, Bd. 3, GWB § 122 Rn. 38; *Beckmann*, in: Leinemann/Otting/Kirch/Homann, VgV § 58 Rn. 18.

354 BGH, Urt. v. 8.9.1998, X ZR 109/96, NJW 1998, 3644, 3646 (Klärwerkerweiterung); *Opitz*, in: Beck'scher Vergaberechtskommentar, Bd. 1, GWB § 127 Rn. 102.

355 *Hölzl/Friton*, NZBau 2008, 307, 310; *Rosenkötter*, NZBau 2015, 609, 610.

Merkmal „im Wesentlichen" mit der Eignung zusammenhängt bzw. in „erster Linie" der Eignung dient. Dem EuGH wurde insoweit vielfach eine unzureichende Begründung vorgeworfen.[356] Die Rechtsprechung des EuGH erfolgt im Bereich personenbezogener Zuschlagskriterien entgegen kritischen Stimmen im Schrifttum einheitlich und systematisch. [357] In nahezu apodiktischer Konsequenz stellt der EuGH darauf ab, das Zuschlagskriterien die nicht der Ermittlung des wirtschaftlich günstigsten Angebots dienen ausgeschlossen sind.[358] Zuzugestehen ist den kritischen Stimmen, dass die Entscheidungserwägungen im Bereich der schwerpunktmäßigen Abgrenzung kaum Aufschluss über konkrete Anknüpfungsumstände bieten.

Die Beentjes Entscheidung des EuGH wurde noch Jahre nach ihrer Verkündung als Fehlurteil mit geringer praktischer Bedeutung kritisiert, obgleich die Kritik vordergründig der im Verfahren für zulässig befundenen Berücksichtigung vergabefremder Kriterien, in dortigem Fall der Beschäftigung von Langzeitarbeitslosen, galt.[359] Die Beschäftigung von Langzeitarbeitslosen betrifft den Personalbestand des Bieters im Allgemeinen, unabhängig vom für den Auftrag konkret einzusetzenden Personal und damit auch die Frage nach der Zulässigkeit personenbezogener Zuschlagskriterien im weiteren Sinne. Beachtenswert war die Entscheidung insbesondere, da der EuGH der gesetzlichen Zulassung wirtschafts-, umwelt- und sozialpolitischer Zwecke bereits früh vorweggegriffen hat. Er erkannte den Beurteilungsspielraum des öffentlichen Auftraggebers bereits in der Weise an, das es dessen Beurteilungsspielraum obliege zu bestimmen, was er als wirtschaftlich ansieht.

Die Schlussfolgerung, ein bieterbezogenes Kriterium könne in seinem wesentlichen Schwerpunkt nur der Eignungsprüfung und gerade nicht der Ermittlung des wirtschaftlichsten Angebots dienen, vermag nicht zu überzeugen. Bereits die Rechtspraxis zu § 65 VgV im Bereich sozialer und anderer besonderer Dienstleistungen zeigt deutlich, dass bieterbezogene Kriterien wie beispielsweise das Organisationsvermögen des Bieters, welches sich aus

---

356 *Hölzl/Friton*, NZBau 2008, 307, 310; *Rosenkötter*, NZBau 2015, 609, 610; *Götz*, Öffentliche Beschaffungsmärkte und Europarecht, S. 164 (m.w.N).

357 *Götz*, Öffentliche Beschaffungsmärkte und Europarecht, S. 168.

358 EuGH, Urt. v. 12.11.2009, Rs. C-199/07, ECLI:EU:C:2009:693, Rn. 55 (Kommission/ Griechenland); EuGH, Urt. v. 24.1.2008, Rs. C-532/06, ECLI:EU:C:2008:40, Rn. 30, 31 (Lianakis).

359 *Götz*, Öffentliche Beschaffungsmärkte und Europarecht, S. 174–175 (m.w.N).

Referenzen mit ähnlichen Aufträgen ableiten lässt, erhebliche Auswirkungen auf die Qualität der Auftragsausführung haben können.[360]

aa) Abgrenzung nach Schwerpunkt der Angabenrelevanz

In der deutschen Vergaberechtsprechung sowie Teilen des Schrifttums hat sich die schwerpunktmäßige Abgrenzung nach der Relevanz der auf das jeweilige Kriterium zu stützenden Angaben verbreitet.[361] Für die Abgrenzung zwischen den Kriterienkategorien sei demnach maßgeblich, ob sich das Kriterium in seinem wesentlichen Kern bzw. Bewertungsschwerpunkt auf Angaben stützen soll, die nur für den konkreten Auftrag von Bedeutung sind, oder aber auf Angaben zu den generellen Fähigkeiten und Fertigkeiten des Bieters. In letzterem Fall sei die Verwendung als Zuschlagskriterium jedenfalls unzulässig.

Für ein derartiges Verständnis lässt sich die Lianakis-Entscheidung des EuGH selbst heranziehen, in der zwar die „Erfahrung des Sachverständigen“ als ausführende Person in Form eines Zuschlagskriteriums festgesetzt wurde, der EuGH jedoch aus den in diesem Zusammenhang geforderten Nachweisen abgeleitet hat, das tatsächlich die Erfahrung des Bieters bewertet wurde.[362]

Überzeugender scheint jedoch im harmonisierten Bereich der Vergaberichtlinie eine nähere Orientierung an der Rechtsprechung des EuGH, der die Abgrenzung allgemeingültiger nach dem Schwerpunkt der Zweckrichtung ausgestaltet und den durch den Auftraggeber geforderten Nachweisen indiziellen Charakter, nicht aber eine grundsätzliche Entscheidungserheblichkeit beizumessen scheint.

bb) Abgrenzung nach Schwerpunkt der Zwecksetzung

Die Abgrenzungsmethode nach dem Schwerpunkt der Zwecksetzung des Kriteriums ist in Form einer Einzelfallprüfung durch tatsächliche Würdigung auf der Grundlage der Vergabeunterlagen vorzunehmen.[363] Ausgehend von

---

[360] VK Bund, Beschl. v. 31.7.2019, VK 2–50/19, juris Rn. 62.

[361] OLG Sachsen-Anhalt, Beschl. v. 12.4.2012, 2 Verg 1/12, juris Rn. 75; OLG Naumburg, Beschl. v. 12.4.2012, 2 Verg 1/12, juris Rn. 73 = BeckRS 2012, 10195, IV. 1. b) bb); *Opitz*, in: Beck'scher Vergaberechtskommentar, Bd. 1, GWB § 127 Rn. 102.

[362] *Lee*, Implications of the Lianakis decision, S. 88.

[363] *Plauth*, in: Müller-Wrede, GWB § 127 Rn. 216.

der vorangehend behandelten schwerpunktmäßigen Abgrenzung[364], wird im Schrifttum die Auffassung vertreten, in Zweifelsfällen könne die Zwecksetzung durch den Auftraggeber ergänzend Berücksichtigung finden.[365] Bleiben nach erfolgter schwerpunktmäßiger Abgrenzung Zweifel an der Einordnung eines Kriteriums, könne somit die Bedeutung, die der Auftraggeber dem Kriterium beimessen will, bei der Abgrenzung hinzugezogen werden.

Ob ein Kriterium in seinem Schwerpunkt die Ermittlung des wirtschaftlich günstigsten Angebots bezweckt, ist gerichtlich im Nachprüfungsverfahren überprüfbar. Die Frage der zulässigen Berücksichtigung eines Kriteriums als Zuschlagskriterium ist zwar eine Rechtsfrage, jedoch unterliegt die Ermittlung der Zwecksetzung eines Kriteriums einer tatsächlichen Bewertung.[366] Im Gegensatz zur Abgrenzung nach der Anwendungsweise, die aufgrund der allein dem Auftraggeber obliegenden Entscheidungsgewalt zu Rechtsschutzdefiziten führen würde, vermag die kombinierte Schwerpunktmethode zu einer objektiv überprüfbaren Abgrenzung zu gelangen. Es kommt danach auf den objektiven und nachprüfbaren Zweck des Kriteriums selbst an. Erforderlich ist damit eine Einzelfallbetrachtung des Kriteriums.[367] Die Frage, ob ein Kriterium in seinem Schwerpunkt der Angebotsbewertung oder aber der Eignungsprüfung dient, erfordert damit eine einzelfallbezogene Gesamtabwägung der berücksichtigungsfähigen Indizien.

(1) Auslegungsgrundlage

Für die Auslegung des Wortlauts der Vergabeunterlagen ist auf den objektiven Empfängerhorizont eines fachkundigen und mit den Einzelheiten der Ausschreibung vertrauten Durchschnittsbieters abzustellen.[368] Maßgeblich ist damit, welchen objektiven Bedeutungsgehalt der fachkundige und mit den Einzelheiten der Ausschreibung vertraute Durchschnittsbieter den

---

364 Hierzu ausführlich Kap. B.II.5.

365 *Opitz*, in: Beck'scher Vergaberechtskommentar, Bd. 1, GWB § 127 Rn. 102; *Müller-Wrede*, in: Müller-Wrede, GWB § 127 Rn. 132.

366 OLG Naumburg, Beschl. v. 4.6.2012, 2 Verg 1/12, B. IV. 1. c) bb) (2), m. krit. Anm. *Benedict*, VergabeR 2012, 768, 768.

367 OLG Naumburg, Beschl. v. 12.4.2012, 2 Verg 1/12, IBRRS 2012, 1785, B.IV.1.c)bb)(1); *Beckmann*, in: Leinemann/Otting/Kirch/Homann, VgV § 58 Rn. 20.

368 OLG Naumburg, Beschl. v. 12.4.2012, 2 Verg 1/12, IV.1.b)aa); OLG Sachsen-Anhalt, Beschl. v. 12.4.2012, 2 Verg 1/12, juris Rn. 74.

bekanntgegebenen Kriterien beimessen durfte. Dabei ist nicht ausschließlich auf die Bezeichnung des Kriteriums, sondern auf die Gesamtheit der sich auf das Kriterium, gegebenenfalls seine Unterkriterien sowie deren Bewertung beziehende Erläuterungen abzustellen. Zur Auslegungshilfe unbestimmter Rechtsbegriffe in den Zuschlagskriterien können die Vergabeunterlagen herangezogen werden.[369]

(2) Bezugssubjekt und -objekt

Das Bezugssubjekt und -objekt des Zuschlagskriteriums stellen die Konkretisierung der personenbezogenen Qualität dar. Aus der Systematik des europäischen und nationalen Vergaberechtsregimes lässt sich für den Bereich der personenbezogenen Zuschlagskriterien im engeren Sinne eine indizielle Wirkung für das Überwiegen der Zwecksetzung zur Ermittlung des wirtschaftlichsten Angebots und damit das Vorliegen eines Zuschlagskriteriums herleiten.[370]

Für den Bereich der personenbezogenen Zuschlagskriterien im weiteren Sinne lässt sich demgegenüber eine indizielle Wirkung herleiten, die für eine schwerpunktmäßige Zwecksetzung im Bereich der Eignungsprüfung streitet. Betrachtet man in diesem Sinne die „Erfahrung des Bieters" als abzugrenzendes Kriterium, spricht die Anknüpfung an das Bezugssubjekt „Bieter" grundsätzlich eher für eine Zwecksetzung zur Ermittlung der Leistungsfähigkeit und damit ein Eignungskriterium. Die Indizwirkung des Bezugssubjekts eines Kriteriums kann grundsätzlich jedoch nicht isoliert, sondern vielmehr im Zusammenhang mit der jeweiligen Auftragsart betrachtet werden. Die Indizien des Bezugssubjekts und der Auftragsart unterliegen keiner isolierten, sondern vielmehr einer wechselseitigen Betrachtung.

Die Stimmen in Rechtsprechung und Schrifttum, die bereits aus der Anknüpfung an das Bezugssubjekt personenbezogener Zuschlagskriterien im weiteren Sinne auf ein grundsätzliches Überwiegen der Zwecksetzung für die Eignungsprüfung begründet sehen[371], sind abzulehnen. Legt der öffentliche

---

369 *Michaels*, EnWZ 2013, 369, 373.

370 S.o. Kap. C.III.5.b).

371 OLG Naumburg, Beschl. v. 12.4.2012, 2 Verg 1/12, BeckRS 2012, 10195, B. IV.1.b) bb); *Jansen*, in: Röwekamp/Kus/Marx/Portz/Prieß, VgV § 65 Rn. 23; *Zimmermann*, ZfBR 2020, 542, 543.

Auftraggeber für das Bezugsobjekt der „Erfahrung" das Bezugssubjekt des „Bieters" fest, spricht die indizielle Wirkung dieser Anknüpfung an den Bieter zwar für die Zwecksetzung des Kriteriums im Bereich der Eignungsprüfung, gleichwohl entbehrt dies gerade nicht der Berücksichtigung weiterer Indizien.

Die zulässige Anknüpfung an den Projektleiter führt bereits in aktueller Vergaberechtspraxis dazu, dass je nach Unternehmensstruktur des Bieterunternehmens, Projektleiter und Bieter bzw. sein Führungspersonal identisch sein können. Der Bieter selbst kann damit faktisch bereits zum Bezugssubjekt des Kriteriums werden. Diese Konstellation scheint Anlass für das ausdrücklich normierte Doppelverwertungsverbot in § 46 VgV zu sein.

(3) Auftragsgegenstand

Die Berücksichtigungsfähigkeit personenbezogener Zuschlagskriterien ist nicht auf bestimmte Auftragsarten beschränkt. Gleichwohl sind für ein Überwiegen der Zwecksetzung bei der Ermittlung des wirtschaftlichsten Angebots besondere Anforderungen an den Auftragsgegenstand zu stellen. An die Qualität der Auftragsausführung oder an die Qualität der Leistung selbst sind durch den Auftragsgegenstand gerechtfertigte besondere Anforderungen durch den öffentlichen Auftraggeber zu stellen. Bei der Differenzierung zwischen den Auftragsarten wird für den Bereich der Abgrenzungsproblematik zwischen Auftragsarten, die bei ihrer Ausführung ein erhöhtes Qualitätsbedürfnis aufweisen und damit in ihrer Ausführungsqualität graduelle Abstufungen zulassen einerseits und Auftragsarten, die in der Auftragsausführung einfach gelagert sind andererseits, unterschieden.

Bei Letzteren mag es mangels besonderer Anforderungen an die Ausführungshandlung nicht auf die personenbezogene Qualität des ausführenden Personals ankommen, jedoch aufgrund besonderer Umstände auf die personenbezogene Qualität des Bieters oder seines Führungspersonals. Der EuGH hat in darauffolgenden Entscheidungen mehrfach bestätigt, dass die Versorgungssicherheit ein grundsätzlich zulässiges Kriterium zur Ermittlung des wirtschaftlichsten Angebots sein kann.[372] Der EuGH macht die Zulässigkeit des Kriteriums „Versorgungssicherheit" davon abhängig, ob

---

[372] EuGH, Urt. v. 18.10.2001, Rs. C-19/00, ECLI:EU:C:2001:553, Rn. 39 (SIAC Construction); EuGH, Urt. v. 27.10.2005, Rs. C-234/03, ECLI:EU:C:2005:644, Rn. 61 (Contse); EuGH, Urt. v. 4.12.2003, Rs. C-448/01, ECLI:EU:C:2003:651, Rn. 70 (Wienstrom).

der zugrundeliegende Auftragsgegenstand aufgrund besonderer Umstände eine entsprechende Berücksichtigung rechtfertigen lässt.[373] Im Bereich von Dienstleistungen die das Leben und die Gesundheit von Personen schützen sollen, sei die Berücksichtigung des Zuschlagskriteriums „Versorgungssicherheit" grundsätzlich denkbar.[374]

Betrifft der Auftragsgegenstand eine Leistung, die besondere Anforderungen an die Qualität ihrer Ausführung erhebt, scheint dies für ein Überwiegen der Kriterienzwecksetzung im Bereich der Ermittlung des wirtschaftlichsten Angebots zu sprechen.

Gegen die Zulässigkeit personenbezogener Zuschlagskriterien im Einzelfall mag im Umkehrschluss ein Auftragsgegenstand sprechen, der weder im Bereich der Auftragsausführung noch im Bereich der übergeordneten Auftragsorganisation besondere Anforderungen an die Qualität rechtfertigt. An den konkreten Auftragsgegenstand müssen durch den öffentlichen Auftraggeber damit besondere Anforderungen gestellt werden, die durch das dezidiert zu begründende Erfordernis einer erhöhten Leistungsqualität die indizelle Wirkung des Bezugssubjekts auszugleichen vermögen.

Der EuGH stellte im Zusammenhang mit personenbezogenen Zuschlagskriterien im engeren Sinne klar, dass die personenbezogene Qualität des ausführenden Personals insbesondere im Bereich von Dienstleistungen mit intellektuellem Charakter maßgeblichen Einfluss auf die Qualität der Auftragsausführung haben könne.[375] Daraus ist jedoch nicht abzuleiten, dass personenbezogene Zuschlagskriterien nicht auch im Bereich anderer Leistungen zur Anwendung kommen können.[376] Ein Qualitätskriterium ist jedoch nur geeignet, zur Ermittlung des wirtschaftlichsten Angebots zu dienen, wo eine divergierende Leistungsqualität möglich ist.[377]

---

373 EuGH, Urt. v. 27.10.2005, Rs. C-234/03, ECLI:EU:C:2005:644, Rn. 61 (Contse); EuGH, Urt. v. 28.3.1995, Rs. C-324/93, ECLI:EU:C:1995:84, Rn. 44 (Evans Medical).

374 EuGH, Urt. v. 27.10.2005, Rs. C-234/03, ECLI:EU:C:2005:644, Rn. 61 (Contse).

375 EuGH, Urt. v. 26.3.2015, Rs. C-601/13, ECLI:EU:C:2015:204, Rn. 32 (Ambisig).

376 *Stoye/Gielen*, VergabeR 2015, 543, 545.

377 *Hillen*, Die gerichtliche Kontrolle von Wirtschaftlichkeit im Vergaberecht, S. 537–538.

(4) Intention des Auftraggebers

Umstritten ist, ob auch die Intention des Auftraggebers Berücksichtigung finden kann. Für die Berücksichtigung der auftraggeberischen Intention als eines der Indizien im Rahmen der Gesamtabwägung, spricht zunächst, die dadurch ermöglichte klarere Einordnungsmöglichkeit sowie der grundsätzlich weite Beurteilungsspielraum des öffentlichen Auftraggebers. Gegen eine Berücksichtigungsfähigkeit spricht gleichwohl, dass die Abgrenzung der Kriterienkategorien grundsätzlich nach materiellen Aspekten zu erfolgen hat.[378] Die Einordnung eines Kriteriums in eine der beiden Kriterienkategorien vom Willen des öffentlichen Auftraggebers abhängig zu machen, könnte eine Abgrenzung insgesamt hinfällig werden lassen.

Der subjektive Einschlag der Zwecksetzung durch den Auftraggeber dient lediglich als Auslegungshilfe für die objektiv nachprüfbare Zwecksetzung des Kriteriums. Die subjektive Zwecksetzung durch den Auftraggeber entfaltet damit nach überzeugender Auffassung bei der Ermittlung des objektiven Zweckgehalts eines Kriteriums jedenfalls indizielle Wirkung.[379] Dies wird auch in der aktuellen nationalen Vergaberechtsprechung teilweise anerkannt.[380] Danach sei bei der tatsächlichen Würdigung im Rahmen der Abgrenzung nicht allein auf die Bezeichnung des Kriteriums durch den Auftraggeber abzustellen, sondern auf dessen Gehalt.[381] Auch die Art der Anwendungsweise vermag ein Indiz im Rahmen der Intention darzustellen.[382] Im Schrifttum wird teilweise auch auf das intendierte Prüfungsergebnis des Auftraggebers abgestellt.[383]

Die Zwecksetzung des Kriteriums stellt zwar eine objektive Tatsache dar, die jedoch naturgemäß auf Erwägungen des öffentlichen Auftraggebers beruht. Die Intentionen des Auftraggebers im Hinblick auf die Zwecksetzung im Rahmen der Gesamtabwägung zu berücksichtigen scheint damit sogar geboten. Für das nicht völlige außer Acht Lassen der auftraggeberischen Intention im Rahmen der Gesamtabwägung spricht, der grundsätzlich weite

---

378 Vgl. Kap. B.IV.2.

379 Vgl. *von Bechtolsheim*, in: BeckOK Vergaberecht, GWB § 127 Rn. 7; *Opitz*, in: Beck'scher Vergaberechtskommentar, Bd. 1, GWB § 127 Rn. 101.

380 OLG Naumburg, Beschl. v. 12.4.2012, 2 Verg 1/12, IV.1.c) bb) (2).

381 OLG Naumburg, Beschl. v. 12.4.2012, 2 Verg 1/12, IV.1.c) bb) (2).

382 *von Bechtolsheim*, in: BeckOK Vergaberecht, GWB § 127 Rn. 7.

383 *Sauer/Beel*, EWeRK 2013, 327, 328.

Beurteilungsspielraum des öffentlichen Auftraggebers bei der Festlegung dessen, was er als wirtschaftlichstes Angebot betrachtet und welche Zuschlagskriterien er zur Ermittlung dieses wirtschaftlichsten Angebots für geeignet hält. Der Sinn und Zweck eines Kriteriums lässt sich gerade nicht unter Außerachtlassung der auftraggeberischen Intention ermitteln. Die subjektive Zwecksetzung durch den Auftraggeber entfaltet damit nach überzeugender Auffassung bei der Ermittlung des objektiven Zweckgehalts eines Kriteriums jedenfalls indizielle Wirkung.[384]

Rückschlüsse auf die Intention des Auftraggebers können sich auch aus den vom Auftraggeber im Rahmen eines Zuschlagskriteriums geforderten Nachweisen sowie der angewandten Bewertungsmethode ergeben. So erfolgte im Schrifttum eine überzeugende Bewertung der Lianakis-Entscheidung dahingehend, dass das Kriterium „Erfahrung des Sachverständigen" durch den EuGH für unzulässig befunden wurde. Aus den geforderten Nachweisen habe sich ergeben, dass vielmehr die Erfahrung des Unternehmens im Allgemeinen zum Gegnstand der Bewertung gemacht wurde ohne das insoweit ein Bezug zur Leistungsqualität nahelag.[385] Der Auftraggeber hatte zum Nachweis des Kriteriums den Wert bereits erbrachter Referenzprojekte in Euro gefordert.

(5) Einfluss auf die Leistungsqualität

Die personenbezogene Qualität kann nicht für sich betrachtet zu einer Abgrenzung führen, sondern gerade nur, wenn ihr Einfluss auf die Leistungsqualität erheblich erscheint. Nicht die personenbezogene Qualität für sich genommen, sondern erst die aus ihr abzuleitende höhere Leistungsqualität vermögen einen Einfluss auf die Wirtschaftlichkeit der Angebote zu entfalten und damit zur Ermittlung des wirtschaftlich günstigsten Angebots dienen.

(6) Gesamtabwägung

Im Rahmen der schwerpunktmäßigen Abgrenzung hat eine einzelfallbezogene Gesamtabwägung der berücksichtigungsfähigen Indizien zu erfolgen. Von zentraler Bedeutung für die Frage, ob ein Kriterium in seinem

---

[384] Vgl. *von Bechtolsheim*, in: BeckOK Vergaberecht, GWB § 127 Rn. 7; *Opitz*, in: Beck'scher Vergaberechtskommentar, Bd. 1, GWB § 127 Rn. 101.

[385] *Lee*, Implications of the Lianakis decision, S. 88.

Schwerpunkt der Ermittlung des wirtschaftlichsten Angebots dient, ist die Auswirkung der Qualität des Bezugssubjekts auf die Qualität der Auftragsausführung bzw. die Qualität der Leistung. Jedenfalls bei der Berücksichtigung personenbezogener Zuschlagskriterien im engeren Sinne im Bereich geistig schöpferischer oder intellektueller Tätigkeiten spricht eine indizielle Wirkung des Auftragsgegenstands sowie der Anknüpfungspunkte an Bezugssubjekt und -objekt für einen Schwerpunkt bei der Ermittlung des wirtschaftlichsten Angebots. Die Zuordnung eines Kriteriums zu einer der beiden Kriterienkategorien, erfordert dabei keine rechtliche, sondern vielmehr eine tatsächliche Bewertung im Einzelfall.[386]

Im Bereich von Architekten- und Ingenieurleistungen ist der erhebliche Einfluss personenbezogener Qualität auf die Qualität der Auftragsausführung anerkannt.[387] Bereits in der Gesetzesbegründung zu § 76 VgV wird hervorgehoben, dass die Qualität wesentliches Zuschlagskriterium bei der Vergabe von Architekten- und Ingenieurleistungen darstellen solle.[388] Daraus mag sich verallgemeinernd feststellen lassen, dass gerade in den Bereichen in denen aus dem Leistungsgegenstand oder der Leistungsart besondere Anforderungen an die Qualität der Leistungsausführung oder den Leistungserfolg abzuleiten sind, ein Einfluss personenbezogener Qualität zunehmende Bedeutung entfaltet.

Denkbar sind jedoch Auftragsgegenstände, die nicht lediglich eine ordnungsgemäße Auftragsausführung erfordern, sondern es rechtfertigen, die Qualität zum Gegenstand der Auswahlentscheidung zu erheben. Bei Lieferleistungen werden personenbezogene Zuschlagskriterien im engeren Sinne in der Regel keinen Einfluss auf die Leistungsqualität auszuüben vermögen.[389]

f) Zwischenfazit

Die Frage, welches Kriterium ein Eignungskriterium und welches ein Zuschlagskriterium darstellt, erfordert angesichts des im Gesetz nicht abschließenden Katalogs an Zuschlagskriterien eine Abgrenzung im

---

386 OLG Naumburg, Beschl. v. 12.4.2012, 2 Verg 1/12, BeckRS 2012, 10195, B. IV.1.c) bb) (1).

387 *Stolz*, VergabeR 2016, 351, 362.

388 BT-Drs. 18/7318, S. 205–206.

389 *Leinenbach*, ZfBR 2020, 741, 744.

Einzelfall. Es entspricht inzwischen wohl der überzeugenden herrschenden Meinung, dass eine Abgrenzung nach dem Schwerpunkt des Kriteriums vorzunehmen ist. Die Einordnung eines Kriteriums in eine der beide Kategorien und damit zugleich die Abgrenzung der Zuschlags- von den Eignungskriterien erfordert stets eine Einzelfallbetrachtung des konkret in Frage stehenden Kriteriums anhand einer Gesamtabwägung aller indiziellen Umstände.[390] Im Schrifttum wird teilweise kritisert, eine Abgrenzung zwischen Eignungs- und Zuschlagskriterien sei im Bereich bestimmter freiberuflicher Leistungen schwierig, teilweise sogar unmöglich.[391] Der EuGH habe den Auftraggebern keine geeigneten Abgrenzungsmerkmale aufgezeigt.[392]

Betrachtet man das Beispiel der „Erfahrung des ausführenden Personals" wird deutlich, dass eine isolierte Betrachtung des Merkmals nicht zu einer überzeugenden Einordnung führen kann. Erst im Kontext des auszuführenden Auftrags sowie dem Begründungsaufwand des Auftraggebers dahingehen, worin der erhebliche Einfluss des Merkmals auf die Qualität des Auftrags zu sehen sei, kann eine überzeugende Einordnung des Kriteriums vorgenommen werden. Aus der Systematik des Vergaberechtsregimes, ergibt sich für personenbezogene Zuschlagskriterien im engeren Sinne eine Indizwirkung dafür, dass sie im Bereich personenbezogener Leistungen in ihrem Schwerpunkt der Angebotsbewertung dienen. Demgegenüber streitet für den Bereich der personenbezogenen Zuschlagskriterien im weiteren Sinne eine Indizwirkung dafür, dass ihr Schwerpunkt in der Eignungsprüfung liegt. Sowohl im Bereich personenbezogener Zuschlagskriterien im engeren Sinne, also auch im Bereich personenbezogener Zuschlagskriterien im weiteren Sinne vermag damit eine Berücksichtigung ausschließlich aufgrund besonderer Voraussetzungen an die Qualität der Auftragsausführung bzw. an die Qualität der Leistung gerechtfertigt sein.[393] Nur wenn die besonderen Anforderungen des Auftragsgegenstands die Berücksichtigung personenbezogener Zuschlagskriterien zu rechtfertigen vermag, ist ein Schwerpunkt der

390 *Beckmann*, in: Leinemann/Otting/Kirch/Homann, VgV § 58 Rn. 20.

391 *Voppel*, in: Voppel/Osenbrück/Bubert, VgV Vor § 56 Rn. 3.

392 *Voppel*, in: Voppel/Osenbrück/Bubert, VgV Vor § 56 Rn. 3; *Wittschurky*, Das Verhältnis von Eignungs- und Zuschlagkriterien im europäischen, deutschen und US-amerikanischen Vergaberecht, S. 397.

393 *Hillen*, Die gerichtliche Kontrolle von Wirtschaftlichkeit im Vergaberecht, S. 626.

Zwecksetzung für die Ermittlung des wirtschaftlich günstigsten Angebots denkbar und anhand der Gesamtabwägung der Umstände im Einzelfall begründbar.

IV. Doppelverwertungsverbot

Teilweise werden in der Spruchpraxis und im Schrifttum Fragen des Doppelverwertungsverbots mit denen des Trennungsgebots vermischt.[394] Danach könne ein Kriterium, welches auf Eignungsebene bereits berücksichtigt worden sei, nicht ein zweites Mal auf Zuschlagsebene berücksichtigt werden. Ein Mehr an Eignung könne ein Weniger an Wirtschaftlichkeit nicht kompensieren.[395] Legt man als Untersuchungsgegenstand die Frage zugrunde, ob die Übererfüllung eines Eignungskriteriums erneut auf Zuschlagsebene Berücksichtigung finden kann, wie es dem Diskurs um die Zulässigkeit des sog. Mehr an Eignung zugrunde liegt, verwundert die Vermengung der Rechtsfragen nach dem Doppelverwertungsverbot und dem Trennungsgebot kaum. Die Vermengung mag auf den ersten Blick nicht völlig fern liegen, wenn man bedenkt, dass das Trennungsgebot im Grundsatz die Aussage enthält, dass zwischen Eignungs- und Zuschlagskriterien zu unterscheiden ist und die Kriterien damit ausschließlich auf der eigenen und nicht auf der jeweils fremden Ebene Berücksichtigung finden dürfen,[396] ein Eignungskriterium also nicht auf der Zuschlagsebene und ein Zuschlagskriterium nicht auf Eignungsebene verwendet werden darf. Der Umstand, dass ein Kriterium bereits nach dem Trennungsgebot gerade nur auf der eigenen Ebene berücksichtigt werden darf, mag zu der Schlussfolgerung führen, dass eine doppelte Berücksichtigung bereits denklogisch ausscheidet. Darf ein Kriterium nur auf der eigenen Ebene verwendet werden, scheint eine doppelte Berücksichtigung damit schon gar nicht möglich.

Der Untersuchungsgegenstand des umstrittenen allgemeinen Doppelverwertungsverbots beschränkt sich jedoch gerade nicht auf vorbenannte

---

394 VK Rheinland, Beschl. v. 27.9.2019, VK3519 VK 35/19, juris Rn. 78; VK Südbayern, Beschl. v. 2.4.2019, Z3-3-3194-1-43-11/18; VK Rheinland, Beschl. v. 29.7.2019, VK 26/19 - L, juris Rn. 71; *Bulla*, VergabeR 2020, 1, 10.

395 *Bulla*, VergabeR 2020, 1, 10.

396 *Zimmermann*, ZfBR 2020, 542, 543.

Betrachtung.[397] Das allgemeine Doppelverwertungsverbot erfasst in seinem diskutierten Anwendungsbereich die Gesamtheit der Schnittmengenkriterien, zunächst unabhängig von der Einordnung als Eignungs- oder Zuschlagskriterium.[398] Anerkannt ist inzwischen, dass eine Gruppe von Kriterien je nach konkreter Ausgestaltung sowohl auf Eignungs- als auch auf Zuschlagsebene berücksichtigt werden kann.[399] Legt man nun die Annahme zugrunde, ein Aspekt wie beispielweise die Erfahrung ist einerseits in Ausgestaltung als Eignungskriterium und andererseits in Ausgestaltung als Zuschlagskriterium berücksichtigt worden, bleibt dann die Frage offen, ob dieser Aspekt doppelt berücksichtigt werden darf, wenn die Einordnung als Eignungs- und Zuschlagskriterium, jedes der beiden Kriterien für sich genommen im Einklang mit dem Trennungsgebot erfolgte. Die Frage des Doppelverwertungsgebots schließt sich damit an die Frage des Trennungsgebots an.

Die Regelungsinhalte des Trennungsgebots und Doppelverwertungsverbots sind damit nach überzeugender Auffassung nicht deckungsgleich. Der Zweck des Doppelverwertungsverbots mag in der Durchsetzung des Trennungsgebots liegen, erschöpft sich jedoch nicht in seinem Regelungsinhalt.

1. Gesetzlich normiertes Doppelverwertungsverbot

Ein ausdrücklich normiertes Doppelverwertungsverbot findet sich ausschließlich in § 46 Abs. 3 Nr. 6 VgV.[400] Nach dem Wortlaut der Vorschrift dürfen Studien- und Ausbildungsnachweise sowie Bescheinigungen über die Erlaubnis zur Berufsausbildung für die Inhaber oder Führungskräfte des Bieters bei der Beurteilung der Eignung Berücksichtigung finden, sofern diese Nachweise nicht auch im Rahmen eines Zuschlagskriteriums bewertet werden. Erfasst

---

[397] So auch *Voppel*, in: Voppel/Osenbrück/Bubert, VgV § 46 Rn. 65.

[398] *Willenbruch*, VergabeR 2015, 322, 326; *Fehling*, in: Pünder/Schellenberg, GWB § 122 Rn. 8; *von Bechtolsheim*, in: BeckOK Vergaberecht, GWB § 127 Rn. 7; *Terner*, ZfBR 2003, 710, 716; OLG Naumburg, Beschl. v. 4.6.2012, 2 Verg 1/12, IV.1.c) bb) (2), m. Anm. *Benedict*, VergabeR 2012, 768; OLG Sachsen-Anhalt, Beschl. v. 12.4.2012, 2 Verg 1/12, juris Rn. 79.

[399] *Willenbruch*, VergabeR 2015, 322, 326; *Fehling*, in: Pünder/Schellenberg, GWB § 122 Rn. 8; *von Bechtolsheim*, in: BeckOK Vergaberecht, GWB § 127 Rn. 7; *Terner*, ZfBR 2003, 710, 716.

[400] VK Südbayern, Beschl. v. 2.4.2019, Z3-3-3194-1-43-11/18, IBRRS 2019, 1293 Rn. 144; *Steck*, in: Ziekow/Völlink, VgV § 58 Rn. 30; *Summa*, in: jurisPK-Vergaberecht, VgV § 46 Rn. 46.

wird damit die fachliche Qualifikation des Bieters bzw. seines Führungspersonals.[401] Die Regelung des § 46 VgV enthält einen abschließenden Katalog möglicher Eignungsnachweise über die technische und berufliche Leistungsfähigkeit.[402] Diese dienen der Prüfung, ob die Bewerber oder Bieter über die erforderlichen personellen und technischen Mittel sowie ausreichende Erfahrungen verfügen, um den Auftrag in angemessener Qualität ausführen zu können.[403]

Die Norm stellt damit eine Ausprägung des Trennungsgebots dar.[404] Der Verordnungsgeber macht deutlich, dass er im Bereich der normierten fachlichen Qualifikationen eine Berücksichtigungsfähigkeit grundsätzlich auf beiden Ebenen für möglich erachtet. Er scheint die Bedeutung der Studien- und Ausbildungsnachweise sowie Bescheinigungen über die Erlaubnis zur Berufsausbildung für die Inhaber oder Führungskräfte des Bieters jedoch im Hinblick auf ihre quantitative Berücksichtigungsfähigkeit beschränken zu wollen.

a) Bezugssubjekt

In § 46 Abs. 3 Nr. 6 VgV sind ausschließlich bestimmte fachliche Qualifikationen für die Inhaber oder Führungskräfte eines Unternehmens erfasst. Hier ist die Leitungsfunktion im Unternehmen maßgeblich.[405] Erfasst sind diejenigen Führungskräfte, welche für die Leistungserbringung im juristischen Sinne verantwortlich sind.[406] Nicht erfasst sind hingegen Nachweise für die Personen, welche zwar Führungsverantwortung im Bereich der konkreten Auftragsausführung übernehmen, oder die Leistung tatsächlich erbringen und damit zwar faktisch für die Leistung verantwortlich sind, jedoch keine Führungsverantwortung im Unternehmen besitzen.[407]

---

401 *Voppel*, in: Voppel/Osenbrück/Bubert, VgV § 46 Rn. 62.
402 BT-Drs. 18/7318, S. 183; *Meißner*, VergabeR 2017, 270, 272.
403 *Meißner*, VergabeR 2017, 270, 271.
404 *Seeger*, in: Müller-Wrede, VgV § 46 Rn. 62.
405 *Voppel*, in: Voppel/Osenbrück/Bubert, VgV § 46 Rn. 64.
406 *Voppel*, in: Voppel/Osenbrück/Bubert, VgV § 46 Rn. 64.
407 VK Berlin, Beschl. v. 28.7.2021, VK B 1–63/20, BeckRS 2021, 30386 Rn. 45; *Lück/Radeloff*, in: Leinemann/Otting/Kirch/Homann, VgV § 46 Rn. 48; a.A. *Hölzl*, in: MüKo Wettbewerbsrecht, Bd. 3, VgV § 46 Rn. 24.

Studien- und Ausbildungs- sowie sonstige Qualifikationsnachweise der im Zusammenhang mit der Auftragsausführung eingesetzten Fachkräfte, welche nicht zum Kreis der Inhaber oder Führungskräfte des Unternehmens gehören, fallen unter § 46 Abs. 3 Nr. 2 VgV und unterliegen damit keinem Doppelverwertungsverbot. Die Qualifikationen anderer als der in § 46 Abs. 3 Nr. 6 VgV genannten Bezugssubjekte, können aufgrund des abschließenden Charakters des § 46 Abs. 3 VgV im Umkehrschluss nur als Zuschlagskriterien berücksichtigt werden.[408]

b) Bezugsobjekt

Der Nachweis der fachlichen Qualifikationen für die erforderliche technische und berufliche Leistungsfähigkeit des Bewerbers oder Bieters erfolgt im Rahmen des § 46 Abs. 3 Nr. 6 VgV primär durch förmliche Zeugnisse, die den Erwerb entsprechender Qualifikationen nachzuweisen geeignet sind.[409] Dabei handelt es sich in erster Linie um Studiennachweise, also die Vorlage von Diplomen, Examens-, oder sonstigen Abschlusszeugnissen. Auch der Erwerb von Zusatzqualifikationen durch Promotion (z. B. für Forschungs- und Entwicklungsaufträge), Zweit- oder Postgraduiertenstudien sowie der Besuch von Fortbildungsveranstaltungen kann durch Bescheinigungen nachgewiesen werden.

Teilweise wird vertreten die berufliche Befähigung könne auch durch berufliche Erfahrungen aus einschlägigen Projekten nachgewiesen werden.[410] Überzeugender scheint es jedoch angesichts des eindeutigen Wortlauts, der ausschließlich Studien- und Ausbildungsnachweise sowie Bescheinigungen über die Erlaubnis zur Berufsausübung erfasst, Nachweise über Berufserfahrung wie z.B. Arbeitszeugnisse oder Referenzen aus vorangegangenen Projekten gerade nicht erfasst zu sehen.[411]

Umstritten ist zudem, ob sich die Regelung lediglich auf die doppelte Berücksichtigung der formellenen Nachweise, oder infolge einer Auslegung vielmehr auf die mit den Nachweisen zu belegende Qualifikation selbst

---

408 *Stolz*, VergabeR 2016, 351, 362.
409 *Voppel*, in: Voppel/Osenbrück/Bubert, VgV § 46 Rn. 62.
410 *Tomerius*, in: Pünder/Schellenberg, VgV § 46 Rn. 12.
411 So auch *Voppel*, in: Voppel/Osenbrück/Bubert, VgV § 46 Rn. 62.

bezieht.[412] Im Schrifttum besteht die Auffassung, der Wortlaut sei insoweit ungenau.[413]

Der Wortlaut spricht zunächst vermeintlich eindeutig von Nachweisen und Bescheinigungen, sodass lediglich die formellen Nachweise in Gestalt der förmlichen Zeugnisse erfasst zu sein scheinen und die Norm damit einer Doppelberücksichtigung der nachzuweisenen Qualifikation nicht entgegenstünde. Im Rahmen der Wortlautauslegung ist jedoch der Sinn der Worte in ihrem Satzzusammenhang zu ermitteln.[414] Der 2. Halbsatz des § 46 Abs. 3 Nr. 6 VgV, „sofern diese Nachweise nicht als Zuschlagskriterium bewertet werden", spricht vielmehr für die Zugrundelegung der fachlichen Qualifikation. Nur diese, nicht aber der formelle Nachweis könne als Zuschlagskriterium fungieren.[415] Der formelle Nachweis diene als Beleg für die Qualifikation, könne indes nicht selbst das Zuschlagskriterium darstellen.

Nach überzeugender Auffassung ergibt sich damit bereits nach der Wortlautauslegung, dass nicht die formellen Nachweise, sondern vielmehr die dadurch nachgewiesenen Qualifikationen vom Doppelverwertungsverbot des § 46 Abs. 3 Nr. 6 VgV erfasst sind.[416] Dafür spricht auch die dem § 46 Abs. 3 Nr. 6 VgV zugrunde liegende Regelung in Anhang XII Teil II lit. f) RL 2014/24/EU, die in der englischen Sprachfassung: „the educational and professional qualifications of the service provider or contractor or those of the undertaking's managerial staff, provided that they are not evaluated as an award criterion" erfasst.[417] In der französischen Sprachfassung heißt es, „l'indication des titres d'études et professionnels". Auch diese Sprachfassungen lassen nicht auf den formellen Nachweis, sondern vielmehr die Angabe der materiellen Qualifikation schließen.

---

412 *Summa*, in: jurisPK-Vergabrecht, VgV § 46 Rn. 46; *Könsgen*, in: jurisPK-Vergaberecht, VgV § 46 Rn. 84; *Müller-Wrede*, in: Müller-Wrede, VgV § 58 Rn. 176.

413 *Müller-Wrede*, in: Müller-Wrede, VgV § 58 Rn. 176 („ungenau"); *Summa*, in: jurisPK-Vergabrecht, VgV § 46 Rn. 46 („missverständlich formuliertes Doppelverwertungsverbot").

414 *Kreße*, ZRP 2014, 11, 11; *ders.*, in: Burr/Gréciano, Sprache und Recht, S. 158.

415 *Summa*, in: jurisPK-Vergabrecht, VgV § 46 Rn. 46; *Müller-Wrede*, in: Müller-Wrede, VgV § 58 Rn. 176.

416 *Könsgen*, in: jurisPK-Vergaberecht, VgV § 46 Rn. 84; *Müller-Wrede*, in: Müller-Wrede, VgV § 58 Rn. 176.

417 So auch *Müller-Wrede*, in: Müller-Wrede, VgV § 58 Rn. 176.

Aufgrund des Gebots der Gleichrangigkeit der verschiedenen Sprachfassungen[418] ist das Abstellen der deutschen Sprachfassung auf „Nachweise" folglich zu vernachlässigen. Die Gemeinschaftsbestimmungen sind nach ständiger Rechtsprechung des EuGH im Lichte der Fassungen in allen Sprachen der Europäischen Gemeinschaft einheitlich auszulegen und anzuwenden.[419] Die in einer der Sprachfassungen einer Gemeinschaftsnorm verwendete Formulierung kann damit nicht als alleinige Grundlage für die Auslegung dieser Norm herangezogen werden. Einer Sprachfassung könne insoweit auch kein Vorrang vor anderen Sprachfassungen zukommen. Es entscheide auch nicht das Mehrheitsprinzip der Sprachfassungen, sondern eine nach der allgemeinen Systematik und dem Zweck der Regelung orientierten Auslegung der Vorschrift.[420]

Bewertungsgegenstand des Doppelverwertungsverbots kann daher nach vorzugswürdiger Auffassung nur die konkrete Qualifikation sein. Eine gegenteilige Auslegung geht nicht mit dem Sinn und Zweck des Doppelverwertungsverbots als Ausfluss des Trennungsgebots überein.

Nachweise über die Berufsausübungserlaubnis kommen nur im Bereich reglementierter Berufe in Betracht, bei denen eine formelle Berufszulassung vorgeschrieben ist.[421] Dazu zählen z.B. Architekten oder Ingenieure im Sinne des § 75 Abs. 1, 2 VgV.

Darüber hinaus wird teilweise vertreten, das in § 46 Abs. 3 Nr. 6 VgV geregelte Doppelverwertungsverbot sei im Hinblick auf weitere streng personenbezogene Nachweise analog anzuwenden.[422] Der in § 46 Abs. 3 Nr. 6 VgV enthaltene Rechtsgedanke sei insbesondere auf die Qualifikation und Erfahrung der technischen Fachkräfte nach § 46 Abs. 3 Nr. 2 VgV analog

---

418 *Mayer*, in: Grabitz/Hilf/Nettesheim, EUV Art. 19 Rn. 53; *Loehr*, Mehrsprachigkeitsprobleme in der Europäischen Union, S. 95 f.; *Kreße*, ZRP 2014, 11, 11.

419 EuGH, Urt. v. 3.4.2008, Rs. C-187/07, ECLI:EU:C:2008:197, Rn. 23, 24 (Kälberhaltung); EuGH, Urt. v. 12.11.1998, Rs. C-149/97, ECLI:EU:C:1998:536, Rn. 16 (Motor Industry); EuGH, Urt. v. 9.3.2000, Rs. C-437/97, ECLI:EU:C:2000:110, Rn. 42 (Evangelischer Krankenhausverein); EuGH, Urt. v. 1.4.2004, Rs. C-1/02, ECLI:EU:C:2004:202, Rn. 25 (Borgmann).

420 *Lux*, in: von der Groeben/Schwarze/Hatje, AEUV vor Art. 31, Rn. 121.

421 *Voppel*, in: Voppel/Osenbrück/Bubert, VgV § 46 Rn. 63.

422 *Wittschurky*, Das Verhältnis von Eignungs- und Zuschlagkriterien im europäischen, deutschen und US-amerikanischen Vergaberecht, S. 501.

anzuwenden. Aus dem gesetzlich geregelten Doppelverwertungsverbot in Nr. 6 ergebe sich, dass eine Doppelverwertung der gleichen Aspekte im Hinblick auf die Qualifikation und Erfahrung des mit der Auftragsausführung befassten Personals ausgeschlossen sein solle.[423] Diese Auffassung vermag jedoch angesichts des eindeutigen Wortlauts sowie der Systematik der Vorschrift nicht zu überzeugen.

Beachtenswert ist zudem der Umstand, dass der Verordnungsgeber mit der Regelung ausdrücklich zum Ausdruck bringt, dass er die Möglichkeit der Berücksichtigung der fachlichen Qualifikationen des Inhabers oder seiner Führungskräfte auf Zuschlagsebene eröffnet sieht. Dies könnte gar zu der Schlussfolgerung verleiten, § 46 Abs. 3 Nr. 6 VgV könne als gewichtiges Argument gegen die grundsätzliche Unzulässigkeit personenbezogener Zuschlagskriterien im weiteren Sinne fruchtbar gemacht werden. Dagegen kann jedoch vorgebracht werden, dass die Regelung lediglich die Konstellation erfassen soll, in der die fachliche Qualifikation des Inhabers oder seiner Führungskräfte faktisch auf Zuschlagsebene Berücksichtigung findet und gerade nicht durch ausdrückliche Festsetzung durch den Auftraggeber.

Der Umstand, dass diese Einschränkung ausdrücklich nur für die genannten fachlichen Qualifikationen normiert wurde und nicht auch für die in § 46 Abs. 3 Nr. 1 VgV erfassten Referenzen des Bieters, legt nahe, dass dort eine Berücksichtigung auf beiden Ebenen möglich bleiben soll.

c) Identität

Die Berücksichtigung des Bezugsobjekts in Form der konkretisierten fachlichen Qualifikation kann nach der Regelung des § 46 Abs. 3 Nr. 6 VgV entweder nur bei der Eignungsprüfung oder der Angebotsbewertung stattfinden.[424] Der öffentliche Auftraggeber muss bei der Festlegung der Eignungs- und Zuschlagskriterien insoweit eine Ermessensentscheidung treffen. Berücksichtigt er eine der in § 46 Abs. 3 Nr. 6 VgV benannten Aspekte bereits bei der Eignungsprüfung, scheidet eine erneute Berücksichtigung auf Zuschlagsebene damit aus.

Für das Eingreifen des gesetzlich normierten Doppelverwertungsverbots ist die Identität des Bezugsobjekts auf Eignungs- und Zuteilungsebene

---

423 *Goldbrunner*, in: Ziekow/Völlink, VgV § 46 Rn. 23.

424 *Müller-Wrede*, in: Müller-Wrede, VgV § 58 Rn. 175.

erforderlich.[425] Danach darf nicht dieselbe fachliche Qualifikation auf beiden Ebenen berücksichtigt werden. Was jedoch unter „derselben fachlichen Qualifikation“ und damit einer Identität zu verstehen ist, wird uneinheitlich bewertet.

Einer Auffassung zufolge bleibt es dem Auftraggeber unbenommen auf der Eignungsebene eine Mindestanforderung für die berufliche Qualifikation und auf Zuteilungsebene die über die Mindestanforderung hinausgehende berufliche Qualifikation zu berücksichtigen.[426] Die Qualifikation, die der Mindestanforderung entspricht, könne dann samt ihrer Nachweise auf Eignungsebene und das darüber hinausgehende „Mehr an beruflicher Qualität“ auf Zuteilungsebene berücksichtigt werden. Es komme somit gerade nicht zu einer doppelten Verwertung einer konkreten Qualifikation, da hier keine Identität des Bewertungsgegenstandes gegeben sei.[427]

Dieser Auffassung wird zum Teil mit Kritik begegnet. Gegen das Konzept von Mindestanforderungen auf der Eignungsebene und der Berücksichtigung aller darüberhinausgehender Mehrqualifikationen auf Zuteilungsebene wird vorgebracht, dass es Parallelen zum Institut der Berücksichtigung eines „Mehr an Eignung“ auf Zuteilungsebene aufweise und damit unzulässig sei. Das Verständnis der Eignungskriterien als vom Auftraggeber festgelegten Mindestanforderungen hat sich inzwischen verbreitet.[428]

Entscheidend ist jedoch, dass nicht grundsätzlich die berufliche Qualifikation als Oberkriterium vom Doppelverwertungsverbot erfasst ist, sondern die durch den öffentlichen Auftraggeber konkret zu bestimmende berufliche Qualifikation. Legt der Auftraggeber eine konkrete Berufsausbildung im Rahmen der Eignung als Mindestvoraussetzung fest, können weitere fachliche Qualifikationen wie z.B. Fortbildungen als Zuschlagskriterien festgesetzt werden. Die Berücksichtigung einer Qualifikation führt gerade nicht dazu, dass das Oberkriterium „Qualifikation“ als solches verbraucht

---

425 *Müller-Wrede*, in: Müller-Wrede, VgV § 58 Rn. 178.

426 *Dreher*, EWiR 1999, 139, 140; *Müller-Wrede*, in: Müller-Wrede, VgV § 58 Rn. 178; OLG Düsseldorf, Beschl. v. 16.5.2011, VII-Verg 44/11, juris, Rn. 33; *Lieb*, Beschaffungsdienstleister im Vergabeverfahren, S. 171.

427 *Dreher*, EWiR 1999, 139, 140.

428 OLG Düsseldorf, Beschl. v. 16.5.2011, VII-Verg 44/11, juris, Rn. 33; *Lieb*, Beschaffungsdienstleister im Vergabeverfahren, S. 171.

ist. Da in dem Fall keine Identität der Qualifikationen besteht, erfolgt schon keine doppelte Verwertung.

2. Allgemeines Doppelverwertungsverbot

Über den Anwendungsbereich des ausdrücklich normierten Doppelverwertungsverbots des § 46 Abs. 3 Nr. 6 VgV hinaus ist umstritten, ob ein allgemeines Doppelverwertungsverbot besteht und damit eine doppelte Berücksichtigung von Aspekten auf der Eignungs- und auf Zuschlagsebene generell ausschließt.[429] Die Diskussion um ein allgemeines Doppelverwertungsverbot unterliegt, wie bereits einleitend erwähnt, jedoch einer uneinheitlichen Betrachtung des zu beurteilenden Verwertungsgegenstandes. Im Schrifttum wird insoweit teilweise eine Differenzierung nach „echter Doppelverwertung" eines Eignungskriteriums und „inhaltlicher Doppelberücksichtigung" eines Aspekts sowohl in Form eines Eignungs- als auch in Form eines Zuschlagskriteriums vorgenommen.[430] Danach stehe im Bereich der „echten Doppelverwertung" die erneute Berücksichtigung eines Eignungskriteriums auf Zuschlagsebene in Frage. Hier überschneidet sich der Betrachtungsgegenstand mit der vormals unter dem Stichwort des sog. Mehr an Eignung geführten Diskussion.[431] Die erneute Berücksichtigung eines Eignungskriteriums im Rahmen der Zuschlagsentscheidung, verbietet sich nach überzeugender Auffassung jedoch nicht erst aufgrund des Umstands, dass das Kriterium erneut und damit doppelt verwendet wird, sondern bereits aufgrund des Trennungsgebots, wonach Eignungskriterien auf Zuschlagsebene keine Berücksichtigung finden dürfen. Dies verstieße zudem gegen die, auf der Rechtsprechung des EuGH beruhenden Abgrenzungsmethode der schwerpunktmäßigen Abgrenzung.[432] Dient ein Kriterium in seinem Schwerpunkt und wesentlichen Kerngehalt der Eignungsprüfung, kann es

---

429 *Wiedemann*, in: Kulartz/Kus/Marx/Portz/Prieß, VgV § 58 Rn. 29; *Stolz*, VergabeR 2016, 351, 362; *Müller-Wrede*, in: Müller-Wrede, VgV § 58 Rn. 179; *Summa*, in: jurisPK-Vergaberecht, VgV § 46 Rn. 47; *Beckmann*, in: Leinemann/Otting/Kirch/Homann, VgV § 58 Rn. 22 (m.w.N).

430 *Wittschurky*, Das Verhältnis von Eignungs- und Zuschlagkriterien im europäischen, deutschen und US-amerikanischen Vergaberecht, S. 453 ff., 487 ff.

431 OLG Düsseldorf, Beschl. v. 5.5.2008, VII-Verg 5/08, Rn. 27, WKRS 2008, 20122.

432 EuGH, Urt. v. 1.3.2018, Rs. C-9/17, ECLI:EU:C:2018:142, Rn. 37 (Tirkkonen); EuGH, Urt. v. 24.1.2008, Rs. C-532/06, ECLI:EU:C:2008:40, Rn. 30 (Lianakis).

nicht zugleich in seinem wesentlichen Schwerpunkt der Zuschlagsentscheidung dienen. Der Schwerpunkt im Bereich der einen Kriterienkategorie, schließt den Schwerpunkt im Bereich der jeweils anderen Kriterienkategorie denklogisch aus. Untersuchungsgegenstand kann demnach nur die doppelte Berücksichtigung eines Askepts einerseits als Eignungs- und andererseits als Zuschlagskriterium darstellen.

Eine Auffassung befürwortet ein grundsätzliches Doppelverwertungsverbot.[433] Danach handele es sich bei dem punktuellen Doppelverwertungsverbot des § 46 Abs. 3 Nr. 6 VgV um eine Ausprägung des Trennungsgebots, sodass die doppelte Berücksichtigung derselben Aspekte auf Eignungs- und Zuschlagsebene generell unzulässig sei. Dem ausdrücklich normierten Doppelverwertungsverbot in § 46 Abs. 3 Nr. 6 VgV sei also eine lediglich deklaratorische Wirkung zuzusprechen. Es gelte demnach nicht nur ein Verbot der Doppelverwertung hinsichtlich der in § 46 Abs. 3 Nr. 6 VgV ausdrücklich genannten Qualifikationen, sondern ein für sämtliche Kriterien personenbezogener Qualität, geltendes allgemeines Doppelverwertungsverbot.[434]

Die Gegenauffassung lehnt ein über § 46 Abs. 3 Nr. 6 VgV hinausgehendes Doppelverwertungsverbot ab.[435] Aus dem Umkehrschluss der nur punktuellen Regelung des § 46 Abs. 3 Nr. 6 VgV sei zu folgern, dass ein darüber hnausgehendes Verbot nicht vom Willen des Verordnungsgebers getragen sei.[436] Der Verordnungsgeber habe das Verbot bewusst auf den Bereich der Erstqualifikation der Inhaber und Führungskräfte nach § 46 Abs. 3 Nr. 6 VgV beschränkt. Mit der Einführung von § 58 Abs. 2 Nr. 2 VgV habe der

---

433 *Wiedemann*, in: Kulartz/Kus/Marx/Portz/Prieß, VgV § 58 Rn. 29; *Stolz*, VergabeR 2016, 351, 362; *Fritz*, VergabeR 2017, 267, 268; *Eiermann*, NZBau 2016, 76, 76.

434 *Wiedemann*, in: Kulartz/Kus/Marx/Portz/Prieß, VgV § 58 Rn. 29; *Fritz*, VergabeR 2017, 267, 268.

435 VK Südbayern, Beschl. v. 2.4.2019, Z3-3-3194-1-43-11/18, Rn. 145; VK Baden-Württemberg, Beschl. v. 12.11.2019, 1 VK 62/19, BeckRS 2019, 31852 Rn. 41; *Könsgen*, in: jurisPK-Vergaberecht, VgV § 46 Rn 85; *Müller-Wrede*, in: Müller-Wrede, VgV § 58 Rn. 179; *Plauth*, in: Müller-Wrede, GWB § 127 Rn. 220; *Bulla*, in: Willenbruch/Wieddekind, VgV § 58 Rn. 16; *ders.*, VergabeR 2020, 1, 10; *Steck*, VergabeR 2020, 270, 277; *Bulla*, VergabeR 2020, 1, 10.

436 VK Baden-Württemberg, Beschl. v. 12.11.2019, 1 VK 62/19, BeckRS 2019, 31852 Rn. 41; *Müller-Wrede*, in: Müller-Wrede, VgV § 58 Rn. 179; *Könsgen*, in: jurisPK-Vergaberecht, VgV § 46 Rn 85.

Gesetzgeber eine Doppelberücksichtigung ausdrücklich zugelassen.[437] Eine Einschränkung erfolge ausschließlich für den Anwendungsbereich des § 46 Abs. 3 Nr. 6 VgV als Rückausnahme des § 58 Abs. 2 Nr. 2 VgV.

Eine darüberhinausgehende Einschränkung der Doppelberücksichtigung ergebe sich weder aus dem Gesetz noch der Gesetzesbegründung. Gegen ein allgemeines Doppelverwertungsverbot spreche auch der Umstand, dass der Verordnungsgeber noch im Gesetzgebungsverfahren zur 7. ÄVOVgV ein allgemeines Doppelverwertungsverbot vorgesehen hatte, dieses letztlich jedoch nicht umsetzte.[438] Auch die Systematik des Gesetzes legt bei Betrachtung der Nr. 1 und Nr. 6 des § 46 Abs. 3 VgV nahe, dass durch den Verordnungsgeber nur eine punktuelle Regelung gewollt war. Nach Nr. 1 werden geeignete Referenzen über früher ausgeführte Liefer- und Dienstleistungsaufträge des Unternehmens erfasst. Im Gegensatz zu Nr. 6 enthält Nr. 1 gerade keine Einschränkung hinsichtlich der Verwertung auf beiden Ebenen.

Ein Doppelverwertungsverbot wäre mit dem Grundsatz mittelstandsfreundlicher Vergabe nicht in Einklang zu bringen[439] Insbesondere bei der Berücksichtigung von Referenzen würde ein Doppelverwertungsverbot regelmäßig zur Benachteiligung kleiner und mittlerer Unternehmen führen. Beachtenswert scheint insbesondere, dass der Verordnungsgeber klar zum Ausdruck gebracht hat, dass er hinsichtlich der Studien- und Ausbildungsnachweise und Bescheinigungen über die Berufserlaubnis letztlich ein Wahlrecht für den öffentlichen Auftraggeber eingeräumt hat. Er stellt klar, dass die Berücksichtigung der genannten fachlichen Qualifikationen des Inhabers oder seiner Führungskräfte grundsätzlich zulässig sein kann. Ein allgemeines Doppelverwertungsverbot ist damit abzulehnen.

3. Zwischenfazit

Das einzige gesetzlich kodifizierte Doppelverwertungsverbot in § 46 Abs. 3 Nr. 6 VgV lässt Studien- und Ausbildungsnachweise sowie Bescheinigungen über die Erlaubnis zur Berufsausübung für die Inhaberin, den Inhaber oder

---

[437] VK Baden-Württemberg, Beschl. v. 12.11.2019, 1 VK 62/19, BeckRS 2019, 31852 Rn. 41.

[438] BT-Drs. 610/13, S. 7; VK Südbayern, Beschl. v. 2.4.2019, Z3-3-3194-1-43-11/18, IBRRS 2019, 1293; *Steck*, in: Ziekow/Völlink, VgV § 58 Rn. 30.

[439] VK Südbayern, Beschl. v. 2.4.2019, Z3-3-3194-1-43-11/18, Rn. 146 mit Anm. *Kokew*, VPR 2019, 129, 129; *Bulla*, in: Willenbruch/Wieddekind, VgV § 58 Rn. 16.

die Führungskräfte des Unternehmens als Eignungsnachweise zu, sofern diese Nachweise nicht als Zuschlagskriterium bewertet werden. Nach überzeugender Auslegung der Norm, bilden jedoch nicht die formellen Nachweise, beispielsweise in Form von Zeugnissen den Gegenstand des Doppelverwertungsverbots, sondern vielmehr die damit zu belegende Qualifikation selbst. Nur Letztere kann entsprechend des Wortlauts auch als Zuschlagskriterium bewertet werden.

Ein darüberhinausgehendes allgemeines Doppelverwertungsverbot, aus dem sich ein Verbot der doppelten Berücksichtigung eines Aspekts einerseits als Eignungs-, andererseits als Zuschlagskriterium ergäbe, besteht nach überzeugender Auffassung nicht. Insbesondere aus der Systematik innerhalb des § 46 Abs. 3 VgV ergibt sich die klare Intention des Verordnungsgebers für eine rein punktuelle Regelung.

V. Zwischenfazit

Ein Verbot personenbezogener Zuschlagskriterien ist dem Vergaberechtssystem weder in ihrer Ausprägung als personalbezogene noch als bieterbezogene Zuschlagskriterien zu entnehmen. Ein allgemeines Doppelverwertungsverbot, aus dem sich ein Verbot der doppelten Berücksichtigung eines Aspekts einerseits als Eignungs- andererseits als Zuschlagskriterium ergäbe, besteht nach überzeugender Auffassung nicht.

Die Entscheidungen des EuGH erschöpfen sich im Hinblick auf die Zulässigkeit personenbezogener Zuschlagskriterien letztlich in der Feststellung, dass diejenigen Kriterien als „Zuschlagskriterien" ausgeschlossen seien, die nicht der Ermittlung des wirtschaftlich günstigsten Angebots dienen, sondern die im Wesentlichen mit der Beurteilung der fachlichen Eignung der Bieter für die Ausführung des betreffenden Auftrags zusammenhängen.[440] Eine personelle Anknüpfung an die Bezugssubjekte des Kriteriums ist in keiner Entscheidung des EuGH ersichtlich. Eine grundsätzliche Beschränkung der Zulässigkeit auf den Bereich der personenbezogenen Zuschlagskriterien im engeren Sinne ist damit der Rechtsprechung des EuGH nicht zu entnehmen.

---

440 EuGH, Urt. v. 24.1.2008, Rs. C-532/06, ECLI:EU:C:2008:40, Rn. 30 (Lianakis).

Aufgrund der divergierenden Komplexität der Aufträge, je nach Auftragsgegenstand und je nach erforderlicher oder gewünschter Leistungsqualität, scheint eine vorprogrammierte Einordnung in Kategorien der zulässigen oder unzulässigen personenbezogen Zuschlagskriterien rein nach materiellem Inhalt der Kriterien, wie sie teilweise im Schrifttum unternommen wird, verfehlt.

Vielmehr ist die Zulässigkeit personenbezogener Zuschlagskriterien dem Grunde nach im Einzelfall an den regelmäßig zentralen Maßstäben einer schwerpunktmäßigen Abgrenzung zu prüfen. Aus der Systematik des Vergaberechtssystems insbesondere dem sog. Trennungsgebot ist kein Verbot personenbezogener Zuschlagskriterien abzuleiten. Im Umkehrschluss sind personenbezogene Zuschlagskriterien damit grundsätzlich zulässige Mittel im Rahmen der Angebotsbewertung. Die gegenteilige Auffassung, die von einem grundsätzlichen Verbot personenbezogener Zuschlagskriterien ausgeht und damit die gesetzlich zugelassenen Fälle personenbezogener Zuschlagskriterien für punktuelle Ausnahmetatbestände hält, entbehrt einer dogmatischen Grundlage und vermag damit nicht zu überzeugen. Obgleich der Systematik des Vergaberechtssystems entnommen werden kann, dass der Zwecksetzungsschwerpunkt bieterbezoger Kriterien regelmäßig im Bereich der Eignungsprüfung liegt, folgt daraus mitnichten ein Verbot im Rahmen der Angebotsbewertung. Die Annahme, dass personenbezogene Zuschlagskriterien, mit Ausnahme der kodifizierten Tatbestände, grundsätzlich der Eignungsprüfung vorbehalten seien, scheint der Systematik des Vergaberechtssystems sogar zu widersprechen. Die Eignungsprüfung dient einer Prognose dahingehend, welche Bieter für die ordnungsgemäße Leistungserbringung geeignet sind.[441] Im Rahmen dieser Eignungsprüfung dürfen nach § 122 Abs. 2 GWB ausschließlich die Befähigung und Erlaubnis zur Berufsausübung, die wirtschaftliche und finanzielle Leistungsfähigkeit und die technische und berufliche Leistungsfähigkeit Berücksichtigung finden. Dass die bloß ordnungsgemäße Leistungserbringung jedoch in Leistungsbereichen, in denen besondere Anforderungen an die Leistungsqualität gerechtfertigt sind, nicht genügen kann, liegt auf der Hand. Dem Auftraggeber die Berücksichtigung personenbezogener Qualität in Bereichen, in denen

441 *Gröning*, VergabeR 2008, 721, 721.

sie sich erheblich oder gar maßgeblich auf die Leistungsqualität auswirkt, zu verwehren, ist mit der Pflicht des Auftraggebers zur Zuschlagserteilung auf das wirtschaftlichste Angebot nach Art. 67 Abs. 1 RL 2014/24/EU und § 127 Abs. 1 S. 1 GWB nicht in Einklang zu bringen. Insoweit scheint der im Schrifttum erfolgte Verweis auf die Lehren von Friedrich Carl von Savigny, wonach das Recht sich nicht in seinem Selbstzweck erschöpfen dürfe, nicht fernliegend.[442] Zumal das „Recht“ hier nicht in einer ausdrücklichen Regelung begründet liegt, sondern, in einer aus der Systematik des Vergaberechtssystems abgeleiteten Auslegungsvariante des Trennungsgebots. Auch die ständige Rechtsprechung des EuGH, der stets proklamiert, der Zuschlag sei auf das wirtschaftlichste Angebot zu erteilen und anhand von Kriterien zu ermitteln, die in ihrem Schwerpunkt der Ermittlung des wirtschaftlichsten Angebots dienen, spricht daher für eine grundsätzliche Zulässigkeit personenbezogener Zuschlagskriterien. Dies gilt ausdrücklich sowohl für personenbezogene Zuschlagskriterien im engeren als auch im weiteren Sinne. Für eine erfolgreiche Aufgabenerfüllung darf die Beschaffungsautonomie des Auftraggebers nicht unverhältnismäßig eingeschränkt werden.[443] Diese Beschaffungsautonomie muss sich gerade auch auf die Leistungsqualität erstrecken können, sofern die geforderte Leistungsqualität nicht auf sachfremden, willkürlichen oder diskriminierenden Erwägungen beruht. Auch der EuGH macht auf ein im Einzelfall bestehendes erhöhtes Qualitätsbedürfnis aufmerksam.[444] Dafür spricht auch dass der Richtliniengeber die Kodifikation der ergangenen EuGH Rechtsprechung bezweckte.[445] Bereits die Zulassung personenbezogener Zuschlagskriterien im Rahmen der 7. ÄVOVgV diente der Förderung von Qualitätskriterien im Rahmen der Angebotsbewertung.[446]

---

442 *Savigny*, Vom Beruf unserer Zeit für Gesetzgebung und Rechtswissenschaft, S. 30; *Pauka*, NZBau 2015, 18, 18.

443 *Fehling*, in: Pünder/Schellenberg, GWB § 97 Rn. 84; *Ziegler*, ZfBR 2018, 37, 38.

444 EuGH, Urt. v. 26.3.2015, Rs. C-601/13, ECLI:EU:C:2015:204, Rn. 29 (Ambisig).

445 KOM [2011] 986, S. 9, vgl. *Opitz*, NZBau 2014, 129, 130.

446 BT-Drs. 610/13, S. 7.

Materielle Grenzen personenbezogener Zuschlagskriterien

I. Personenbezogene Zuschlagskriterien im Bereich allgemeiner Auftragsvergabe

Die normativen Vorgaben für die materielle Ausgestaltung personenbezogener Zuschlagskriterien durch den öffentlichen Auftraggeber ergeben sich im Bereich allgemeiner Auftragsvergabe zunächst aus § 58 Abs. 2 Nr. 2 VgV, der in wortgleicher Umsetzung der unionsrechtlichen Vorgabe in Art. 67 Abs. 2 lit. b) RL 2014/24/EU erlassen wurde. Danach können als qualitative Zuschlagskriterien, insbesondere die Organisation, Qualifikation und Erfahrung des mit der Ausführung des Auftrags betrauten Personals berücksichtigt werden, wenn die Qualität des eingesetzten Personals erheblichen Einfluss auf das Niveau der Auftragsausführung haben kann. Die Norm ermöglicht damit die Berücksichtigung personenbezogener Zuschlagskriterien im engeren Sinne.[447]

1. Rechtsnatur

Die Frage nach der Rechtsnatur der in § 58 Abs. 2 Nr. 2 VgV kodifizierten personenbezogenen Zuschlagskriterien stellt einen nicht unerheblichen Aspekt im Rahmen ihrer Auslegung dar. Die Vorschrift des § 58 Abs. 2 Nr. 2 VgV ist Teil einer enumerativen Aufführung möglicher Zuschlagskriterien. Uneinheitlich wird gleichwohl die Frage beantwortet, ob es sich bei den

---

447 *Steck*, in: Ziekow/Völlink, VgV § 58 Rn. 27 („Berücksichtigung von unternehmens- bzw. personenbezogenen Eigenschaften als Zuschlagskriterien"); *Petersen*, VergabeR 2015, 8,21; *Gerner*, NZS 2016, 492, 497; *Gulich*, VergabeR 2018, 403, 409.

insoweit erfassten personenbezogenen Zuschlagskriterien im engeren Sinne um Ausnahmen vom im Übrigen bestehenden Verbot personenbezogener Zuschlagskriterien handelt, oder etwa um eine deklaratorische Systematisierung derselben.[448] Die Rechtsnatur der Regelungen lässt sich folglich nicht isoliert beurteilen, sondern hängt maßgeblich vom Regelungsgehalt des sog. Trennungsgebots selbst ab. Ausnahmevorschriften zu den Regelungen, die die Wirksamkeit der im Vergabeprimärrecht niedergelegten Rechte im Bereich der öffentlichen Aufträge gewährleisten sollen, sind nach Rechtsprechung des EuGH grundsätzlich eng auszulegen.[449] Dem Auftraggeber obläge zudem die Beweislast für das tatsächliche Vorliegen der die Ausnahme rechtfertigenden Umstände.[450]

a) Ausnahme

Bereits in der Zulassung der personenbezogenen Zuschlagskriterien im Rahmen des § 4 Abs. 2 S. 2 sowie § 5 Abs. 1 S. 2 VgV a.F. wurde vielfach eine Ausnahme zum Trennungsgebot gesehen.[451] Diese Auffassung wurde mit Einführung des Art. 67 Abs. 2 lit. b) RL 2014/24/EU sowie § 58 Abs. 2 Nr. 2 VgV übertragen und fortgeführt.[452] Teilweise wird im Schrifttum vertreten, bei den in § 58 Abs. 2 Nr. 2 VgV normierten Kriterien handele es sich um unternehmensbezogene Aspekte, die vor ihrer Kodifizierung nur als Eignungskriterien berücksichtigungsfähig gewesen seien.[453] Demnach

---

448 *Gnittke/Hattig*, in: Müller-Wrede, GWB § 122 Rn. 19; *Opitz*, in: Beck'scher Vergaberechtskommentar, Bd. 1, GWB § 127 Rn. 100; *Müller-Wrede*, in: Müller-Wrede, VgV § 58 Rn. 163.

449 EuGH, Urt. v. 17.11.1993, Rs. C-71/92, ECLI:EU:C:1993:890, Rn. 36 (Kommission/Spanien); EuGH, Urt. v. 2.10.2008, Rs. C-157/06, ECLI:EU:C:2008:530, Rn. 23 (Kommission/Italien); EuGH, Urt. v. 28.10.2010, Rs. C-203/09, ECLI:EU:C:2010:647, Rn. 42 (Volvo); vgl. *Bydlinski*, Juristische Methodenlehre, S. 81.

450 EuGH, Urt. v. 17.11.1993, Rs. C-71/92, ECLI:EU:C:1993:890, Rn. 15, 16 (Kommission/Spanien).

451 *Dittmann*, NZBau 2013, 746, 752; *Summa*, NZBau 2012, 729, 735 („Aufgabe"); *Petersen*, VergabeR 2015, 8, 18; eingehend dazu Kap. C.I.3.c)aa).

452 OLG Düsseldorf, Beschl. v. 29.4.2015, VII-Verg 35/14, NZBau 2015, 440, 443; *Steck*, in: Ziekow/Völlink, VgV § 58 Rn. 29 („Durchbrechung"); *Zimmermann*, ZfBR 2020, 542, 543 („Durchbrechung"); *Gnittke/Hattig*, in: Müller-Wrede, GWB § 122 Rn. 19.

453 *Schneider*, in: Beck'scher Vergaberechtskommentar, Bd. 2, VgV § 76 Rn. 36; *Eiermann*, NZBau 2016, 76, 77.

entspreche ihre gesetzliche Zulassung der Zulassung von Eignungskriterien auf Zuschlagsebene und damit einer echten Ausnahme vom Trennungsgebot. Als Rechtfertigung für die Berücksichtigung bieterbezogener Eignungskriterien auf Zuschlagsebene wird der erhebliche Einfluss auf das Niveau der Auftragsausführung angesehen. Die Bezeichnung der in § 58 Abs. 2 Nr. 2 VgV geregelten Kriterien als bieterbezogene oder unternehmensbezogene Kriterien entspricht verbreiteter Geläufigkeit, was darauf zurückzuführen sein mag, dass sie als urtümliche Eignungskriterien wahrgenommen werden.[454]

Zuzugestehen ist den Stimmen, die in der gesetzlichen Zulassung der personenbezogenen Zuschlagskriterien im engeren Sinne eine Ausnahme zum Trennungsgebot sehen, dass es sich bei der Organisation, Qualifikation und Erfahrung der Bieter um Kriterien handelt, die in ihren Anknüpfungspunkten auch Indikatoren für die Leistungsfähigkeit und damit die Eignung des Bieters erfassen. Die Organisation, Qualifikation und Erfahrung des für den Auftrag einzusetzenden Personals macht naturgemäß jedenfalls einen Teil der Organisation, Qualifikation und Erfahrung des Bieterunternehmens insgesamt aus und weist damit nicht zu verkennende Überschneidungen auf.

b) Systematisierung

Die Gegenauffassung betrachtet die Regelung des Art. 67 Abs. 2 lit. b) RL 2014/24/EU sowie des § 58 Abs. 2 Nr. 2 VgV als Systematisierung des Trennungsgebots und als Konkretisierung der zum Trennungsgebot ergangenen Rechtsprechung des EuGH.[455] Danach sei in der Regelung gerade keine Ausnahme oder Durchbrechung des Trennungsgebots zu sehen. Die Berücksichtigung personenbezogener Zuschlagskriterien stehe vielmehr im Einklang mit dem Trennungsgebot.[456]

---

[454] Vgl. etwa *Goede*, EuZW 2015, 433, 436.

[455] *Müller-Wrede*, in: Müller-Wrede, VgV § 58 Rn. 163; *Opitz*, in: Beck'scher Vergaberechtskommentar, Bd. 1, GWB § 127 Rn. 100; EuGH, Urt. v. 19.6.2003, Rs. C-315/01, ECLI:EU:C:2003:360, Rn. 60 (GAT); EuGH, Urt. v. 26.3.2015, Rs. C-601/13, ECLI:EU:C:2015:204, Rn. 35 (Ambisig); EuGH, Urt. v. 24.1.2008, Rs. C-532/06, ECLI:EU:C:2008:40, Rn. 30, 31 (Lianakis).

[456] *Müller-Wrede*, in: Müller-Wrede, VgV § 58 Rn. 163; *Opitz*, in: Beck'scher Vergaberechtskommentar, Bd. 1, GWB § 127 Rn. 100.

c) Stellungnahme

Die gegenüber den Vertretern einer Ausnahmevorschrift wenig in Erscheinung tretende Auffassung zugunsten einer Systematisierungsnorm deklaratorischen Charakters vermag zu überzeugen. Die vorangegangene Untersuchung des Trennungsgebots in seinem Regelungsgehalt stellt klar, dass das Trennungsgebot eine zwingende Unterscheidung zwischen Eignungs- und Zuschlagskriterien vorschreibt. Dieses Unterscheidungsgebot beziehungsweise Vermischungsverbot lässt nach überzeugender Auffassung keine Ausnahmen zu. Eine Berücksichtigung von Eignungskriterien auf Zuschlagsebene stünde daher nicht im Einklang mit dem geltenden Vergaberechtssystem. Das nach überzeugender Auffassung aus der Systematik des Vergaberechts hergeleitete Trennungsgebot enthält gleichwohl keine Aussagen zur geeigneten Abgrenzungsmethode zwischen Eignungs- und Zuschlagskriterien selbst. Es stellt damit klar, dass Eignungskriterien keine Berücksichtigung auf Zuschlagsebene finden dürfen, enthält aber keine Aussagen darüber, was ein Zuschlagskriterium ist und wie es gegenüber den Eignungskriterien abgegrenzt werden kann.

Diese Auffassung findet Bestätigung in der ständigen Rechtsprechung des EuGH, der nahezu apodiktisch klarstellt, dass keine Vermischung zwischen Eignungs- und Zuschlagskriterien erfolgen dürfe und Kriterien, die nicht der Ermittlung des wirtschaftlichsten Angebots dienen, als Zuschlagskriterien ausgeschlossen seien.[457] Aufgrund des europäisch determinierten Charakters des Vergaberechts, stellt die Rechtsprechung des EuGH eine maßgebliche Auslegungsleitlinie im harmonisierten Bereich der Vergaberichtline dar. Der Grundsatz effektiver Rechtsdurchsetzung im harmonisierten Recht erfordert eine einheitliche Auslegungsweise aus dem Unionsrecht übernommener Bestimmungen zur Vermeidung von Auslegungsdivergenzen in den einzelnen Mitgliedsstaaten.[458] Nach überzeugender Auffassung sind Ausnahmen

---

[457] EuGH, Urt. v. 1.3.2018, Rs. C-9/17, ECLI:EU:C:2018:142, Rn. 37 (Tirkkonen); EuGH, Urt. v. 19.6.2003, Rs. C-315/01, ECLI:EU:C:2003:360, Rn. 60 (GAT); EuGH, Urt. v. 26.3.2015, Rs. C-601/13, ECLI:EU:C:2015:204, Rn. 35 (Ambisig); EuGH, Urt. v. 24.1.2008, Rs. C-532/06, ECLI:EU:C:2008:40, Rn. 30, 31 (Lianakis).

[458] EuGH, Urt. v. 28.10.2010, Rs. C-203/09, ECLI:EU:C:2010:647, Rn. 25 (Volvo).

vom Trennungsverbot mit der Systematik des europäischen sowie nationalen Vergaberechtssystems nicht vereinbar und damit vergaberechtswidrig.[459]

2. Anwendungsbereich

Weder Art. 67 Abs. 2 S. 2 lit. b RL 2014/24/EU, noch die nationalen Umsetzungsnormen sehen eine Beschränkung personenbezogener Zuschlagskriterien für bestimmte Auftragsarten vor. Erfasst sind damit grundsätzlich alle Liefer- und Dienstleistungsaufträge im Anwendungsbereich der Richtlinie.[460] Im Erstentwurf der Auftragsvergaberichtlinie vom 20.12.2011 sah die Kommission noch eine Beschränkung der personenbezogenen Zuschlagskriterien für den Bereich der Dienstleistungsaufträge und Aufträge für die Konzeption von Bauleistungen vor.[461] In der verabschiedeten Fassung des Art. 67 Abs. 2 lit. b RL 2014/24/EU ist eine derartige Beschränkung jedoch nicht enthalten, was dafür spricht, dass der Richtliniengeber einen uneingeschränkten Anwendungsbereich bezweckte.

a) Liefer- und Bauleistungen

Für den Bereich der Baudienstleistungen enthält § 16d Abs. 1 Nr. 5 b) VOB/A die wortgleiche Regelung möglicher personenbezogener Zuschlagskriterien im engeren Sinne. Die Auftragsvergabe im Bereich der Baudienstleistungen stellt den einzig verbliebenen Bereich der dreistufigen Kaskadenstruktur dar.[462] Für die Vergabe von Bauleistungen ist damit insbesondere auch § 58 Abs. 2 Nr. 2 VgV auf zweiter Ebene der Kaskadenstruktur als Bindeglied zwischen GWB und VOB/A maßgeblich, sodass die Ausführungen zu § 58 Abs. 2 Nr. 2 VgV uneingeschränkte Geltung beanspruchen.

---

459 So auch *Sauer/Beel*, EWeRK, 2013, 327, 328.

460 VK Bund, Beschl. v. 5.4.2018, VK1-17/18; VK Rheinland, Beschl. v. 27.9.2019, VK 35/19, IBRRS 2019, 3410, III.1.a)aa).

461 Europäische Kommission, Vorschlag für Richtlinie des Europäischen Parlaments und des Rates über die öffentliche Auftragsvergabe, KOM(2011) 896 endg., S. 103.

462 *Byok*, in: FS Marx, S. 87, 89; *Kau*, EuZW 2005, 492, 494; *Pietzcker*, NZBau 2000, 64; *Dreher*, NVwZ 1999, 1265, 1268; *Hertwig*, Praxis des Vergaberechts, Rn. 46; *Breloer*, Europäische Vorgaben und das deutsche Vergaberecht, S. 29–30; *Otting*, in: FS Marx, S. 531; dazu eingehend Erster Teil: Kap. A.

Im Schrifttum wird teilweise vertreten, dass sich die Anwendung der personenbezogenen Zuschlagskriterien auf Liefer- oder Bauleistungen verbiete.[463] Begründet wird dies mit dem Erwägungsgrund 94 der RL 2014/24/EU, der geistig-schöpferische Dienstleistungen wie Beratungstätigkeiten oder Architektenleistungen als mögliche Anwendungsbereiche der gesetzlich erfassten personenbezogenen Zuschlagskriterien nennt. Der Richtliniengeber nennt die Anwendungsbereiche jedoch lediglich in Form exemplarischer Aufzählung. Daraus kann somit nicht gefolgert werden, dies stehe grundsätzlich einer Anwendung auf Liefer- und Bauleistungen entgegen. Der Einsatz personenbezogener Zuschlagskriterien setzt zwar voraus, dass die Personalqualität erheblichen Einfluss auf die Leistungsqualität entfalten kann. Dies ist jedoch ausschließlich im Bereich derjenigen Auftragsarten möglich, bei denen die Leistungsqualität variabel ist. Im Ergebnis ist damit festzustellen, dass qualitative personenbezogene Zuschlagskriterien bei der Ermittlung des besten Preis-Leistungsverhältnisses nur dort einsetzbar sind, wo der Parameter der Leistungsqualität überhaupt variabel erscheint. Handelt es sich um eine in der Qualität nicht variable Leistung, wie beispielsweise im Bereich bestimmter standardisierter Lieferleistungen, vermag ein personenbezogenes Zuschlagskriterium schon keine Auswirkungen auf die Leistungsqualität entfalten. Gleichwohl stellt dies keine Einschränkung des Anwendungsbereichs dar, sondern eine Frage sowohl des erheblichen Einflusses auf die Qualität der Auftragsausführung, als auch auf die Leistungsqualität und damit Wirtschaftlichkeit der Angebote, die in diesen Fällen zu verneinen sein werden. Bei reinen Lieferleitungen serienmäßig maschinell gefertigter Waren wird ein erheblicher Einfluss der Personalqualität auf die Leistungsqualität damit naturgemäß schwer begründbar sein.[464] Ausgeschlossen ist dies jedoch auch in diesem Bereich nicht kategorisch. Beispielsweise bei der Entwicklung von Prototypen im Rahmen anschließender Lieferaufträge, mag ein erheblicher Einfluss begründbar sein.[465]

---

463 *Goede*, EuZW 2015, 433, 436; *Rosenkötter*, NZBau 2015, 609, 611, 612.

464 *Voppel*, in: Voppel/Osenbrück/Bubert, VgV § 58 Rn. 46; *Müller-Wrede*, in: Müller-Wrede, VgV § 58 Rn. 162; *Steck*, in: Ziekow/Völlink, VgV § 58 Rn. 28.

465 *Bulla*, in: Willenbruch/Wieddekind, VgV § 58 Rn. 15.

b) Geistig schöpferische Dienstleistungen

Der Erwägungsgrund 94 der Richtlinie 2014/24/EU nennt in diesem Zusammenhang als möglichen Anwendungsbereich beispielhaft Aufträge für geistig-schöpferische Dienstleistungen, wie Beratungstätigkeiten oder Architektenleistungen. Dies greift auch der Verordnungsgeber in seinen Begründungserwägungen zu § 58 Abs. 2 Nr. 2 VgV auf.[466] Auch dies stellt jedoch keine Einschränkung des Anwendungsbereichs dar, sondern vielmehr eine exemplarische Konkretisierung, in welchen Auftragsbereichen ein erheblicher Einfluss naheliegen kann. Personenbezogene Zuschlagskriterien im engeren Sinne sind damit nicht auf Dienstleistungen geistig-schöpferischer Art beschränkt.[467] Vielmehr unterliegen sie einem grundsätzlich uneingeschränkten Anwendungsbereich nach Maßgabe eines potentiell erheblichen Einflusses auf das Niveau der Auftragsausführung. Dies steht im Einklang mit der Rechtsprechung des EuGH, der Dienstleistungen mit intellektuellem Charakter, zu denen geistig-schöpferische Dienstleistungen als Unterfall zu zählen sind, ebenfalls als exemplarische Anwendungsbereiche benennt.[468]

c) Dienstleistungen mit intellektuellem Charakter

Die Rechtsprechung des EuGH ließ eine Anwendbarkeit insbesondere im Bereich von Dienstleistungen mit intellektuellem Charakter erkennen.[469] Bei Dienstleistungen mit intellektuellem Charakter wie beispielsweise der Fortbildung und Beratung sieht er die Berücksichtigung der Qualität in Bezug auf das für die Auftragsausführung konkret vorgeschlagenen Teams unter Berücksichtigung seiner Zusammensetzung sowie der Erfahrung und des beruflichen Werdegangs des einzusetzenden Personals im Einklang mit den Bestimmungen der Vergaberichtlinie.[470]

---

466 Verordnungsbegründung zu § 58 Abs. 2 Nr. 2 VgV, BR-Drs. 87/16, S. 213.

467 OLG Celle, Beschl. v. 2.2.2021, 13 Verg 8/20, juris Rn. 99; VK Rheinland Düsseldorf, Beschl. v. 27.9.2019, VK 35/19, juris Rn. 52.

468 EuGH, Urt. v. 1.3.2018, Rs. C-9/17, ECLI:EU:C:2018:142, Rn. 38 (Tirkkonen); EuGH, Urt. v. 26.3.2015, Rs. C-601/13, ECLI:EU:C:2015:204, Rn. 35 (Ambisig) mit Anm. *Stoye/Gielen*, VergabeR 2015, 543.

469 EuGH, Urt. v. 1.3.2018, Rs. C-9/17, ECLI:EU:C:2018:142, Rn. 38 (Tirkkonen); EuGH, Urt. v. 26.3.2015, Rs. C-601/13, ECLI:EU:C:2015:204, Rn. 35 (Ambisig) mit Anm. *Stoye/Gielen*, VergabeR 2015, 543.

470 EuGH, Urt. v. 26.3.2015, Rs. C-601/13, ECLI:EU:C:2015:204, Rn. 35 (Ambisig).

Auch der EuGH trifft demnach keine Beschränkungen der Anwendbarkeit personenbezogener Zuschlagskriterien auf bestimmte Auftragsarten. Eine Berücksichtigung sei „insbesondere" bei Dienstleistungen mit intellektuellem Charakter denkbar. Dies lässt darauf schließen, dass der EuGH sehr wohl davon ausgeht, die Möglichkeit der Bewertung der beruflichen Qualifikation und Erfahrung im Rahmen der Zuschlagsprüfung bestehe nicht nur bei intellektuellen Dienstleistungen, sondern auch bei allen anderen Dienstleistungen mit ähnlich spezifischem Charakter, wenn das Personal erheblichen Einfluss auf das Niveau der Auftragsausführung haben kann.[471]

3. Personalqualität

a) Bezugssubjekt

Tatbestandlich von § 58 Abs. 2 Nr. 2 VgV erfasst ist das mit der Ausführung des Auftrags betraute Personal. Offen bleibt jedoch, ob sich aus dem im § 58 Abs. 2 Nr. 2 VgV eingeschränkten Anwendungsbereich auf das für den Auftrag einzusetzende Personal folgern lässt, dass personenbezogene Zuschlagskriterien mit einem davon abweichenden Bezugssubjekt als grundsätzlich unzulässig anzusehen sind. Nach allgemeiner Rechtslehre endet die Möglichkeit der Auslegung dort, wo die Grenze des möglichen Wortsinns einer Rechtsnorm nach dem Sprachgebrauch erreicht ist.[472] Der Wortlaut des § 58 Abs. 2 Nr. 2 VgV spricht ausdrücklich vom mit der Ausführung des Auftrags betrauten Personals. Klar scheint insoweit, dass jedenfalls personenbezogene Zuschlagskriterien im weiteren Sinne wie die Organisation, Qualifikation und Erfahrung des Bieters in eigener Person tatbestandlich nicht erfasst sein sollen. Die Festlegung eines Zuschlagskriteriums mit dem Bezugssubjekt des Bieters scheint damit insoweit ausgeschlossen. Offen bleibt im Rahmen der Wortlautauslegung jedoch, ob die Eingrenzung auf das mit der Ausführung des Auftrags betraute Personal zugleich eine passive Abgrenzung in der Form festlegt, dass die Berücksichtigung der personenbezogenen Qualität des Bieters im Rahmen des § 58 Abs. 2 Nr. 2 VgV auch ausgeschlossen ist, wenn sie nur faktisch zu einer Berücksichtigung personenbezogener Zuschlagskriterien im Hinblick auf den Bieter führt. Legt der Auftraggeber beispielsweise

---

471 So auch *Rosenkötter*, NZBau 2015, 609, 610.

472 *Canaris/Larenz*, Methodenlehre der Rechtswissenschaft, S. 18 ff; *Bydlinski*, Juristische Methodenlehre und Rechtsbegriff, S. 468.

personenbezogene Zuschlagskriterien im Hinblick auf das für den Auftrag einzusetzende Personal fest und der Bieter ist aufgrund beispielsweise kleiner Unternehmensstruktur faktisch zugleich selbst ausführende Person, könnte dies gegen den Regelungsgehalt des § 58 Abs. 2 Nr. 2 VgV sprechen. Die Verwendung des Begriffs „Personal“ anstelle des neutraleren Begriffs “Person“ impliziert ein Anstellungs- bzw. Unterordnungsverhältnis zum Bieter als Unternehmensinhaber. Nach dem Normzweck steht jedoch der Einfluss auf die Qualität der Auftragsausführung im Vordergrund, die anerkanntermaßen erheblich durch die Qualität des ausführenden Personals beeinflusst werden kann. Ob das ausführende Personal den Auftrag in Form eines Angestelltenverhältnisses, als Freiberufler oder aber als Inhaber oder Führungsperson ausführt, kann dabei nicht entscheidend sein, sodass Angebote die den Bieter faktisch als ausführendes Personal auszeichnen im Rahmen der Bewertung nach § 58 Abs. 2 Nr. 2 VgV Berücksichtigung finden müssen. Lediglich die ausdrückliche Festsetzung der Zuschlagskriterien durch den Auftraggeber scheint im Anwendungsbereich des § 58 Abs. 2 Nr. 2 VgV auf das für den Auftrag einzusetzende Personal beschränkt.

b) Bezugsobjekt

Nach Art. 67 Abs. 2 lit. b) RL 2014/24/EU ist im Bereich der allgemeinen Auftragsvergabe die „Organisation, Qualifikation und Erfahrung des mit der Ausführung des Auftrags betrauten Personals“ ausdrücklich als Zuschlagskriterium berücksichtigungsfähig. Die nationale Umsetzung dieser Richtlinienbestimmungen ist in den §§ 58 Abs. 2 Nr. 2 VgV normiert.[473] Die Norm enthält eine nicht abschließende Aufzählung dreier beispielhaft normierter Zuschlagskriterien zur Konkretisierung der Personalqualität. Die Organisation, Qualifikation und Erfahrung stellen dabei näher zu konkretisierende Unterkriterien dar.[474] Diese müssen ihrerseits in den Vergabeunterlagen oder der Leistungsbeschreibung eine den Transparenzanforderungen entsprechende Konkretisierung erfahren.[475]

---

473 *Opitz*, in: Beck’scher Vergaberechtskommentar, Bd. 1, GWB § 127 Rn. 100; *Steck*, in: Ziekow/Völlink, VgV § 58 Rn. 27.

474 *Steck*, in: Ziekow/Völlink, VgV § 58 Rn. 28.

475 *Seidel/Probst*, in: Dauses/Ludwigs, EU-Wirtschaftsrechts-Hdb, H. IV. Öffentliches Auftragswesen Rn. 138; *Steck*, in: Ziekow/Völlink, VgV § 58 Rn. 28.

aa) Organisation

Unter dem Begriff der „Organisation“ sind strukturelle und prozessuale Lösungen bzw. der betriebliche Aufbau im Hinblick auf das für die Auftragsausführung einzusetzende Personal erfasst.[476] Darunter können die Verteilung von Zuständigkeiten, Personalschulungen oder die Präsenz am Ort der Leistungserbringung fallen.[477] Mögliche Konkretisierungen stellen beispielsweise „Personalkonzept“, „Darstellung der Einsatzplanung“ oder „Auftragsbezogene Teamplanung“ dar.[478] Auch die Berücksichtigung eines Personaleinsatzkonzepts, das zeigt, welche Mitarbeiter wo eingesetzt werden sollen und wie der Bieter mit der Problematik von Personalwechseln umgeht, vermag dem Kriterium zu unterfallen. Die Festsetzung des Zuschlagskriteriums der Organisation kommt insbesondere bei personalintensiven Dienstleistungen in Betracht.[479] Zu differenzieren ist dabei zwischen allgemeiner Unternehmensorganisation, die im Rahmen des § 58 Abs. 2 Nr. 2 VgV nicht berücksichtigungsfähig ist und konkreter Projektorganisation.[480]

bb) Qualifikation

Das Kriterium „Qualifikation“ umfasst sämtliche formalisierten bzw. zertifizierten Qualifikationen.[481] Darunter fallen die fachlichen Kenntnisse und Fähigkeiten des einzusetzenden Personals.[482] Unter diesem Zuschlagskriterium kann der öffentliche Auftraggeber insbesondere unterschiedliche Ausbildungsniveaus bewerten.[483] Mögliche Unterkriterien stellen beispielsweise „Ausbildung“, „externe Fort- und Weiterbildungsmaßnahmen“ oder „interne Schulungen“ dar.[484] Als Nachweise kommen dabei Fortbildungskonzepte,

---

476 *Luthe*, in: jurisPK-Vergaberecht, VgV § 65 Rn. 34; *Müller-Wrede*, in: Müller-Wrede, VgV § 58 Rn. 169; *Jürschik*, in: Heuvels/Höß/Kuß/Wagner, VgV § 58 Rn. 15; *Pauka*, in: MüKo Wettbewerbsrecht, Bd. 3, VgV § 58 Rn. 21.

477 *Müller-Wrede*, in: Müller-Wrede, VgV § 58 Rn. 169

478 OLG Düsseldorf Beschl. v. 15.2.2012, VII-Verg 85/11, BeckRS 2012, 8572; VK Hessen Beschl. v. 21.3.2013, 69d VK-01/13, BeckRS 2013, 13759 Rn. 83; *Lausen*, in: Beck'scher Vergaberechtskommentar, Bd. 2, VgV § 58 Rn. 77.

479 *Pauka*, NZBau 2015, 18, 21; *Jürschik*, in: Heuvels/Höß/Kuß/Wagner, VgV § 58 Rn. 15.

480 *Opitz*, in: Beck'scher Vergaberechtskommentar, Bd. 1, GWB § 127 Rn. 102.

481 *Luthe*, in: jurisPK-Vergaberecht, VgV § 65 Rn. 34.

482 *Müller-Wrede*, in: Müller-Wrede, VgV § 58 Rn. 169.

483 *Müller-Wrede*, in: Müller-Wrede, VgV § 58 Rn. 169.

484 *Pauka*, NZBau 2015 18, 22.

Studiennachweise, Bescheinigungen, Eigenerklärungen und Lebensläufe der einzusetzenden Mitarbeiter in Betracht.[485]

cc) Erfahrung

Unter dem Zuschlagskriterium der Erfahrung kann der öffentliche Auftraggeber berücksichtigen, in welchem Umfang das einzusetzende Personal die für die Auftragsausführung erforderlichen oder nützlichen Kenntnisse in der Vergangenheit erprobt hat.[486] Konkret können hier Erfahrungen mit vergleichbaren Aufträgen, mithin Referenzprojekte oder die Dauer der beruflichen Erfahrung des einzusetzenden Personals erfasst sein.[487] Als Nachweise kommen Referenzen im Rahmen zurückliegender Aufträge, Eigenerklärungen oder Lebensläufe in Betracht.[488] Zu unterscheiden sind die persönlichen Referenzen des mit dem konkreten Auftrag betrauten Personals, die auch in Vorunternehmen erworben sein können, von den allgemeinen Unternehmensreferenzen, die das gesamte Unternehmen mit seinem gesamten Mitarbeiterbestand vorzuweisen hat.[489] Letztere unterliegen gerade nicht dem Anwendungsbereich des § 58 Abs. 2 Nr. 2 VgV.

4. Erheblicher Einfluss

Notwendige Voraussetzung für die Berücksichtigungsfähigkeit personenbezogener Qualität im Sinne des § 58 Abs. 2 Nr. 2 VgV ist ein erheblicher Einfluss auf das Niveau der Auftragsausführung. Das Merkmal stellt eine Schranke der grundsätzlich weit gefassten Qualitätskriterien im Hinblick auf die Bezugsobjekte der Organisation, Qualifikation und Erfahrung dar.[490] Nach den im Rahmen der 7. ÄVOVgV eingeführten §§ 4, 5 VgV a.F. war noch das Vorliegen tatsächlicher Anhaltspunkte für den erheblichen Einfluss der personenbezogenen Zuschlagskriterien auf die Qualität der Auftragsausführung

---

485 *Pauka*, in: MüKo Wettbewerbsrecht, Bd. 3, VgV § 58 Rn. 22.

486 *Müller-Wrede*, in: Müller-Wrede, VgV § 58 Rn. 169; *Pauka*, in: MüKo Wettbewerbsrecht, Bd. 3, VgV § 58 Rn. 23 („bereits in der Vergangenheit vergleichbare Leistungen erbracht").

487 *Jürschik*, in: Heuvels/Höß/Kuß/Wagner, VgV § 58 Rn. 15; *Steck*, in: Ziekow/Völlink, VgV § 58 Rn. 28.

488 *Pauka*, in: MüKo Wettbewerbsrecht, Bd. 3, VgV § 58 Rn. 23.

489 *Opitz*, in: Beck'scher Vergaberechtskommentar, Bd. 1, GWB § 127, Rn. 100.

490 *Müller-Wrede*, in: Müller-Wrede, VgV § 58 Rn. 168.

erforderlich.[491] Subjektive Vermutungen und Erwartungen des Auftraggebers genügten dazu nicht. Die Einschätzung des erheblichen Einflusses musste vielmehr auf gerichtlich überprüfbaren Fakten beruhen.[492]

Teilweise wird vertreten, ein erheblicher Einfluss liege vor, wenn Tatsachen die Schlussfolgerung rechtfertigen, dass die bessere Personalqualität die Wirtschaftlichkeit der Leistungserbringung nicht lediglich unmerklich beeinflussen werde.[493] Aus dem Wortlaut „erheblichen Einfluss haben kann" wird abgeleitet, dass der Einfluss nicht im Sinne einer feststehenden Tatsache nachzuweisen sei, sondern lediglich naheliegen müsse. Der Nachweis einer Kausalität sei hingegen nicht erforderlich. Es handele sich damit um eine vorzunehmende Prognose für die naheliegende Möglichkeit eines relevanten Einflusses auf die Qualität der Auftragsausführung.[494]

In Abgrenzung zum Erfordernis eines Leistungsbezugs eines Zuschlagskriteriums, bei dem es sich um eine grundsätzliche Voraussetzung für das Vorliegen eines Zuschlagskriteriums und damit seine Zulässigkeit handelt[495], stellt das Merkmal des erheblichen Einflusses im Rahmen des § 58 Abs. 2 Nr. 2 VgV eine materielle Vorgabe für die Berücksichtigungsfähigkeit personenbezogener Zuschlagskriterien im engeren Sinne dar.[496] Die Einschätzungsprärogative des Auftraggebers erstreckt sich jedoch nicht auf tatsächliche Umstände und Geschehensabläufe innerhalb der festgelegten Zuschlagskriterien.[497] Der dem Vergaberecht innewohnende weite Beurteilungsspielraum des öffentlichen Auftraggebers erstreckt sich darauf, was der Auftraggeber als wirtschaftlich ansieht und anhand welcher Kriterien er diese Wirtschaftlichkeit ermitteln will. Die Frage, ob ein personenbezogenes Zuschlagskriterium erheblichen Einfluss auf die Leistungsqualität ausüben kann, erfordert zwar eine

---

491 Siebte Verordnung zur Änderung der Verordnung über die Vergabe öffentlicher Aufträge v. 15.10.2013, BGBl Teil I, Nr. 63; vgl. *Conrad*, DVBl 2014, 958, 962; *Pauka*, NZBau 2015, 18, 21.

492 *Pauka*, NZBau 2015, 18, 21.

493 *Pauka*, NZBau 2015, 18, 21; *Pauka/Frischmuth*, in: MüKo Wettbewerbsrecht, Bd. 3, VgV § 58 Rn. 14.

494 OLG Celle, Beschl. v. 2.2.2021, 13 Verg 8/20, BeckRS 2021, 1036 Rn. 54; *Pauka/Frischmuth*, in: MüKo Wettbewerbsrecht, Bd. 3, VgV § 58 Rn. 14.

495 *Müller-Wrede/Plauth*, in: Müller-Wrede, GWB § 127 Rn. 214, 215.

496 *Pauka/Frischmuth*, in: MüKo Wettbewerbsrecht, Bd. 3, VgV § 58 Rn. 14.

497 Ähnlich zur Angemessenheit im engeren Sinne *Hillen*, Die Gerichtliche Kontrolle von Wirtschaftlichkeit im Vergaberecht, S. 500.

Prognoseentscheidung, beruht gleichwohl auf tatsächlichen Gegebenheiten einer Gesamtbetrachtung der Umstände im Einzelfall.

5. Zwischenfazit

Weder das europäische noch das nationale Vergaberechtssystem schränken die Anwendbarkeit personenbezogener Zuschlagskriterien nach Art. 67 Abs. 2 lit. b) RL 2014/24/EU und § 58 Abs. 2 Nr. 2 VgV auf bestimmte Auftragsarten ein. Es streitet jedoch eine gewisse Wahrscheinlichkeit dafür, dass die personenbezogenen Zuschlagskriterien im engeren Sinne und die personenbezogenen Zuschlagskriterien im weiteren Sinne jeweils im Rahmen unterschiedlicher Leistungsarten einen erheblichen Einfluss auf die Leistungsqualität entfalten können.

Im Rahmen geistig-schöpferischer oder intellektueller Leistungen zu denen regelmäßig freiberufliche Tätigkeiten zählen, kommt es in erheblichem Maße auf das konkret einzusetzende Personal an. Hier erfolgt die Leistungsausführung regelmäßig weitestgehend weisungsfrei durch das ausführende Personal, sodass es im Rahmen der Personalqualität in der Regel vordergründig auf das für den Auftrag einzusetzende Personal und damit personenbezogene Zuschlagskriterien im engeren Sinne ankommen wird.[498] Im Bereich einfacher Dienstleistungen scheint es demgegenüber naheliegend, dass die Personalqualität des ausführenden Personals unter besonderen Umständen von der Personalqualität des Bieters bzw. seines Führungspersonals abhängen kann und eine erhöhte Weisungsgebundenheit damit personenbezogene Zuschlagskriterien im weiteren Sinne maßgeblich erscheinen lassen.[499]

II. Personenbezogene Zuschlagskriterien im Bereich von Architekten- und Ingenieurleistungen

1. Sonderrechtsregime

Der Abschnitt 6 der VgV normiert besondere Vorschriften für die Vergabe von Architekten- und Ingenieurleistungen. Die europäische Vergaberichtlinie 2014/24/EU sieht kein entsprechendes Sonderrechtsregime für die Vergabe von Architekten- und Ingenieurleistungen vor, sodass der Abschnitt 6 der

---

498 VK Bund, Beschl. v. 31.7.2019, VK 2–50/19, juris Rn. 62.

499 Ähnlich VK Niedersachsen, Beschl. v. 28.9.2023, VgK-26/2023, juris Rn. 156.

VgV keine unionsrechtliche Grundlage besitzt. Vor dem Inkrafttreten des Vergaberechtsmodernisierungsgesetzes unterfielen Architekten- und Ingenieurleistungen noch dem Anwendungsbereich der Vergabeordnung für freiberufliche Leistungen (VOF).[500] Durch die ersatzlose Abschaffung der VOF besteht nunmehr kein Sonderrechtsregime mehr für den allgemeinen Bereich freiberuflicher Leistungen. Bei den in Abschnitt 6 der VgV enthaltenen Regelungen handelt es sich, im Gegensatz zur vormaligen VOF zudem nicht um ein abschließendes Regelwerk.[501] Die Regelungen des § 127 GWB sowie § 58 VgV zu den inhaltlichen Grenzen der berücksichtigungsfähigen Zuschlagskriterien finden damit auch für die Vergabe von Architekten- und Ingenieurleistungen Anwendung, treten jedoch im Anwendungsbereich der Sonderregelungen als lex generalis hinter diesen zurück.

2. Anwendungsbereich

Das Sonderrechtsregime findet nach § 73 VgV Anwendung auf die Vergabe von Architekten- und Ingenieurleistungen, deren Gegenstand eine Aufgabe ist, deren Lösung vorab nicht eindeutig und erschöpfend beschrieben werden kann. Damit wird der Anwendungsbereich der ehemaligen VOF aufgegriffen und die Definition der Architekten- und Ingenieurleistungen in § 73 Abs. 2 VgV übernommen. Es bedarf damit einer objektiven ex ante Betrachtung hinsichtlich der eindeutigen und erschöpfenden Beschreibbarkeit der Leistung.[502] Ein Beurteilungsspielraum obliegt dem Auftraggeber insoweit nicht.

3. Leistungswettbewerb

Eine Sonderregelung zum Zuschlag besteht in § 76 VgV, der in seinem Abs. 1 S. 1 den Leistungswettbewerb als gesetzliches Leitbild vorsieht. Ausweislich der Gesetzesbegründung soll das wesentliche Zuschlagskriterium für diese Dienstleistungen das Kriterium der Qualität bilden.[503] Daraus wird für den öffentlichen Auftraggeber ein intendiertes Ermessen zugunsten einer

---

500 Vgl. *Müller-Wrede*, in: Müller-Wrede, VOF, § 1 Rn. 21; *Schabel*, in: FS Marx, 643, 650.
501 *Geitel*, in: Röwekamp/Kus/Marx/Portz/Prieß, VgV § 73 Rn. 1, *Stolz*, VergabeR 2016, 351, 351.
502 *Geitel*, in: Röwekamp/Kus/Marx/Portz/Prieß, VgV § 76 Rn. 46.
503 Gesetzesbegründung zu § 76 Abs. 1 VgV, BR-Drs. 87/16, S. 225.

Berücksichtigung von Qualitätskriterien abgeleitet.[504] Im Umkehrschluss scheint damit ein reiner Preiswettbewerb ausgeschlossen.[505] Bereits der Richtliniengeber eröffnet den Mitgliedsstaaten in den Erwägungsgründen die Möglichkeit, den reinen Preis- oder Kostenwettbewerb zu untersagen oder einzuschränken, soweit sie dies für zweckmäßig erachten, um eine stärkere Ausrichtung der Auftragsvergabe im Hinblick auf die Qualität zu fördern.[506]

a) Festsetzung personenbezogener Zuschlagskriterien

Die Vergabe von Architektenleistungen stellt einen durch den Richtliniengeber exemplarisch ausdrücklich vorgesehenen Anwendungsfall für die Berücksichtigung personenbezogener Zuschlagskriterien im engeren Sinne dar.[507] Gleichwohl kann daraus nicht gefolgert werden, personenbezogene Zuschlagskriterien im Sinne des § 58 Abs. 2 Nr. 2 VgV unterliegen einer grundsätzlichen Berücksichtigungsfähigkeit bei der Vergabe von Architekten- und Ingenieurleistungen. Auch und gerade in diesem Leistungsbereich besteht das einzelfallabhängige Erfordernis eines erheblichen Einflusses der personenbezogenen Qualität des für den Auftrag einzusetzenden Personals auf die Qualität der Auftragsausführung nach § 58 Abs. 2 Nr. 2 VgV. Die geforderte Personal- und damit zugleich Leistungsqualität muss insbesondere durch den Auftragsgegenstand im Einzelfall gerechtfertigt sein.

Stimmen im Schrifttum die der Auffassung sind, ein erheblicher Einfluss der Personalqualität auf das Niveau der Auftragsausführung sei im Bereich der Architekten- und Ingenieurleistungen grundsätzlich zu bejahen, vermögen in der Pauschalität nicht zu überzeugen.[508] Auch im Bereich der Architekten- und Ingenieurleistungen sind einfachgelagerte oder standardisierte Leistungen denkbar, die nicht geeignet sind, durch eine erhöhte Personalqualität zu einer besseren Leistungsqualität und damit zu einem wirtschaftlicheren Angebot zu führen. Der geistig-schöpferische oder intellektuelle Charakter einer Leistung und damit ihre Abhängigkeit von der personenbezogenen Qualität

---

504 *Geitel*, in: Röwekamp/Kus/Marx/Portz/Prieß, VgV § 76 Rn. 5.

505 Voppel/Osenbrück/Bubert, VgV § 76 Rn. 3; *Geitel*, in: Röwekamp/Kus/Marx/Portz/Prieß, VgV § 76 Rn. 5.

506 Erwägungsgrund 90 RL 2014/24/EU.

507 Erwägungsgrund 94 RL 2014/24/EU.

508 *Stolz*, VergabeR 2016, 351, 362.

des ausführenden Personals, mag zwar im Bereich der Architekten- und Ingenieurleistungen regelmäßig zu bejahen sein, bedarf aber dennoch einer Prüfung im Einzelfall.[509] Auch die ausdrückliche exemplarische Nennung der Architektenleistung im Rahmen der Erwägungsgründe der Richtlinie vermag nicht zu einer gegenteilige Auffassung zu verleiten.

b) Gewichtung personenbezogener Zuschlagskriterien

Nachdem der EuGH die verbindlichen Mindest- und Höchstsätze der Honorarordnung für Architekten und Ingenieure (HOAI) aufgrund Verstoßes gegen die Niederlassungsfreiheit sowie die Dienstleistungsrichtlinie in einer Entscheidung vom 4.7.2019 für unionsrechtswidrig erklärte, änderte der deutsche Gesetzgeber die HOAI insoweit, als dass die Mindest- und Höchstsätze nunmehr als Basishonorarsätze lediglich Orientierungswerte vorgeben.[510] Da es sich bei der Vergabe von Architekten- und Ingenieurleistungen in der Regel um nicht standardisierte Leistungen mit intellektuellem Charakter handelt, tritt das Kriterium des Preises hinter das Kriterium der Qualität zurück.[511] Dies nahmen vereinzelte Stimmen, vorwiegend zur alten Rechtslage, nach der die HOAI noch verbindliche Mindest- und Höchstpreise enthielt, zum Anlass, auf die zwingende Berücksichtigung eines Preiskriteriums im Rahmen der Angebotswertung zu verzichten. Die Auffassung rekurriert nunmehr auf die Möglichkeit, das wirtschaftlichste Angebot ausschließlich anhand nichtmonetärer Zuschlagskriterien im Sinne des § 58 Abs. 2 Nr. 2 VgV zu ermitteln und den Preis als Festpreis oder Festkosten vorzugeben.[512] Gibt der Auftraggeber einen Festpreis oder Festkosten vor, liegt es auf der Hand, dass eine Angebotsbewertung allein anhand nichtmonetärer Zuschlagskriterien zu erfolgen hat. Wird ein Festpreis oder Festkosten hingegen nicht bestimmt, bleibt die Frage, ob der Auftraggeber auf monetäre Zuschlagskriterien vollständig verzichten kann, bestehen.

---

509 Wohl auch *Schneider*, in: Beck'scher Vergaberechtskommentar, Bd. 2, VgV § 76 Rn. 36.

510 EuGH, Urt. v. 4.7.2019, Rs. C-377/17, ECLI:EU:C:2019:562, Rn. 96 (Kommission/Bundesrepublik Deutschland); eingehend dazu *Fuchs/Berger/Seifert*, NZBau 2021, 3, 5–6.

511 *Robbe/Stöcklein*, in: Willenbruch/Wieddekind/Hübner, VgV § 76 Rn. 5.

512 *Geitel*, in: Röwekamp/Kus/Marx/Portz/Prieß, VgV § 76 Rn. 4.

Nach überzeugender Auffassung ist in dem Fall die Berücksichtigung des Preiselements auch im Bereich der Architekten- und Ingenieurleistungen notwendig.[513] Aus der gesetzlichen Konkretisierung des wirtschaftlichsten Angebots durch Ermittlung des besten Preis-Leistungs-Verhältnisses ist zu folgern, dass der Preis als Zuschlagskriterium jedenfalls nicht völlig unberücksichtigt bleiben dürfe.[514] Zur Ermittlung des wirtschaftlichsten Angebots können neben dem Preis oder den Kosten qualitative, umweltbezogene oder soziale Aspekte nach § 127 Abs. 1 S. 4 GWB berücksichtigt werden. Das optionale Element bezieht sich nach eindeutigem Wortlaut allein auf die qualitativen, umweltbezogenen oder sozialen Aspekte, nicht hingegen auf den Preis oder die Kosten selbst. Es obliegt damit dem auftraggeberischen Beurteilungsspielraum, ob er ausschließlich den Preis oder die Kosten als Zuschlagselement festsetzt, oder neben dem Preis oder den Kosten auch qualitative, umweltbezogene oder soziale Aspekte festlegt. Bestätigung findet dies durch die ausdrückliche Verordnungsbegründung zu § 58 Abs. 2 S. 1 VgV, die zusätzlich klarstellt, dass bei der Ermittlung des wirtschaftlichsten Angebots stets eine Preis- oder Kostenkomponente berücksichtigt werden muss.[515] Die Regelung des § 58 VgV findet auch im Bereich der Architekten- und Ingenieurleistungen Anwendung.[516] Eine Ausnahme scheint insoweit nach überzeugender Auffassung trotz des gesetzlichen Leitbildes eines Leistungswettbewerbs nicht zu bestehen.

Erforderlich ist damit jedenfalls eine untergeordnete Gewichtung des Preises oder der Kosten in Höhe von mindestens 10 Prozent. Ein vollständiger Verzicht auf monetäre Zuschlagskriterien ist auch bei der Vergabe von Architekten- und Ingenieurleistungen unzulässig. Personenbezogene Zuschlagskriterien können daher im Bereich der Vergabe von Architekten- und Ingenieurleistungen mit bis zu 90 Prozent Gewichtung Berücksichtigung finden, sofern der Auftraggeber keinen Festpreis oder Festkosten

---

513 *Geitel*, in: Röwekamp/Kus/Marx/Portz/Prieß, VgV § 76 Rn. 14; *Stolz*, VergabeR 2011, 326, 330; *Steck*, VergabeR, 2020, 270, 272.

514 *Schneider*, in: Beck'scher Vergaberechtskommentar, Bd. 2, VgV § 76 Rn. 3; *Robbe/Stöcklein*, in: Willenbruch/Wieddekind/Hübner, VgV § 76 Rn. 6.

515 Gesetzesbegründung zu § 58 Abs. 2 S. 1 VgV, BR-Drs. 87/16, S. 212.

516 Verordnungsbegründung zu § 58 Abs. 2 Nr. 2 VgV; BR-Drs. 87/16, S. 213; Erwägungsgrund 94 der Richtlinie 2014/24/EU; *Geitel*, in: Röwekamp/Kus/Marx/Portz/Prieß, VgV § 73 Rn. 1.

vorschreibt. Letztere eröffnen eine Berücksichtigungsmöglichkeit mit bis zu 100 Prozent.[517] Aus dem gesetzlichen Leitbild des Leistungswettbewerbs wird demgegenüber auch abgeleitet, dass dem Preis gleichwohl keine übergeordnete Bedeutung zukommen dürfe, sodass teilweise angenommen wird, eine Berücksichtigung des Preises sei im Rahmen der Angebotswertung bis maximal 25 Prozent zulässig.[518] Überzeugend ist insoweit, dass der Preis in ein angemessenes Verhältnis zu den übrigen Zuschlagskriterien zu bingen ist.[519]

4. Zwischenfazit

Aus dem Sonderrechtsregime für die Vergabe von Architekten- und Ingenieurleistungen, insbesondere dem aus § 76 VgV abgeleiteten Leitbild eines Leistungswettbewerbs lassen sich keine gegenüber § 58 Abs. 2 Nr. 2 VgV abweichenden inhaltlichen Vorgaben für die Festsetzung personenbezogener Zuschlagskriterien entnehmen. Für die inhaltliche Ausgestaltung personenbezogener Zuschlagskriterien im engeren Sinne bildet § 58 Abs. 2 Nr. 2 VgV auch für den Bereich der Architekten- und Ingenieurleistungen den zentralen Maßstab. Bereits in der Verordnungsbegründung zu § 58 Abs. 2 Nr. 2 VgV macht der Gesetzgeber deutlich, dass er Architektenleistungen als einen naheliegenden Anwendungsbereich der gesetzlich zugelassenen personenbezogenen Zuschlagskriterien im Hinblick auf das einzusetzende Personal anerkennt.[520] Dies mag einen indiziellen Charakter im Rahmen der schwerpunktmäßigen Abgrenzung für das Überwiegen einer Zwecksetzung zur Ermittlung des wirtschaftlichsten Angebots, als auch bei der Begründung eines erheblichen Einflusses auf die Qualität der Auftragsausführung entfalten, enthebt gleichwohl nicht von einer Prüfung im Einzelfall.

---

517 *Pape*, in: Pünder/Schellenberg, VgV § 76 Rn. 4; *Geitel*, in: Röwekamp/Kus/Marx/Portz/Prieß, VgV § 76 Rn. 14; *Petschulat*, ZfBR 2020, 534, 537.

518 *Petschulat*, ZfBR 2020, 534, 539; *Geitel*, in: Röwekamp/Kus/Marx/Portz/Prieß, VgV § 76 Rn. 14.

519 *Steck*, VergabeR 2020, 270, 272.

520 Verordnungsbegründung zu § 58 Abs. 2 Nr. 2 VgV, BR-Drs. 87/16, S. 213.

III. Personenbezogene Zuschlagskriterien im Bereich sozialer und anderer besonderer Dienstleistungen

1. Sonderrechtsregime

Der europäische Richtliniengeber hat erkannt, dass bestimmten Dienstleistungsarten bereits ihrer Natur nach, eine begrenzte grenzüberschreitende Bedeutung innewohnt.[521] Dazu seien insbesondere personenbezogene Dienstleistungen, wie z.B. bestimmte Dienstleistungen aus dem Sozial-, Gesundheits- oder Bildungsbereich zu zählen. Diese werden im kulturellen Kontext des jeweiligen Mitgliedsstaates erbracht, der sich in den einzelnen Mitgliedstaaten erheblich unterscheiden könne. Der aufgrund eines gewissen persönlichen Näheverhältnisses der Dienstleistung bestehende sensible Charakter der Leistung sowie die kulturellen Unterschiede in den Mitgliedsstaaten, rechtfertigen einen weiten Ermessenspielraum der Mitgliedstaaten bei der Regelung der Verfahren für die Vergabe personenbezogener Dienstleistungen. Der Verordnungsgeber macht darüber hinaus in seinen Erwägungsgründen deutlich, dass ein erweiterter Ermessenspielraum nicht nur für die Mitgliedstaaten bei der Schaffung eines Regelungsrahmens, sondern letztlich auch den öffentlichen Auftraggebern bei der Festlegung spezifischer Qualitätskriterien eingeräumt werden solle. Gleichwohl seien die Grundsätze der Transparenz und Gleichbehandlung als Schranken dieses erweiterten Ermessensspielraums zu beachten.[522] Das Sonderrechtsregime im Bereich sozialer und anderer besonderer Dienstleistungen erfährt seine Rechtfertigung durch die fehlende Binnenmarktrelevanz und Ausprägung als personenbezogene Dienstleistungen.[523] Im Vordergrund stehen bei der Bewertung der Angebote damit nicht wirtschaftliche Erwägungen, sondern insbesondere personenbezogene Qualitätskriterien. Dies führt jedoch gerade nicht zu einem Widerspruch gegenüber den Vergabegrundsätzen oder dem Grundsatz möglichst sparsamer Beschaffung.[524] Sie gelten auch im Bereich dieses Sonderregimes, wenngleich der Beschaffungsbedarf im Bereich sozialer und anderer besonderer Leistungen eine eingeschränkte

---

521 Erwägungsgrund 114 RL 2014/24/EU; eingehend dazu *Bartelt*, Der Anwendungsbereich des neuen Vergaberechts, S. 236.

522 Erwägungsgrund 114 RL 2014/24/EU.

523 *Bartelt*, Der Anwendungsbereich des neuen Vergaberechts, S. 236.

524 *Bartelt*, Der Anwendungsbereich des neuen Vergaberechts, S. 234.

Relevanz insbesondere des Wirtschaftlichkeitsgrundsatzes rechtfertigt. Eine Zuordnung zum allgemeinen Vergaberegime würde dem Charakter und den Anforderungen der Leistungen nicht gerecht werden.[525]

2. Anwendungsbereich

Es handelt sich um ein privilegiertes Sonderregime für die vereinfachte Beschaffung bestimmter Dienstleistungen des Anhangs XIV der Richtlinie 2014/24/EU.[526] Die Dienstleistungen des Anhangs XIV weisen dabei sowohl nach ausdrücklichem Willen des europäischen Richtliniengebers, als auch des nationalen Gesetzgebers eine begrenzte Binnenmarktrelevanz auf.[527] Kritisiert wird teilweise der Katalog der aufgeführten Dienstleistungen.[528] Der Katalog sei willkürlich und lasse eine Orientierung am Maßstab der Binnenmarktrelevanz vermissen. Dem ist insoweit zuzustimmen, als der Zusammenhang der Auswahl nicht durchweg erkennbar ist.

Der Wortlaut des § 65 Abs. 5 S. 1 VgV ist offen ausgestaltet und ermöglicht bei der Vergabe sozialer und anderer besonderer Dienstleistungen die Berücksichtigung des Erfolgs und der Qualität bereits erbrachter Leistungen des Bieters oder des vom Bieter eingesetzten Personals. Die Regelung des § 65 Abs. 5 S. 2 VgV ist demgegenüber auf arbeitsmarktpolitische Dienstleistungen beschränkt.[529] Danach können bei Dienstleistungen nach dem Zweiten und Dritten Buch des Sozialgesetzbuches, insbesondere Eingliederungsquoten, Abbruchquoten, erreichte Bildungsabschlüsse und Beurteilungen der Vertragsausführung durch den öffentlichen Auftraggeber anhand transparenter und nicht diskriminierender Methoden als Referenzen des Bieters im Rahmen der Zuschlagsentscheidung berücksichtigt werden. Teilweise wird angesichts des eingeschränkten Anwendungsbereichs des Satzes 2 auf arbeitsmarktpolitische Dienstleistungen diskutiert, ob der Anwendungsbereich des gesamten Abs. 5 auf die Vergabe arbeitsmarktpolitischer Dienstleistungen beschränkt sei.[530]

---

[525] *Bartelt*, Der Anwendungsbereich des neuen Vergaberechts, S. 207.

[526] *Jansen*, in: Röwekamp/Kus/Marx/Portz/Prieß, VgV § 64 Rn. 1.

[527] Erwägungsgrund 114 ff. RL 2014/24/EU; BT-Drs. 18/6281, S. 115; *Jansen*, in: Röwekamp/Kus/Marx/Portz/Prieß, VgV § 64 Rn. 17.

[528] *Opitz*, VergabeR 2014, 369, 371.

[529] *Rixen*, in: Beck'scher Vergaberechtskommentar, Bd. 2, VgV § 65 Rn. 10, 11.

[530] VK Westfalen, Beschl. v. 17.2.2021, VK 1 - 52/20, juris Rn. 63.

Dagegen spricht jedoch bereits die Systematik des § 65 Abs. 5 VgV, der in seinem Satz 1 eine allgemeine Regelung für den Anwendungsbereich des § 64 VgV und in seinem Satz 2 eine Konkretisierung für den Bereich arbeitsmarktpolitischer Dienstleistungen enthält. Die Annahme, die Konkretisierung in Satz 2 beziehe sich bereits auf den vorangegangenen Satz 1, in dem jedoch keine Einschränkung des Anwendungsbereichs auf arbeitsmarktpolitische Dienstleistungen erkennbar ist, scheint fernliegend. Auch aus der Verordnungsbegründung, die für den Bereich arbeitsmarktpolitischer Dienstleistungen ausschließlich eine Bezugnahme auf den Satz 2 enthält, vermag sich eine solche Auslegung nicht zu ergeben.[531] Sowohl die Verordnungsbegründung als auch die Auslegung des § 65 Abs. 5 VgV im Hinblick auf Wortlaut und Systematik sprechen für einen uneingeschränkten Anwendungsbereich auf soziale und andere besondere Dienstleistungen. Der eingeschränkte Anwendungsbereich für arbeitsmarktpolitische Dienstleistungen bleibt demnach dem § 65 Abs. 5 S.2 VgV vorbehalten.

Denkbar ist eine Einschränkung auf personenbezogene Dienstleistungen. Sowohl der Richtliniengeber als auch der Verordnungsgeber der VgV erwähnen personenbezogene Dienstleistungen als eine übergeordnete Kategorie.[532] Aus den Richtlinienerwägungen wird deutlich, dass der Richtliniengeber die in Art. 74 RL 2014/24/EU erfassten sozialen und anderen besonderen Dienstleistungen als Unterfall der personenbezogenen Dienstleistungen ansieht.[533] Die Verordnungsbegründung zu § 64 VgV rekurriert insoweit auf die Richtlinienerwägungen und stellt ergänzend klar, dass die Besonderheiten der jeweiligen Dienstleistungen zu berücksichtigen sind.[534] Naheliegend scheint daher die Schlussfolgerung, dass die personenbezogene Qualität nur im Rahmen derjenigen Dienstleistungen wirtschaftliche Relevanz entfalten kann, bei denen der Personenbezug der Leistung prägend scheint.

---

531 BR-Drs. 87/16, S. 219; *Schulz A./Schulz*, in: BeckOK Vergaberecht, VgV § 65 Rn. 7.

532 Erwägungsgrund 114 RL 2014/24/EU; Verordnungsbegründung zu § 64 VgV, BR-Drs. 87/16, S. 218.

533 Erwägungsgrund 114 RL 2014/24/EU.

534 Verordnungsbegründung zu § 64 VgV, BR-Drs. 87/16, S. 218.

3. Regelungsgehalt

Die nationalen Regelungen zu den sozialen und anderen besonderen Dienstleistungen beruhen auf Art. 76 Abs. 1 RL 2014/24/EU. Dies folgt bereits aus Art. 74 RL 2014/24/EU. Der § 65 Abs. 5 VgV stellt eine Konkretisierung des § 58 Abs. 2 Nr. 2 VgV für das Sonderregime der sozialen und anderen besonderen Dienstleistungen dar.[535] Geprägt werden soziale und andere besondere Dienstleistungen durch die Ausrichtung auf eine persönliche Nähe.[536] Gemäß § 65 Abs. 5 S. 1 VgV können insbesondere der Erfolg und die Qualität bereits erbrachter Leistungen des Bieters oder des vom Bieter eingesetzten Personals als Zuschlagskriterien berücksichtigt werden. Die Norm scheint damit im Gegensatz zu § 58 Abs. 2 S 2 Nr. 2 VgV die Verwendung personenbezogener Zuschlagskriterien im weiteren Sinne zuzulassen.[537] Die Berücksichtigungsfähigkeit der Qualität des Bieters stellt im Gegensatz zu § 58 Abs. 2 S. 2 Nr. 2 VgV eine Loslösung vom Erfordernis der Personenidentität zwischen den Bezugssubjekten des jeweiligen Zuschlagskriteriums und dem für den ausgeschriebenen Auftrag einzusetzenden Personal dar.[538] Im Bereich des § 58 Abs. 2 Nr. 2 VgV ist als Voraussetzung für die Berücksichtigungsfähigkeit die Personenidentität des bei den früheren Aufträgen und des bei dem ausgeschriebenen Auftrag eingesetzten Personals erforderlich. Im Anwendungsbereich des § 65 Abs. 5 S. 1 VgV ist hingegen allein die Identität des Bieterunternehmens erforderlich. Der Satz 1 enthält damit eine allgemeine Regelung für den Anwendungsbereich der sozialen und anderen besonderen Dienstleistungen im Sinne des § 130 Abs. 1 GWB. Der § 65 Abs. 5 S. 2 VgV hingegen, nimmt gegenüber seinem Satz 1 eine weitere Konkretisierung für den Bereich der arbeitsmarktpolitischen Dienstleistungen nach dem SGB II und SGB III vor.[539] Im Bereich arbeitsmarktpolitischer Dienstleistungen wird die Qualität der Auftragsausführung maßgeblich von der Fähigkeit des Bieters

---

535 *Mußgnug*, in: Pünder/Schellenberg, VgV § 65 Rn. 21; *Rixen*, in: Beck'scher Vergaberechtskommentar, Bd. 2, VgV § 65 Rn. 10.

536 *Burgi/Krönke*, SRa 2017, 222, 225.

537 *Jauch*, in: Dieckmann/Scharf/Wagner-Cardenal, VgV § 65 Rn. 17.

538 VK Rheinland, Beschl. v. 27.9.2019, VK 35/19, IBRRS 2019, 3410, III.1.b)bb); VK Bund, Beschl. v. 31.7.2019, VK 2–50/19, VPRRS 2019, 0266, II.2.a); *Jauch*, in: Dieckmann/Scharf/Wagner-Cardenal, VgV § 65 Rn. 21; *Luthe* in: jurisPK-Vergaberecht, VgV § 65 Rn. 38; *Büdenbender*, in: Leinemann/Otting/Kirch/Homann, VgV § 65 Rn. 19.

539 *Mußgnug*, in: Pünder/Schellenberg, VgV § 65 Rn. 23.

beeinflusst eine erfolgreiche Maßnahme zu organisieren.[540] Die Qualität des ausführenden Personals ist für die Qualität der Auftragsausführung zwar nicht unerheblich, jedoch gerade nicht von dominierender Bedeutung. Es komme hier somit nicht entscheidend auf ein Fortbestehen des einzusetzenden Personals an. Für die Qualität der Leistung und damit die Bewertung der einzelnen Angebote ist vielmehr die Erfahrung und das Organisationsgeschick des Bieters selbst entscheidend. Diese zentrale Erkenntnis ist weder Ausfluss des auftraggeberischen Beurteilungsspielraums, noch eine rechtliche Bewertung, sondern vielmehr eine gerichtlich in vollem Umfang überprüfbare Tatsachenfeststellung. Diskutiert wird in diesem Zusammenhang, ob § 65 Abs. 5 VgV die Zulassung von Eignungskriterien auf Zuschlagsebene normiere.[541]

a) Theorie der Europarechtswidrigkeit

Einer Auffassung zufolge, sei die Vorschrift des § 65 Abs. 5 VgV europarechtswidrig und damit nicht anzuwenden.[542] Eignungsmerkmale die das Unternehmen und nicht das für den Auftrag einzusetzende Personal betreffen, dürfe der Auftraggeber, entgegen dem ausdrücklichen Wortlaut der Vorschrift nicht zu Zuschlagskriterien erheben.[543] Der Wortlaut sei insoweit irreführend und europarechtswidrig.[544] Die Bewertung von „bieterbezogenen Eignungsmerkmalen" im Rahmen der Zuschlagsentscheidung sei richtlinienkonform nur zulässig für das Personal, das für die Auftragsdurchführung eingesetzt werden soll. Die Verordnungsbegründung stehe im Hinblick auf die

---

540 VK Bund, Beschl. v. 31.7.2019, VK 2–50/19, VPRRS 2019, 0266, II.2.a); zust. *Büdenbender*, in: Leinemann/Otting/Kirch/Homann, VgV § 65 Rn. 20a; *Jauch*, in: Dieckmann/Scharf/Wagner-Cardenal, VgV § 65 Rn. 25.

541 *Schulz A./Schulz*, in: BeckOK Vergaberecht, VgV § 65 Rn. 6; *Opitz*, Beck'scher Vergaberechtskommentar, Bd. 1, GWB § 127 Rn. 101.

542 VK Westfalen, Beschl. v. 17.2.2021, VK 1 - 52/20, Rn. 63; *Schulz A./Schulz*, in: BeckOK Vergaberecht, VgV § 65 Rn. 6; *Opitz*, Beck'scher Vergaberechtskommentar, Bd. 1, GWB § 127 Rn. 101.

543 *Schulz A./Schulz*, in: BeckOK Vergaberecht, VgV § 65 Rn. 6.

544 VK Mecklenburg-Vorpommern, Beschl. v. 20.12.2017, 1 VK 5/17, BeckRS 2017, 153283 Rn. 65, 66; *Schulz A./Schulz*, in: BeckOK Vergaberecht, VgV § 65 Rn. 6.

bieterbezogenen Kriterien gerade nicht im Einklang mit der EuGH Rechtsprechung und den europäischen Vergaberichtlinien.[545]

Diese Auffassung vermag jedoch nicht zu überzeugen. Bestehen mehrere Auslegungsvarianten einer Norm, ist in der Rechtsanwendung diejenige Variante zu berücksichtigen, die mit dem Gemeinschaftsrecht in Einklang steht.[546]

b) Theorien der richtlinienkonformen Auslegung

aa) Rechtsgrundverweisung

Einer anderen Auffassung nach, handele es sich bei § 65 Abs. 5 VgV um eine Rechtsgrundverweisung auf § 58 Abs. 2 S. 2 Nr. 2 VgV.[547] Dies ergebe sich bereits aus dem Wortlaut der Verweisungsvorschrift des § 65 Abs. 5 VgV. Demnach sei bei der Anwendung des § 65 Abs. 5 VgV die Erfüllung der tatbestandlichen Voraussetzungen des § 58 Abs. 2 Nr. 2 VgV erforderlich. Der § 58 Abs. 2 S. 2 Nr. 2 VgV erfasse jedoch lediglich die Organisation, Qualifikation und Erfahrung des mit der Auftragsausführung betrauten Personals und gerade nicht die Qualitätskriterien, die das Unternehmen oder das unternehmenszugehörige Personal als Ganzes betreffen. Die Norm des § 65 Abs. 5 VgV sei somit dahingehend auszulegen, dass die Qualitätskriterien in Bezug auf das Unternehmen oder das unternehmenszugehörige Personal als Ganzes nur im Rahmen der Bewertung der Personalqualität des für den Auftrag einzusetzenden Personals berücksichtigt werden können. Dies sei beispielsweise in Konstellationen denkbar, in denen aufgrund im Unternehmen bestehender Erfahrungen Erkenntnisse vorhanden sind, die an das für den Auftrag einzusetzende Personal übermittelt werden können. Die Vorschrift sei damit im Ergebnis nicht europarechtswidrig, da sie eine

---

545 VK Mecklenburg-Vorpommern, Beschl. v. 20.12.2017, 1 VK 5/17, BeckRS 2017, 153283 Rn. 65, 66; OLG Rostock, Beschl. v. 23.4.2018, 17 Verg 1/18, BeckRS 2018, 9067 Rn. 10; *Kulartz* in: Kulartz/Kus/Marx/Portz/Prieß, VgV § 65 Rn. 20, 21; *Schulz A./Schulz*, in: BeckOK Vergaberecht, VgV § 65 Rn. 6.1.

546 *Metallinos*, Die europarechtskonforme Auslegung, S. 115.

547 *Wittschurky*, Das Verhältnis von Eignungs- und Zuschlagkriterien im europäischen, deutschen und US-amerikanischen Vergaberecht, S. 481.

Auslegungsmöglichkeit biete, die nicht zu einer Zulassung von Eignungskriterien im Rahmen der Zuschlagsentscheidung führe.[548]

Diese Auffassung vermag zwar im Ergebnis zur Ablehnung der Europarechtswidrigkeit zu überzeugen, jedoch nicht im Bereich der Einordnung der unternehmensbezogenen Kriterien des § 65 Abs. 5 VgV als Eignungskriterien. Die Schlussfolgerung, dass Eignungskriterien im Rahmen der Zuschlagsentscheidung keine Berücksichtigung finden dürfen, bleibt zweifellos unangetastet. Die Einordnung der bieterbezogenen Zuschlagskriterien i.S.d. § 65 Abs. 5 VgV erfolgt jedoch nahezu pauschal aufgrund des Bezugssubjekts des Kriteriums. Nach vorzugswürdiger Abgrenzungsmethode der schwerpunktmäßigen Zwecksetzung des Kriteriums, vermag sich eine kategorische Einordnung unternehmensbezogener Kriterien als Eignungskriterien jedoch gerade nicht zu ergeben. Einer rangkonformen Auslegung bedarf es gerade nur, wenn ein Widerspruch zwischen Gemeinschaftsrecht und nationalem Recht droht.[549] Dies erfordert jedoch zunächst eine Auslegung sowohl der nationalen Vorschrift als auch des europäischen Sekundärrechts. Bestehen für die nationale Regelung sodann mehrere Auslegungsvarianten, worunter unionsrechtswidrige und unionsrechtskonforme Auslegungsergebnisse zu Tage treten, so ist die nationale Vorschrift in unionsrechtskonformer Weise auszulegen.[550]

Der Verordnungsgeber macht in seiner Verordnungsbegründung deutlich, dass er die Möglichkeit der Berücksichtigung bestimmter personen- oder bieterbezogener Kriterien auf Zuschlagsebene für den Bereich der sozialen und anderen besonderen Dienstleistungen im Einklang mit der Ambisig-Rechtsprechung des EuGH[551] eröffnet sieht.[552] Er sieht damit in der Berücksichtigung dieses rein bieterbezogenen Zuschlagskriteriums keinen Widerspruch zur EuGH Rechtsprechung. Auch im Schrifttum wird die Auffassung geteilt, wonach der Rechtsprechung des EuGH kein grundsätzliches

---

548 *Wittschurky*, Das Verhältnis von Eignungs- und Zuschlagkriterien im europäischen, deutschen und US-amerikanischen Vergaberecht, S. 481, 482.

549 *Metallinos*, Die europarechtskonforme Auslegung, S. 115.

550 *Wank*, Juristische Methodenlehre, § 9 Rn. 61.

551 EuGH, Urt. v. 26.3.2015, Rs. C-601/13, ECLI:EU:C:2015:204, Rn. 35 (Ambisig) mit Anm. *Stoye/Gielen*, VergabeR 2015, 543.

552 BT-Drs. 18/7318, 201.

Verbot bieterbezogener Zuschlagskriterien zu entnehmen sei.[553] Es wird teilweise gar vermutet, der EuGH habe dies trotz naheliegender Möglichkeit bewusst offengelassen.[554] In der Verordnungsbegründung zu § 65 VgV wird an nachgelagerter Stelle auf den Anwendungsbereich der „personenbezogene[n] Dienstleistungen" abgestellt. Dies mag als übergeordneter Begriff zu den sozialen und anderen besonderen Dienstleistungen verstanden werden.[555]

bb) Teleologische Reduktion

In Fortführung der Abgrenzungsmethode nach Bezugssubjekten[556] wird im Schrifttum teilweise angenommen, von § 65 Abs. 5 VgV könne nur das für den konkreten Auftrag einzusetzende Personal erfasst sein.[557] Zur Begründung wird dabei angeführt, ein Kriterium, welches das Personal und die Erfahrung des Bieters im Allgemeinen betrifft, könne nicht der Ermittlung des wirtschaftlichsten Angebots dienen.

Diese Auffassung ist jedoch abzulehnen. Sie widerspricht zum einen dem ausdrücklichen Wortlaut der Vorschrift, der den Erfolg und die Qualität bereits erbrachter Leistungen des Bieters erfasst und zum anderen der vorzugswürdigen Abgrenzungsmethode nach dem Schwerpunkt des Kriteriums.

c) Theorie der Systematisierung

Eine weitere Auffassung sieht in § 65 Abs. 5 VgV eine Systematisierung des bestehenden Vergaberechtssystems, insbesondere des Trennungsgebots.[558] Eine Europarechtswidrigkeit sei infolge dessen ausgeschlossen. Es gehe bei den insoweit zu bewertenden Kriterien gerade nicht um die generelle Eignung des Bieters, sondern um Merkmale die eine über die grundsätzliche Eignung der Bieter hinausgehende qualitative Unterscheidung zwischen

---

553 *Gerner*, NZS 2016, 492, 497; *König*, in: Gabriel/Krohn/Neun, Handbuch Vergaberecht, § 7 Rn. 13 (dortige Fn. 40).

554 Wittschurky, Das Verhältnis von Eignungs- und Zuschlagkriterien im europäischen, deutschen und US-amerikanischen Vergaberecht.

555 BT-Drs. 18/7318, 201.

556 Eingehend dazu Kap. B.IV.3.

557 *Jansen*, in: Röwekamp/Kus/Marx/Portz/Prieß, VgV § 65 Rn. 23, 24.

558 VK Bund, Beschl. v. 20.9.2017, VK 1–89/17, IBRRS 2017, 3849, II.2.a)aa); VK Bund, Beschl. v. 31.7.2019, VK 2–50/19, juris Rn. 61; VK Niedersachsen, Beschl. v. 28.9.2023, VgK-26/2023, juris Rn. 153.

den Angeboten ermögliche.[559] Der Schwerpunkt der Zwecksetzung liege damit nicht in der Prüfung der Eignung, sondern in der wirtschaftlichen Bewertung der Angebote.[560]

Dafür spricht auch die Intention des Richtliniengebers im Rahmen der Richtlinie 2014/24/EU. Der Richtliniengeber machte in den Erwägungsgründen deutlich, dass der Ermessensspielraum der Auftraggeber im Bereich der Zuschlagskriterien für die Erzielung qualitativ hochwertiger Leistungen grundsätzlich erweitert werden solle.[561] Diese Zielbestimmung konkretisiert er weitergehend für den Bereich sogenannter personenbezogener Dienstleistungen, wie etwa bestimmte Dienstleistungen im Sozial-, im Gesundheits- und im Bildungsbereich. Der § 65 Abs. 5 VgV sei demzufolge deklaratorischer Natur.[562] Der Regelungsgehalt sei bereits von § 58 Abs. 2 Nr. 2 VgV umfasst, der aufgrund seines nicht abschließenden Charakters dem Auftraggeber die grundsätzlich freie Wahl der Unterkriterien eröffne, sofern diese zur Bestimmung des wirtschaftlichsten Angebots dienen.

Den Regelungsgehalt des § 65 Abs. 5 VgV als bereits von § 58 Abs. 2 S. 2 Nr. 2 VgV umfasst anzusehen, scheint zu weitgehend, da Letzterer seinem ausdrücklichen Wortlaut nach, eine Einschränkung auf das für den Auftrag einzusetzende Personal enthält. Gleichwohl vermag eine deklaratorische Natur im Hinblick auf das Trennungsgebot bei beiden Vorschriften zu überzeugen. Das Trennungsgebot gilt auch im Bereich der sozialen und anderen besonderen Dienstleistungen uneingeschränkt. Nach überzeugendem Verständnis des Trennungsgebots, erschöpft sich dieses jedoch, wie bereits dargelegt, in der Unterscheidung zwischen Eignungs- und Zuschlagskriterien.[563]

Eignungskriterien dürfen demzufolge nicht auf Zuschlagsebene berücksichtigt werden. Weder aus dem Trennungsgebot, dem sonstigen Vergaberechtssystem noch aus der Rechtsprechung des EuGH, ist jedoch ein grundsätzliches Verbot rein unternehmensbezogener Kriterien auf Zuschlagsebene zu

559 *Jauch*, in: Dieckmann/Scharf/Wagner-Cardenal, VgV § 65 Rn. 20; *Gerner*, NZS 2016, 492, 498.

560 *Büdenbender*, in: Leinemann/Otting/Kirch/Homann, VgV § 65 Rn. 20; *Jauch*, in: Dieckmann/Scharf/Wagner-Cardenal, VgV § 65 Rn. 20; *Gerner*, NZS 2016, 492, 498.

561 Erwägungsgrund 92 RL 2014/24/EU.

562 *Jauch*, in: Dieckmann/Scharf/Wagner-Cardenal, VgV § 65 Rn. 17.

563 Siehe Kap. C.I.3.

entnehmen.[564] Es widerspricht vielmehr der vorzugswürdigen Abgrenzung nach dem Schwerpunkt der Zwecksetzung eines Kriteriums, eine vorgelagerte Einordnung des rein unternehmensbezogenen Kriteriums als Eignungskriterium vorzunehmen. Die Einordnung eines Kriteriums als ein auf Zuschlagsebene nicht berücksichtigungsfähiges Eignungskriterium, darf gerade nicht vorgelagert aufgrund seines Unternehmensbezugs erfolgen. Dies entspräche der Abgrenzung nach den Definitionsmerkmalen des Unternehmens- und Angebotsbezugs, die jedoch abzulehnen ist[565], obgleich ihr im Regelfall eine nicht zu verachtende Indizwirkung beigemessen werden kann. Dennoch verbietet sich die Anknüpfung der Einordnung eines Kriteriums am Unternehmensbezug. Rein unternehmensbezogene Kriterien i.S.d. § 65 Abs. 5 VgV verstoßen demnach weder gegen das Trennungsgebot noch das sonstige Vergaberechtssystem, wenn sie nach schwerpunktmäßiger Abgrenzung in ihrem Schwerpunkt der Ermittlung des wirtschaftlichsten Angebots dienen und damit im Ergebnis Zuschlagskriterien darstellen.

d) Stellungnahme

Die Auffassung die sich für eine Einschränkung des Anwendungsbereichs des gesamten § 65 Abs. 5 VgV auf den Bereich arbeitsmarktpolitischer Dienstleistungen im Sinne des S. 2 ausspricht, ist abzulehnen. Der Wortlaut und die Systematik des Satzes 1 im Verhältnis zu Satz 2 sprechen mitnichten für einen einheitlichen Regelungswillen des Verordnungsgebers für den eingeschränkten Anwendungsbereich der arbeitsmarktpolitischen Dienstleistungen. Auch die Verordnungsbegründung spricht gegen einen eingeschränkten Anwendungsbereich. Danach sind im Hinblick auf Satz 1 Vergaben von sozialen und anderen besonderen Dienstleistungen allgemein erfasst.[566] Der arbeitsmarktpolitische Anwendungsbereich ist damit nach überzeugender Auffassung auf die Regelung des Satzes 2 beschränkt. Relevant wird auch im Rahmen dieser Auslegungsfrage das nicht einheitliche Begriffsverständnis des bieterbezogenen Kriteriums. Teilweise wird im Schrifttum sogar die in § 58 Abs. 2 S. 2 VgV normierte Personalqualität als bieterbezogenes Kriterium

---

564 So auch *Gerner*, NZS 2016, 492, 498.

565 Kap. B.III.1.

566 BT-Drs. 18/7318, S. 201.

angesehen[567], da auch die Qualität des einzusetzenden Personals Überschneidungen mit der Personalqualität des Unternehmens insgesamt und damit der Leistungsfähigkeit und Eignung des Bieters aufweist, sei sie jedenfalls auch bieterbezogen. Diesem Begriffsverständnis folgt auch die obige Auffassung, die eine Europarechtswidrigkeit der Norm annimmt. Sie bezeichnet die gesetzlich zugelassenen personenbezogenen Zuschlagskriterien als bieterbezogene Eignungsmerkmale auf Zuschlagsebene.[568] Dies scheint jedoch dogmatisch wenig überzeugend. Ein solches Begriffsverständnis scheint auch der Verordnungsgeber nicht vertreten zu haben. Zwar rekurriert er in seiner Verordnungsbegründung hinsichtlich der Möglichkeit der Berücksichtigung personen- oder bieterbezogener Kriterien auf die Ambisig-Rechtsprechung des EuGH, der jedoch gerade keine Aussagen zur Zulässigkeit bieterbezogener Kriterien zu entnehmen sind. Dies mag für ein Begriffsverständnis der Qualität des einzusetzenden Personals als bieterbezogenes Kriterium sprechen, gleichwohl spricht die Verordnungsbegründung ausdrücklich von „personen- oder bieterbezogene[n] Kriterien".[569] Diese Differenzierung macht deutlich, dass sich der Verordnungsgeber einer Unterscheidung zwischen personenbezogenen Kriterien wie der Personalqualität und bieterbezogenen Kriterien, die den Bieter selbst bzw. seinen Personalbestand insgesamt betreffen, bewusst war und beide Kategorien erfasst sehen wollte. Eine weitere Einschränkung wird deutlich, indem der Verordnungsgeber in der Verordnungsbegründung die Möglichkeit der Berücksichtigung lediglich für bestimmte personen- oder bieterbezogenen Kriterien eröffnet sieht. Die einschränkenden Merkmale des erheblichen Einflusses auf die Leistungsqualität und des Auftragsgegenstandsbezugs eines Zuschlagskriteriums führen bereits zu einem erheblich eingeschränkten Bereich an berücksichtigungsfähigen bieterbezogenen Kriterien.

Nach überzeugender Auffassung kann in der Regelung des § 65 Abs. 5 VgV damit weder ein Widerspruch zur Rechtsprechung des EuGH noch ein Verstoß gegen europäisches Vergaberecht gesehen werden. Dem aus der Systematik der Vergaberichtlinien hergeleiteten Trennungsgebot ist ein

---

567 *Mutschler-Siebert/Kern*, in: Gabriel/Krohn/Neun, Handbuch Vergaberecht § 32 Rn. 63; *Gerner*, NZS 2016, 492, 497.

568 *Schulz A./Schulz*, in: BeckOK Vergaberecht, VgV § 65 Rn. 6.

569 BT-Drs. 18/7318, S. 201.

Unterscheidungsgebot zwischen Eignungs- und Zuschlagskriterien zu entnehmen.[570] Eignungskriterien können demnach auf Zuschlagsebene gerade keine Berücksichtigung finden. Daraus kann jedoch nach überzeugender Auffassung gerade kein grundsätzliches Verbot bieterbezogener Kriterien auf Zuschlagsebene geschlussfolgert werden.[571] Auch der Umstand, dass sich die EuGH-Rechtsprechung zu den Abgrenzungsfragen zwischen Eignungs- und Zuschlagskriterien in der Aussage erschöpft, dass auf Zuschlagsebene Kriterien ausgeschlossen seien, die nicht der Ermittlung des wirtschaftlich günstigsten Angebots dienen, spricht für eine Systematisierung. Trotz naheliegender Möglichkeiten ist seiner Rechtsprechung gerade kein Verbot bieter- oder unternehmensbezogener Zuschlagskriterien zu entnehmen. Er lässt diese Rechtsfrage in Anbetracht der umfassenden Diskussion im Schrifttum scheinbar bewusst offen.

Die eine Europarechtswidrigkeit der Vorschrift annehmende Auffassung setzt Eignungskriterien und bieterbezogene Kriterien gleich. Dies stellt jedoch nach vorzugswürdiger Auffassung seinerseits einen Verstoß gegen den Grundsatz mittelstandsfreundlicher Vergabe dar.[572] Dieser Auffassung ist insoweit zuzustimmen, als Eignungsmerkmale nicht zu Zuschlagskriterien erhoben werden dürfen und eine Berücksichtigung von Eignungskriterien auf Zuschlagsebene einen Verstoß gegen die europäische Vergaberichtlinie zur Folge hat. Jedoch geht die Auffassung bei der Frage, welche Kriterien zu den Eignungskriterien zählen von einer wenig überzeugenden Abgrenzungsmethode aus. Merkmale die das Unternehmen als Ganzes und nicht das für den konkreten Auftrag einzusetzende Personal betreffen, seien danach als Eignungsmerkmale einzuordnen und damit unzulässig. Dies entspricht der an das Bezugssubjekt anknüpfenden Abgrenzungsmethode.[573] Nach überzeugender Auffassung mag diesen Abgrenzungskriterien zwar eine nicht unerhebliche indizielle Bedeutung zukommen, jedoch vermag sie gerade nicht zu einer grundsätzlichen Abgrenzung zwischen Eignungs- und Zuschlagskriterien dienen. Ihre Schwächen liegen auf der Hand, wenn man berücksichtigt, dass

---

570 EuGH, Urt. v. 19.6.2003, Rs. C-315/01, ECLI:EU:C:2003:360, Rn. 60 (GAT); EuGH, Urt. v. 20.9.1988, Rs. C-31/87, ECLI:EU:C:1988:422, Rn. 16 (Beentjes).

571 Dazu nähergehend vorangestelltes Kap. C.I.3.

572 Kap. C.I.7.

573 Kap. B.II.4.

auch ein Kriterium, welches das einzusetzende Personal betrifft, nicht aus sich heraus als Zuschlagskriterium eingeordnet werden kann. Überzeugend scheint vielmehr die kombinierte Schwerpunktmethode, die anhand einer Gesamtbetrachtung auf den Schwerpunkt der Zwecksetzung des Kriteriums abstellt.[574]

Auch der Umstand, dass dem Ambig-Urteil des EuGH noch die Vorgängerrichtlinie 2004/18/EG und dem Lianakis-Urteil die Vorvorgängerrichtlinie 92/50/EWG zugrunde lag, mag für eine Tendenz des EuGH hin zu einer moderaten Auslegung des Trennungsgebots deuten. Schließlich bot jedenfalls das Ambisig-Urteil Anlass für die gesetzliche Zulassung personenbezogener Zuschlagskriterien durch den europäischen Richtliniengeber sowie ihm nachfolgend den Mitgliedstaaten.

Für diese Auffassung scheint auch der durch den EuGH anerkannte nicht abschließende Charakter der Vergaberichtlinie zu sprechen.[575] Danach schaffe die Richtlinie gerade kein einheitliches und erschöpfendes Gemeinschaftsrecht. Der EuGH macht deutlich, dass den Mitgliedstaaten eine eigene Kompetenz verbleiben soll.

Auch in der europäischen Vergaberechtsentwicklung rückt die Qualität als Zuschlagskriterium vermehrt in den Vordergrund, sodass die Regelung des § 65 Abs. 5 VgV sowohl mit der Kompetenz der Mitgliedsstaaten, als auch den Zielbestimmungen aktueller Vergaberechtsentwicklungen im Einklang zu stehen scheint.[576] Der Wahrung des Trennungsgebots im Anwendungsbereich des § 65 Abs. 5 VgV wird genüge getan, indem auch im Anwendungsbereich des § 65 Abs. 5 VgV ausschließlich Zuschlagskriterien Berücksichtigung finden dürfen. Entgegen fortwährend verbreiteter Auffassung in der Rechtslehre und Rechtsprechung sind diese jedoch gerade nicht nach einem Bieter- und Angebotsbezug abzugrenzen. Die Auffassung, ein bieterbezogenes Kriterium könne nur als Eignungskriterium Berücksichtigung finden, scheint überholt. Zuschlagskriterien im Anwendungsbereich des § 65 Abs. 5 VgV wohnen sowohl ein Bieter- als auch ein Angebotsbezug inne, sodass eine Abgrenzung

---

574 Siehe Kap. B.II.7.

575 EuGH, Urt. v. 20.9.1988, Rs. C-31/87, ECLI:EU:C:1988:422, Rn. 20 (Beentjes); EuGH, Urt. v. 9.7.1987, Rs. 27–29/86, ECLI:EU:C:1987:355, Rn. 15 (CEI und Bellini); vgl. *Wiedmann*, Zulässigkeit sozialer Vergabekriterien, S. 40.

576 Erwägungsgrund 90 RL 2014/24/EU.

im Einklang mit der Rechtsprechung des EuGH nach dem Zwecksetzungsschwerpunkt des Kriteriums zu erfolgen hat.[577]

IV. Allgemeine Vorgaben

1. Verbindung mit dem Auftragsgegenstand

Die durch den öffentlichen Auftraggeber festzulegenden Zuschlagskriterien müssen nach § 127 Abs. 3 S. 1 GWB mit dem Auftragsgegenstand in Verbindung stehen. Ihre unionsrechtliche Grundlage findet die Vorschrift in Art. 67 Abs. 2 S. 1 der RL 2014/24/EU.

a) Normzweck

Die Regelung dient ausweislich der Gesetzesbegründung dazu, die Berücksichtigung sachfremder Erwägungen im Rahmen der Zuschlagsentscheidung zu verhindern.[578] Ohne sachliche Verbindung des Zuschlagskriteriums zum Auftragsgegenstand sieht der Gesetzgeber die Gefahr, dass ein weniger wirtschaftliches Angebot aus sachfremden Erwägungen den Zuschlag erhält.[579] Dies stünde im Widerspruch zum in § 97 Abs. 1 GWB normierten Wettbewerbsgrundsatz. Der Auftragsgegenstandbezug mag zudem als Korrektiv des grundsätzlich weiten Beurteilungs-spielraums des Auftraggebers bei der Bestimmung der Wirtschaftlichkeit gesehen werden.[580]

b) Sachlicher Regelungsgehalt

Der Auftragsgegenstand, zu dem die Zuschlagskriterien in Verbindung stehen müssen, wird durch den Auftraggeber im Rahmen seiner Beschaffungsautonomie festgelegt. Das Erfordernis einer Verbindung mit dem Auftragsgegenstand wird grundsätzlich weit ausgelegt.[581] Bereits vor dieser ausdrücklichen

---

577 EuGH, Urt. v. 12.11.2009, Rs. C-199/07, ECLI:EU:C:2009:693, Rn. 55 (Kommission/Griechenland); EuGH, Urt. v. 24.1.2008, Rs. C-532/06, E-CLI:EU:C:2008:40, Rn. 30, 31 (Lianakis); EuGH, Urt. v. 26.3.2015, Rs. C-601/13, ECLI:EU:C:2015:204, Rn. 35 (Ambisig).

578 Gesetzesbegründung zu § 127 Abs. 3 GWB, BT-Drs. 18/6281, S. 112.

579 Gesetzesbegründung zu § 127 Abs. 3 GWB, BT-Drs. 18/6281, S. 112.

580 Wohl auch *Gerner*, NZS 2016, 492, 498.

581 VK Bund, Beschl. v. 1.12.2020, VK 1–90/20, BeckRS 2020, 37931 Rn. 26; *Feldmann*, in: Lausen/Müller, Handbuch Nachhaltigkeit im Vergaberecht, § 14 Rn. 29.

Regelung konstatierte der EuGH, dass für die Verbindung mit dem Auftragsgegenstand nicht erforderlich sei, dass sich das Zuschlagskriterium auf eine echte innere Eigenschaft des Erzeugnisses, also ein Element das materiell Bestandteil von ihm ist, bezieht[582] Als negative Grenze des Auftragsgegenstandsbezugs formuliert der Richtliniengeber Kriterien und Bedingungen bezüglich der allgemeinen Unternehmenspolitik.[583] Dabei handele es sich nicht um einen Faktor, der den konkreten Prozess der Herstellung oder Bereitstellung der beauftragten Bauleistungen, Lieferungen oder Dienstleistungen charakterisiere. Den Auftraggebern solle daher nicht gestattet sein, von Bietern eine bestimmte Politik der sozialen oder ökologischen Verantwortung zu verlangen, die keine Verbindung mit dem zu vergebenden Auftrag enthalte.

Regelmäßige Relevanz entfaltet die Vorgabe bei der Berücksichtigung von Sekundärzwecken im Bereich der Zuschlagskriterien.[584] Berücksichtigt der öffentliche Auftraggeber insoweit Sozial- oder Umweltbelange im Rahmen der Zuschlagskriterien, entfalten diese regelmäßig keine Auswirkungen auf die materiellen Eigenschaften des Auftragsgegenstandes und die Wirtschaftlichkeit des Angebots nach einer einzelwirtschaftlichen Betrachtung der Leistung. Erst im Rahmen einer, inzwischen anerkannten und normativ bestätigten gesamtwirtschaftlichen Betrachtung, vermag die Wirtschaftlichkeit der Sekundärzwecke begründbar zu werden. Gleichwohl ist ihre Schrankenfunktion nicht auf Zuschlagskriterien zur Verfolgung von Sekundärzwecken beschränkt, sondern dient als allgemeine Vorgabe für Zuschlagskriterien.

Möglich scheint eine Überschneidung des Erfordernisses eines Auftragsgegenstandsbezugs nach § 127 Abs. 3 GWB und des erheblichen Einflusses auf das Niveau der Auftragsausführung nach § 58 Abs. 2 Nr. 2 VgV. Da der erhebliche Einfluss personenbezogener Qualität auf die Auftragsausführung lediglich eine Prognoseentscheidung erfordert, es folglich genügt, wenn die Qualität erheblichen Einfluss haben kann und diese nicht auch tatsächlich nachzuweisen ist, scheint der Auftragsgegenstandsbezug insoweit enger,

---

582 EuGH, Urt. v. 10.5.2012, Rs. C-368/10, ECLI:EU:C:2012:284, Rn. 91 (Max Havelaar).

583 Erwägungsgrund 97 RL 2014/24/EU.

584 EuGH, Urt. v. 10.5.2012, Rs. C-368/10, ECLI:EU:C:2012:284, Rn. 91 (Max Havelaar); *Burgi*, ZHR 178 (2014) 2, 8 (m.w.N.); *Ricken*, Beurteilungsspielräume und Ermessen im Vergaberecht, S. 311–312.

als die Sicherstellung einer tatsächlichen Auswirkung zu gewährleisten ist. Werden personenbezogen Zuschlagskriterien im Rahmen der Zuschlagsentscheidung zugrunde gelegt, ist vertraglich sicherzustellen, dass die betroffenen Personen die Auftragsausführung tatsächlich erbringen und ausschließlich durch Personal mit gleichwertiger Personalqualität ersetzt werden dürfen.[585] Unterbleibt die vertragliche Sicherstellung, ist der Auftragsgegenstandsbezug des Kriteriums zu verneinen.[586] Andernfalls bestünde die Gefahr, dass ein Aspekt der Personalqualität im Wertungsverfahren Berücksichtigung findet, der bei der späteren Auftragsausführung z.B. mangels gleichwertiger Personalqualität nicht mehr besteht. Dies gilt jedoch ausschließlich bei den personenbezogenen Zuschlagskriterien im engeren Sinne, die eine Personenidentität zwischen dem bewerteten Bezugssubjekt des Zuschlagskriteriums und dem für den konkreten Auftrag einzusetzenden Personal erfordert. Im Anwendungsbereich des § 65 VgV ist hingegen lediglich eine Identität des Bieterunternehmens erforderlich. Der Auftragsgegenstandsbezug eines personenbezogenen Zuschlagskriteriums ist damit zu verneinen, wenn der Auftraggeber das Kriterium nicht unter der Auflage festsetzt, dass die mit dem Kriterium bewerteten Personen nur mit Zustimmung des öffentlichen Auftraggebers ersetzt werden können, sofern dieser sich davon überzeugen konnte, dass das Ersatzpersonal ein gleichwertiges Qualitätsniveau aufweist.[587]

c) Zeitlicher Regelungsgehalt

Ein Auftragsgegenstandsbezug kann angenommen werden, wenn sich das Kriterium auf ein beliebiges Stadium im Lebenszyklus der Leistung bezieht. Nach der Gesetzesbegründung zu § 127 Abs. 3 GWB kann dies insbesondere Prozesse der Herstellung, beispielsweise der Rohstoffgewinnung, der Bereitstellung oder Entsorgung der Leistung oder den Handel mit ihr betreffen.[588] Bereits der Gesetzeswortlaut weist darauf hin, dass gerade keine Auswirkungen auf materielle Eigenschaften des Auftragsgegenstandes erforderlich

---

585 Erwägungsgrund 94 RL 2014/24/EU; *Steck*, in: Ziekow/Völlink, VgV § 58 Rn. 28b.

586 VK Südbayern, Beschl. v. 30.3.2023, 3194.Z3-3_01-22-49, VPRRS 2023, 0099, ZfBR 2023, 618, 622.

587 VK Südbayern, Beschl. v. 30.3.2023, 3194.Z3-3_01-22-49, VPRRS 2023, 0099, ZfBR 2023, 618, 622.

588 Gesetzesbegründung zu § 127 Abs. 3 GWB, BT-Drs. 18/6281.

sind. Damit kann der Auftraggeber nunmehr Umwelt- oder Sozialbelange, wie die Produktion aus fairem Handel, oder eine Herstellung ohne giftige Chemikalien im Rahmen der Angebotsbewertung berücksichtigen. Auch der Einsatz energieeffizienter Maschinen bei der Auftragsausführung als Zuschlagskriterium wird dem Erfordernis des Auftragsgegenstandsbezugs gerecht.[589] Ein personenbezogenes Zuschlagskriterium muss damit auf Prozesse in irgendeinem Lebenszyklus-Stadium bezogen sein.

2. Gewährleistung wirksamen Wettbewerbs

Die Zuschlagskriterien müssen so festgelegt und bestimmt sein, dass die Möglichkeit eines wirksamen Wettbewerbs gewährleistet wird. Bereits vor der ausdrücklichen Normierung dieser materiellen Anforderung in § 127 Abs. 4 S. 1 GWB im Rahmen des Vergaberechtsmodernisierungsgesetzes, wurde diese Vorgabe aus dem Wettbewerbsgrundsatz als Ausfluss des Gleichbehandlungsgebots abgeleitet.[590] Als Wettbewerb wird dabei die Konkurrenz alternativer Anbieter verstanden.[591] Das Erfordernis der Gewährleistung wirksamen Wettbewerbs stellt ebenfalls eine Grenze des weiten Beurteilungsspielraums des öffentlichen Auftraggebers bei der Festlegung der Zuschlagskriterien dar. Ein wirksamer Wettbewerb kann nur gewährleitet werden, wenn der Durchschnittsbieter klar erkennen kann, worauf es dem öffentlichen Auftraggeber bei der Angebotswertung ankommt.[592]

Diese inhaltliche Vorgabe an die Zuschlagskriterien darf gleichwohl nicht dazu führen, dass die Beschaffungsautonomie des Auftraggebers ausgeschlossen wird.[593]

3. Willkürverbot

Die Zuschlagskriterien müssen so festgelegt und bestimmt sein, dass der Zuschlag nicht willkürlich erteilt werden kann. Das konkretisierte Willkürverbot nach § 127 Abs. 4 S. 1 GWB erstreckt sich damit sowohl auf

---

589 Erwägungsgrund 97 der Richtlinie 2014/24/EU.

590 OLG Celle, Beschluss vom 19.3.2015 - 13 Verg 1/15, BeckRS 2015, 120381; OLG Celle, Urt. v. 23.2.2016, 13 U 148/15, NZBau 2016, 383.

591 *Müller-Wrede/Plauth*, in: Müller-Wrede, GWB § 127 Rn. 240.

592 *Müller-Wrede/Plauth*, in: Müller-Wrede, GWB § 127 Rn. 250.

593 *Ziekow*, in: Ziekow/Völlink, GWB § 127 Rn. 21.

die Festlegung der Zuschlagskriterien als auch auf ihre Anwendung im Rahmen der Angebotsbewertung.[594] Die unionsrechtliche Grundlage in Art. 67 Abs. 4 RL 2014/24/EU stellt ausdrücklich klar, dass die Zuschlagskriterien nicht zur Folge haben dürfen, dass dem öffentlichen Auftraggeber eine uneingeschränkte Wahlfreiheit übertragen wird. Das Willkürverbot in § 127 Abs. 4 GWB stellt zudem eine Konkretisierung des aus dem Gleichheitsgebot abgeleiteten allgemeinen Verbots willkürlicher Zuschlagsentscheidungen dar.[595] Das Willkürverbot im Bereich der Zuschlagskriterien entsprach damit bereits vor der ausdrücklichen Normierung in § 127 Abs. 4 GWB und Art. 67 Abs. 4 RL 2014/24/EU geltender Spruchpraxis.[596] Eine uneingeschränkte Entscheidungsfreiheit wäre mit der Zuschlagserteilung auf das wirtschaftlichste Angebot nicht vereinbar. Die Regelung stellt damit eine weitere Grenze des weiten Beurteilungsspielraums des öffentlichen Auftraggebers dar.[597] Wie weit der öffentliche Auftraggeber ein Zuschlagskriterium nach Unterkriterien und gegebenenfalls Unter-Unterkriterien zu konkretisieren hat, hängt dabei vom konkreten Einzelfall ab. Die Konkretisierung des unbestimmten Rechtsbegriffs der Wirtschaftlichkeit mit einem ebenfalls unbestimmten Rechtsbegriff, der Qualität oder Personalqualität, vermag den Bestimmtheitsanforderungen im Lichte des Willkürverbots jedenfalls nicht gerecht zu werden.[598]

Teilweise wird diskutiert, ob aus dem Verbot willkürlicher Festsetzung und Anwendung von Zuschlagskriterien eine Pflicht zur Berücksichtigung bestimmter personenbezogener Zuschlagskriterien gefolgert werden kann, wenn ihre Nichtberücksichtigung sachlich nicht zu rechtfertigen wäre.[599] Insbesondere im Bereich sozialer Dienstleistungen sei ein Verzicht auf personenbezogene Zuschlagskriterien begründungsbedürftig und in der Regel

---

594 *von Bechtolsheim*, in: BeckOK Vergaberecht, GWB § 127 Rn. 29–30.

595 *Müller-Wrede/Plauth*, in: Müller-Wrede, GWB § 127 Rn. 259.

596 EuGH, Urt. v. 4.12.2003, Rs. C-448/01, ECLI:EU:C:2003:651, Rn. 33 (Wienstrom); EuGH, Urt. v. 17.9.2002, Rs. C-513/99, ECLI:EU:C:2002:495, Rn. 69 (Concordia Bus); EuGH, Urt. v. 20.9.2018, Rs. C-546/16, ECLI:EU:C:2018:752, Rn. 31 (Montte).

597 EuGH, Urt. v. 17.9.2002, Rs. C-513/99, ECLI:EU:C:2002:495, Rn. 61 (Concordia Bus).

598 VK Düsseldorf, Beschl. v. 14.7.2011, VK-02/2011-L, juris Rn. 404; *Wagner*, in: jurisPK-Vergaberecht, VgV § 58 Rn. 44; VK Mecklenburg-Vorpommern, Beschl. v. 28.10.2020, 3 VK 7/20; VK Ansbach, Beschl. v. 8.2.2017, 21.VK-3194–44/16.

599 *Rixen*, in: Beck'scher Vergaberechtskommentar, Bd. 2, VgV § 65 Rn. 12.

aufgrund der Besonderheiten dieser Dienstleistungen, insbesondere des persönlichen Näheverhältnisses bei der Auftragsausführung, sachlich nicht zu begründen und damit willkürlich. Es sei in diesem Bereich lebensfremd, das beste Preis-Leistungs-Verhältnis und damit das wirtschaftlichste Angebot ohne die Berücksichtigung personenbezogener Zuschlagskriterien im Sinne der §§ 58 Abs. 2 Nr. 2 und 65 Abs. 5 VgV zu ermitteln.[600]

Gegen diese Auffassung scheint der weite Beurteilungsspielraum des öffentlichen Auftraggebers bei der Bestimmung dessen, was er im Rahmen seiner Beschaffungsautonomie als Qualitätsstandard festlegen will, zu sprechen. Dem Auftraggeber steht eine dogmatisch legitimierte Einschätzungsprärogative bei der Bestimmung und Ermittlung des wirtschaftlichsten Angebots und damit auch der Bestimmung der Leistungsqualität selbst zu.[601] Obliegt es aber dem Beurteilungsspielraum des Auftraggebers, ob und wenn ja, welche Qualitätskriterien er für maßgeblich erachtet, scheint eine Pflicht zur Berücksichtigung bestimmter Kriterien ausgeschlossen. Dagegen mag jedoch die Selbstbindung des Auftraggebers sowie die aus § 127 Abs. 1 S. 1 GWB abgeleitete Pflicht zur Zuschlagserteilung auf das wirtschaftlichste Angebot sprechen. Entschließt sich der Auftraggeber im Bereich einer personenbezogenen Dienstleistung, deren Leistungsqualität evident und maßgeblich von konkreten Aspekten personenbezogener Qualität abhängt, für einen Qualitätswettbewerb, scheint ein Verstoß gegen das Verbot willkürlicher Festsetzung und Anwendung von Zuschlagskriterien denkbar. Erhebt er also im Rahmen seines Beurteilungsspielraums die Leistungsqualität zum Gegenstand der Angebotsbewertung, scheint ein Verstoß gegen die willkürliche Festsetzung von Zuschlagskriterien möglich, wenn er diejenigen Aspekte, welche die Leistungsqualität entscheidend beeinflussen, ohne sachliche Begründung unberücksichtigt lässt.

4. Wirksame Überprüfungsmöglichkeit

Eine wirksame Überprüfungsmöglichkeit ist gewahrt, wenn objektiv bestimmbar ist, ob und inwieweit die Angebote die Zuschlagskriterien erfüllen. Bereits vor Einführung dieses Erfordernisses in § 127 Abs. 4 GWB im Rahmen des Vergaberechtsmodernisierungsgesetzes, ließ sich ein solches

---

600 *Rixen*, in: Beck'scher Vergaberechtskommentar, Bd. 2, VgV § 65 Rn. 12.
601 Eingehend dazu Kap. B.I.1.

bereits aus den allgemeinen Vergabegrundsätzen ableiten und besitzt damit in § 127 Abs. 4 GWB deklaratorische Wirkung.[602] Die Einführung erfolgte in Umsetzung des Art. 67 Abs. 4 RL 2014/24/EU.[603] Sie soll verhindern, dass dem öffentlichen Auftraggeber eine uneingeschränkte Wahlfreiheit bei der Festlegung der Zuschlagskriterien zukommt. Ausweislich der Gesetzesbegründung zu § 127 Abs. 4 GWB, in welcher der weite Ermessensspielraum des Auftraggebers bei der Festsetzung der Zuschlagskriterien durch den Gesetzgeber Bestätigung findet, dürfe dieser jedenfalls nicht zu einer unbeschränkten Entscheidungsfreiheit des Auftraggebers führen.[604] Der öffentliche Auftraggeber muss demnach in der Lage sein, die Erfüllung der von ihm festgelegten Kriterien im Rahmen der Angebotsbewertung objektiv zu überprüfen.

---

602 EuGH, Urt. v. 24.11.2005, Rs. C-331/04, ECLI:EU:C:2005:718, Rn. 21 (ATI EAC), EuGH, Urt. v. 17.9.2002, Rs. C-513/99, ECLI:EU:C:2002:495, Rn. 64 (Concordia Bus); *Müller-Wrede/Plauth*, in: Müller-Wrede, GWB § 127 Rn. 238.

603 Gesetzesbegründung zu § 127 Abs. 4 GWB, BT-Drs. 18/6281, S. 112.

604 Gesetzesbegründung zu § 127 Abs. 4 GWB, BT-Drs. 18/6281, S. 112.

Formelle Grenze der Bekanntgabepflicht

I. Zuschlagskriterien und Gewichtung

Die zentrale formelle Vorgabe für die Zuschlagskriterien bildet die Bekanntgabevorschrift. Die Zuschlagskriterien und ihre Gewichtung müssen nach § 127 Abs. 5 GWB sowie seiner unionsrechtlichen Grundlage in Art. 67 Abs. 5 RL 2014/24/EU in der Auftragsbekanntmachung oder den Vergabeunterlagen bekanntgegeben werden. Die Regelung dient der Konkretisierung des Transparenzgrundsatzes.[605] Aus den Geboten der Transparenz und Gleichbehandlung wird zudem gefolgert, dass der öffentliche Auftraggeber bereits in der Auftragsausschreibung bzw. den Vergabeunterlagen deutlich klarstellen muss, ob er ein Kriterium auf der Eignungs- oder Zuschlagsebene berücksichtigen will.[606] Die Bekanntgabepflichten können darüber hinaus bereits aus dem Rechtsstaatlichkeitsgebot selbst abgeleitet werden, welches die Vorhersehbarkeit, Messbarkeit und Transparenz staatlichen Handelns gebietet.[607] Der Auftraggeber hat die Zuschlagskriterien spätestens zum Zeitpunkt der Aufforderung zur Angebotsabgabe präzise zu benennen sowie ihre Gewichtung bekanntzugeben.[608] Der Durchschnittsbieter muss dadurch in die Lage versetzt werden von der Bedeutung der Kriterien Kenntnis zu nehmen, um

605 Gesetzesbegründung zu § 127 Abs. 5 GWB, BT-Drs. 18/6281, S. 113.

606 EuGH, Urt. v. 28.3.1995, Rs. C-324/93, ECLI:EU:C:1995:84, Rn. 45 (Evans Medical).

607 *Scholz*, in: Maunz/Dürig, GG Art. 23 Rn. 76; *Voll*, Sicherheit als Argument im Vergaberecht, S. 79.

608 EuGH, Urt. v. 14.7.2016, Rs. C-6/15, ECLI:EU:C:2016:555, Rn. 25 (Dimarso); VK Niedersachsen, Beschl. v. 26.11.2012, VgK-40/2012, juris Rn. 107.

sie bei seiner Angebotserstellung zugrunde legen zu können.[609] Fehlt eine vollständige oder hinreichend konkretisierte Bekanntgabe, ist ein Vergaberechtsverstoß anzunehmen.[610] Nicht zu beanstanden ist es jedoch, wenn sich der öffentliche Auftraggeber in einem Restbereich eine freie Wertung der Angebote vorbehält.[611] Seine Grenzen findet dies in den Maßstäben des Willkürverbotes, wonach auch die Wertungsmaßstäbe ausreichend transparent und bestimmt sein müssen.

Dem Diskurs zur Zulässigkeit der Berücksichtigung eines Mehr an Eignung auf Zuschlagsebene lagen zahlreiche Verfahren zugrunde, in denen der Auftraggeber die über die Mindestanforderungen in den Eignungskriterien hinausgehende Mehreignung einzelner Bieter im Rahmen der Angebotswertung berücksichtigen wollte.[612] Da öffentliche Auftraggeber bei ihrer Angebotswertung keine Zuschlagskriterien berücksichtigen dürfen, die sie nicht vorab ausreichend bestimmt bekanntgegeben haben, konnte die Spruchpraxis zur Berücksichtigung eines Mehr an Eignung ohne Bekanntgabe als Zuschlagskriterium kaum verwundern.[613]

Der Richtliniengeber eröffnete den Mitgliedsstaaten insoweit einen Spielraum, als er klarstellt, es könne den Auftraggebern gestattet sein in ordnungsgemäß begründeten Fällen von der Pflicht zur Bekanntgabe der Gewichtung abzusehen, wenn die Gewichtung insbesondere wegen der Komplexität des Auftrags nicht vorab festgelegt werden kann.[614] In diesen Fällen sei die Bekanntgabe der Zuschlagskriterien in absteigender Reihenfolge ihrer Bedeutung gerechtfertigt.

---

609 EuGH, Urt. v. 17.9.2002, Rs. C-513/99, ECLI:EU:C:2002:495, Rn. 62 (Concordia Bus).

610 OLG Düsseldorf, Beschl. v. 21.5.2008, VII-Verg 19/08, juris Rn. 11.

611 *Willenbruch*, in: FS Marx, 841, 847.

612 BGH, Urt. v. 8.9.1998, X ZR 109/96, NJW 1998, 3644, 3646 (Klärwerkerweiterung) m. krit. Anm. *Dreher*, EWiR 1999, 139, 140; OLG München, Urt. v. 9.11.1993, 13 U 1716/93; OLG Düsseldorf, Beschl. v. 9.4.2014, Verg 36/13; OLG Düsseldorf, Beschl. v. 20.11.2008, VII-Verg 37/08.

613 OLG Düsseldorf, Beschl. v. 9.4.2014, Verg 36/13; OLG Düsseldorf, Beschl. v. 20.11.2008, VII-Verg 37/08.

614 Erwägungsgrund 90 RL 2014/24/EU.

II. Änderungen nach Bekanntgabe

Das Vergaberechtssystem enthält grundsätzlich kein Verbot zur Änderung bereits bekanntgegebener Zuschlagskriterien und ihrer Gewichtung, sofern dies unter Wahrung des Transparenzgrundsatzes und des Diskriminierungsverbots geschieht.[615] Das Diskriminierungsverbot ist insoweit gewahrt, wenn die Änderung einer sachlichen Begründung unterliegt. Eine solche sachliche Begründung kann in der Korrektur von Vergaberechtsverstößen oder in Zweckmäßigkeitserwägungen gesehen werden.[616] Den Bietern ist dann die Möglichkeit zur Anpassung ihrer Angebote unter Berücksichtigung der geänderten Kriterien oder ihrer Gewichtung zu eröffnen. Nach Angebotsabgabe ist eine Änderung der Zuschlagskriterien oder ihrer Gewichtung aus Gründen der Missbrauchsgefahr nicht mehr unter Fortführung des Verfahrens zulässig.[617] Den Transparenz- und Gleichheitsanforderungen ist gleichwohl genüge getan, wenn die Bieter auf die Änderungen ausreichend hingewiesen werden und ihnen die Möglichkeit zur erneuten Abgabe eines Angebots unter Berücksichtigung der geänderten Festsetzung eingeräumt wird.

Nach überzeugender Auffassung ist eine Änderung personenbezogener Zuschlagskriterien nach Angebotsabgabe damit zulässig, wenn der Auftraggeber bei der Berücksichtigung personenbezogener Zuschlagskriterien nach deren Bekanntgabe einen Verstoß gegen das Trennungsgebot feststellt, da das von ihm bekanntgegebene Kriterium nach schwerpunktmäßiger Abgrenzung nicht zur Einordnung als Zuschlagskriterium führt.

---

615 BGH, Beschl. v. 26.9.2006, X ZB 14/06, NZBau 2006, 800, 801 mit Anm. *Müller-Wrede*, NZBau 2006, 800, 808; OLG Düsseldorf, Beschl. v. 21.10.2015 – VII-Verg 28/14, NZBau 2016, 235, 240.

616 BGH, Beschl. v. 26.9.2006, X ZB 14/06, NZBau 2006, 800, 801 mit Anm. *Müller-Wrede*, NZBau 2006, 800, 808; OLG Karlsruhe, Beschl. v. 21.5.2021, 15 Verg 4/21, NZBau 2022, 303, 305; OLG Düsseldorf, Beschl. v. 21.10.2015 – VII-Verg 28/14, NZBau 2016, 235, 240.

617 VK München, Beschl. v. 13.8.2012, Z3-3-3194-1-19-04/12; VK Bund, Beschl. v. 22.12.2017, VK 1-135/17, IBRRS 2018, 1413; OLG Frankfurt a. M., Beschl. v. 28.2.2006, 11 Verg 15, 16/05, BeckRS 2006, 10826; *Steck*, VergabeR 2020, 270, 280.

III. Bewertungsmethode

Eine Pflicht zur Bekanntgabe der Bewertungsmethode, anhand derer der Auftraggeber die konkrete Bewertung der Angebote mittels der festgelegten Zuschlagskriterien und ihrer Gewichtung vornehmen und in Form einer Rangfolge zueinander ins Verhältnis setzen wird, besteht nach überzeugender Auffassung für den öffentlichen Auftraggeber nicht.[618] Eine derartige Pflicht ergibt sich nach der Rechtsprechung des EuGH weder aus der Vergaberichtlinie, noch aus dem von der Rechtsprechung angewandten Transparenzgrundsatz selbst.[619] Der öffentliche Auftraggeber benötige bei der Bewertung der Angebote einen gewissen Freiraum, um die Prüfung und Bewertung der eingereichten Angebote zu strukturieren, ohne dass er dabei eine Veränderung der festgelegten Zuschlagskriterien und ihre Gewichtung vornehmen dürfe.[620] Eine solche Veränderung würde eine im Lichte des Transparenz- und Gleichbehandlungsgrundsatzes zu messende Mitteilungspflicht und die Pflicht zur Einräumung einer erneuten Angebotsabgabe auslösen.[621] Dieser Freiraum sei auch aus praktischen Erwägungen gerechtfertigt, da der Auftraggeber in der Lage sein müsse, die Bewertungsmethode, die er zur Bewertung und Einstufung der Angebote anwenden wird, an die Umstände des Einzelfalls anzupassen. Erforderlich ist damit, dass die Bewertung durch den öffentlichen Auftraggeber vertretbar, in sich konsistent und in diesem Sinne nachvollziehbar erfolgt.[622] Im

---

618 EuGH, Urt. v. 14.7.2016, Rs. C-6/15, ECLI:EU:C:2016:555, Rn. 27, 28 (Dimarso); VK Mecklenburg-Vorpommern, Beschl. v. 28.10.2020, 3 VK 7/20, juris Rn. 38; OLG Düsseldorf, Beschl. v. 8.3.2017, Verg 39/16, ZfBR 2017, 498, 501; *Schneevogl*, NZBau 2017, 262, 264; *Willenbruch*, in: FS Marx, 841, 847; a.A. OLG Düsseldorf, Beschl. v. 9.4.2014, Verg 36/13, ZfBR 2015, 512, 513; *Herrmann*, VergabeR 2015, 296, 300; *Püstow*, VergabeR 2022, 311, 321.

619 EuGH, Urt. v. 14.7.2016, Rs. C-6/15, ECLI:EU:C:2016:555, Rn. 27, 28 (Dimarso); a.A. OLG Düsseldorf, Beschl. v. 9.4.2014, Verg 36/13, ZfBR 2015, 512, 513; *Herrmann*, VergabeR 2015, 296, 300.

620 EuGH, Urt. v. 21.7.2011, Rs. C-252/10 P, ECLI:EU:C:2011:512, Rn. 35 (Evropaïki Dynamiki/EMSA); EuGH, Urt. v. 14.7.2016, Rs. C-6/15, ECLI:EU:C:2016:555, Rn. 29 (Dimarso); zur Änderungsbefugnis vorangehendes Kap. E. I.

621 Siehe Kap. E II.

622 VK Mecklenburg-Vorpommern, Beschl. v. 28.10.2020, 3 VK 7/20, juris Rn. 38; VK Bund, Beschl. v. 10.6.2020, 2 VK 2–15/20.

Lichte des Gleichheitsgebots sei die Bewertungsmethode grundsätzlich jedoch nicht erst nach der Öffnung der Angebote durch den öffentlichen Auftraggeber festzulegen. Sachliche Gründe vermögen die Festlegung der Bewertungsmethode nach Öffnung der Angebote gleichwohl im Einzelfall zu rechtfertigen.[623]

---

623 EuGH, Urt. v. 14.7.2016, Rs. C-6/15, ECLI:EU:C:2016:555, Rn. 31 (Dimarso).

Gerichtliche Kontrolle

Die Bieter und Bewerber haben nach § 97 Abs. 6 GWB einen Anspruch auf Einhaltung der Bestimmungen des Vergabeverfahrens.[624] Sowohl § 127 Abs. 1 GWB, § 58 Abs. 1 VgV, als auch § 65 Abs. 5 VgV entfalten insoweit subjektive Rechte.[625] Dieser Anspruch erstreckt sich gleichwohl nicht auf § 58 Abs. 2 S. 2 und S. 3 VgV, sondern erschöpft sich auf die Vorgabe, dass der öffentliche Auftraggeber den Zuschlag auf das wirtschaftlichste Angebot zu erteilen hat.[626]

I. Rügeobliegenheit

Die Berücksichtigung unzulässiger Zuschlagskriterien stellt einen Vergabeverstoß dar, der einer rechtzeitigen Rüge bedarf. Die Eignungs- und Zuschlagskriterien ergeben sich regelmäßig bereits aus der Auftragsbekanntmachung, spätestens jedoch aus den Vergabeunterlagen.[627]

Nach § 160 Abs. 3 Nr. 2 GWB muss die Rüge bei erkennbarem Verstoß in der Auftragsbekanntmachung spätestens bis zum Ablauf der in der Bekanntmachung benannten Frist zur Bewerbung oder zur Angebotsabgabe

624 *Müller-Wrede/Plauth/Delcuvé*, in: Müller-Wrede, GWB § 127 Rn. 299; *Müller-Wrede*, in: Müller-Wrede, VgV § 58 Rn. 274.
625 *Mußgnug*, in: Pünder/Schellenberg, VgV § 65 Rn. 26; *Voppel*, in: Voppel/Osenbrück/Bubert, VgV § 58 Rn. 85.
626 *Voppel*, in: Voppel/Osenbrück/Bubert, VgV § 58 Rn. 85.
627 *Voppel*, in: Voppel/Osenbrück/Bubert, VgV Vor § 56 Rn. 10.

gegenüber dem Auftraggeber gerügt werden. Vergabeverstöße die erst in den Vergabeunterlagen erkennbar werden, sind nach § 160 Abs. 3 Nr. 3 GWB spätestens bis zum Ablauf der Bewerbungsfrist oder der Frist zur Angebotsabgabe gegenüber dem Auftraggeber zu rügen.

II. Erkennbarkeit des Vergabeverstoßes

Die Erkennbarkeit eines Vergabeverstoßes im Sinne des § 160 Abs. 3 GWB hat unmittelbare Auswirkungen auf die Zulässigkeit eines Nachprüfungsantrags eines potentiell unterlegenen Bieters oder Bewerbers. Für die Beurteilung der Erkennbarkeit eines Vergabeverstoßes ist auf einen objektiven Maßstab eines durchschnittlich fachkundigen Bieters abzustellen, der die übliche Sorgfalt anwendet.[628] Die Erkennbarkeit muss sich dabei auf die den Verstoß begründenden Tatsachen als auch auf deren rechtliche Bewertung erstrecken.[629]

1. Verstoß bei der Festsetzung und Gewichtung

Die Unzulässigkeit eines personenbezogenen Zuschlagskriteriums ist weder auf erster Stufe der Prüfung, bei der Frage einer rechtmäßig vorgenommenen Abgrenzung des Zwecksetzungsschwerpunktes erkennbar, noch auf der zweiten Stufe bei der Prüfung eines Verstoßes gegen materielle und formelle Vorgaben des Vergaberechtssystems.[630] Der Durchschnittsbieter muss dabei weder umfassende Kenntnisse im Bereich der vergaberechtlichen Fachliteratur besitzen, noch die vergaberechtliche Rechtsprechung zur Auslegung der einschlägigen Bestimmungen kennen.[631] Für einen Durchschnittsbieter ist die fehlerhafte Einordnung eines Kriteriums als Zuschlagskriterium gerade

---

628 EuGH, Urt. v. 12.3.2015, Rs. C-538/13, ECLI:EU:C:2015:166, Rn. 55 (eVigilo); OLG Koblenz, Beschl. v. 12.12.2022, Verg 3/22, BeckRS 2022, 37797 Rn. 31.

629 OLG Düsseldorf, Beschl. v. 15.2.2023, Verg 6/22, juris Rn. 36; OLG Düsseldorf, Beschl. v. 22.1.2014 – VII-Verg 26/13 –, juris Rn. 29; VK Rheinland, Beschl. v. 29.7.2019, VK 26/19-L–, juris Rn. 20; *Dicks*, in: Ziekow/Völlink, GWB § 160 Rn. 49.

630 VK Rheinland, Beschl. v. 29.7.2019, VK 26/19- L–, juris Rn. 28; OLG Düsseldorf, Beschl. v. 20.7.2015, VII-Verg 37/15, juris Rn. 8.

631 OLG Koblenz, Beschl. v. 12.12.2022, Verg 3/22, BeckRS 2022, 37797.

nicht erkennbar, da die Frage der Abgrenzung zwischen den beiden Kriterienkategorien Fachwissen erfordere und im Detail umstritten ist.[632]

Insbesondere seit der Einführung der Ausnahmevorschriften der § 58 Abs. 2 Nr. 2 VgV und § 46 Abs. 3 Nr. 6 VgV, die eine komplizierte Rückausnahme zulassen, sei die Rechtslage nicht mehr allein durch Lektüre des Gesetzes zu erfassen.[633] Mangels Erkennbarkeit ist damit eine Rügeobliegenheit ausgeschlossen.

Anderer Auffassung zufolge sei die Erkennbarkeit subjektiv zu beurteilen.[634] Es komme daher vielmehr darauf an, wie die Erkennbarkeit aus Sicht des konkret betroffenen Bieters zu beurteilen sei.

Überzeugend scheint jedoch die Auffassung, die sich gegen eine Erkennbarkeit des Vergabeverstoßes gegen das Trennungsgebots ausspricht. Die Frage, ob das durch den öffentlichen Auftraggeber festgesetzte personenbezogene Zuschlagskriterium im Einklang mit dem Trennungsgebot steht, erfordert eine umfassende Gesamtabwägung im Rahmen der schwerpunktmäßigen Abgrenzung.

2. Verstoß bei der Bewertung

Die Nachprüfungsinstanz überprüft die Bewertungsentscheidung des Auftraggebers nur darauf, ob dieser seinen Beurteilungsspielraum verletzt hat. Die Nachprüfungsinstanz darf die Wertung eines öffentlichen Auftraggebers gerade nicht durch eine eigene Wertung ersetzen. Die Angebotsbewertung ist vielmehr daraufhin zu prüfen, ob das vorgeschriebene Verfahren eingehalten, von einem zutreffenden und vollständig ermittelten Sachverhalt ausgegangen, keine sachwidrigen Erwägungen für die Entscheidung herangezogen und nicht gegen allgemein gültige Bewertungsgrundsätze verstoßen wurde.[635]

---

632 VK Bund, Beschl. v. 17.3.2014, VK 1–12/14, IBRRS 2014, 2166, II. 1. b); OLG Düsseldorf, Beschl. v. 3.8.2011, VII-Verg 40/10, VergR 2012, 227, 229; OLG Karlsruhe, v. 20.7.2011, 15 Verg 6/11, IBR 2011, 659; OLG München, Beschl. v. 29.7.2010, Verg 9/10, BeckRS 2010, 23564, II.2.a).

633 VK Baden-Württemberg, Beschl. v. 12.11.2019, 1 VK 62/19, BeckRS 2019, 31852 Rn. 31.

634 OLG München, Beschl. v. 25.7.2013, Verg 7/13IBR 2013, 645.

635 VK Bund, Bechl. v. 14.9.2018, VK 2–76/18; VK Baden-Württemberg, Beschl. v. 3.6.2020, 1 VK 09/20.

III. Nachprüfungsumfang

1. Überprüfbarkeit der Festsetzung

Bei der Festsetzung und Bewertung personenbezogener Zuschlagskriterien obliegt dem öffentlichen Auftraggeber ein Beurteilungs- und Ermessenspielraum der einer eingeschränkten gerichtlichen Kontrolle unterliegt.[636] Anerkannt ist gemeinhin die Sonderstellung der weiten Ermessens- und Beurteilungsspielräume im Vergabeverfahren.[637] Beurteilt ein Gericht das vom öffentlichen Auftraggeber festgesetzte Zuschlagskriterium für unvereinbar mit geltendem Vergaberecht, hat es das Zuschlagskriterium für unanwendbar zu erklären. Stellt bereits die Festsetzung einen Vergaberechtsverstoß dar, kommt es auf seine Bewertung nicht mehr an.[638] Die Festlegung der Zuschlagskriterien, ihrer Gewichtung und der Bewertungsmethode unterliegen dem weiten Beurteilungsspielraum des öffentlichen Auftraggebers.[639] Gleichwohl kann sich eine Unzulässigkeit der Gewichtung eines qualitativen Zuschlagskriteriums gegenüber einem monetären Zuschlagskriterium ergeben, wenn die Übergewichtung der Qualität, insbesondere auch der personenbezogenen Qualität nach objektiver Beurteilung nicht verhältnismäßig erscheint.[640]

Der Nachprüfungsumfang erstreckt sich insbesondere im Bereich personenbezogener Zuschlagskriterien auf die Prüfung, ob die im Rahmen der festgesetzten und bekanntgegebenen Zuschlagskriterien angestrebte personenbezogene Qualität zur Ermittlung des wirtschaftlichsten Angebots geeignet und erforderlich ist und in einem angemessenen Verhältnis zum Auftragsgegenstand steht.[641] Die Überprüfung dahingehend, ob ein Kriterium personenbezogener Qualität in Höhe seiner ihm zugewiesenen Gewichtung

---

636 *Boesen*, GWB § 97 Rn. 151.

637 *Willenbruch*, in: FS Marx, 841, 851 (m.w.N.); OLG Celle, VergabeR 2012, 514; OLG Brandenburg, Beschl. v. 19.12.2011, Verg W 17/11; OLG Naumburg, Beschl. v. 13.11.2002, 5 Verg 1/02; *Willenbruch*, in: FS Marx, 841, 849.

638 *Hillen*, Die Gerichtliche Kontrolle von Wirtschaftlichkeit im Vergaberecht, S. 626.

639 EuGH, Urt. v. 26.3.2015, Rs. C-601/13, ECLI:EU:C:2015:204, Rn. 28 (Ambisig); VK Bund, Beschl. v. 15.2.2018, VK 1, 161/17, Rn. 93; OLG Düsseldorf, Beschl. v. 8.2.2017, VII-Verg 31/16 mit Anm. *Gielen*, VergabeR 2017, 505, 506; *Dörr*, in: Beck'scher Vergaberechtskommentar, Bd. 1, Einl. Rn. 5; *Opitz*, in: Beck'scher Vergaberechtskommentar, GWB § 127 Rn. 33; *Greb*, NZBau 2020, 147, 149.

640 *Boesen*, GWB § 97 Rn. 152.

641 *Ricken*, Beurteilungsspielräume und Ermessen im Vergaberecht, S. 312.

und in Relation zu den übrigen Zuschlagskriterien geeignet ist, das wirtschaftlichste Angebot im Rahmen des konkret ausgeschriebenen Auftrags zu ermitteln, unterliegt einer vollständigen gerichtlichen Kontrolle.[642]

Stellt ein Gericht den Verstoß eines Zuschlagskriteriums gegen die formellen oder materiellen Vorgaben des Vergaberechts fest, hat es das Kriterium für vergaberechtswidrig und damit unanwendbar zu erklären. Die Beurteilung der Frage, ob ein personenbezogenes Kriterium im Sinne des § 58 Abs. 2 Nr. 2 VgV erheblichen Einflusses auf das Niveau der Auftragsausführung haben kann, erfordert eine Prognoseentscheidung des öffentlichen Auftraggebers und verdient damit bei der Untersuchung des Nachprüfungsumfangs besondere Berücksichtigung.[643] Der Beurteilungsspielraum erstreckt sich auch auf die vom öffentlichen Auftraggeber vorzunehmende Prognose für das Vorliegen eines erheblichen Einflusses der Personalqualität auf die Qualität der Auftragsausführung.[644] Unbestimmte Rechtsbegriffe unterliegen nur insoweit einer eingeschränkten gerichtlichen Kontrolle, als sie dem Normadressaten eine dogmatisch legitimierte Entscheidungsprärogative einräumen. Dies gilt insbesondere in Anbetracht der Rechtsschutzgarantie des Art. 19 Abs. 4 GG.[645] Dem Auftraggeber kommt insoweit jedoch keine Einschätzungsprärogative zu. Das Merkmal des erheblichen Einflusses unterliegt nicht dem indiziellen Charakter der enumerativ aufgeführten Kriterien in § 58 Abs. 2 VgV. Der indizielle Charakter erschöpft sich auf den Einfluss der in § 58 Abs. 2 VgV enumerativ genannten Kriterien auf die Leistungsqualität, nicht hingegen auf den nach § 58 Abs. 2 Nr. 2 VgV erforderlichen erheblichen Einfluss auf das Niveau der Auftragsausführung. Das Erfordernis prognostischer Erwägungen geht nicht unmittelbar mit einem verminderten Nachprüfungsumfang einher.[646] Dies stünde in Widerspruch zum Grundsatz des effektiven Rechtsschutzes nach Art. 19 Abs. 4 GG. Im Gegensatz zum Beurteilungsspielraum des Auftraggebers bei der Ermittlung des wirtschaftlichsten Angebots, besteht beim Merkmal des erheblichen Einflusses

---

642 Vgl. *Ricken*, Beurteilungsspielräume und Ermessen im Vergaberecht, S. 312.

643 *Hillen*, Die gerichtliche Kontrolle von Wirtschaftlichkeit im Vergaberecht, S. 358.

644 *Püstow*, VergabeR 2022, 311, 316.

645 *Schwarze*, EuZW 2000, 133, 141.

646 *Schmidt-Aßmann*, in: Maunz/Dürig, GG Art. 19 Abs. 4 Rn. 200; *Hillen*, Die gerichtliche Kontrolle von Wirtschaftlichkeit im Vergaberecht, S. 360 (m.w.N).

gerade keine Einschätzungsprärogative.[647] Die Kontrolle der Rechtmäßigkeit prognostischer Beurteilungen erfolgt aus der ex ante Sicht.[648] Grundlage der Nachprüfungsentscheidung können demnach ausschließlich Umstände, Daten, Erfahrungssätze und Entwicklungstendenzen sein, welche bereits im Zeitpunkt der behördlichen Beurteilung vorlagen.[649]

2. Überprüfbarkeit der Gewichtung

Der Nachprüfungsumfang erstreckt sich auf die Frage, ob die Zuschlagskriterien in ihrer Gewichtung in einem angemessenen Verhältnis zueinander stehen und insoweit geeignet sind das wirtschaftlichste Angebot zu ermitteln.[650] Dem öffentlichen Auftraggeber steht bei der Gewichtung der Zuschlagskriterien ein grundsätzlich ebenfalls weiter Beurteilungsspielraum zu. Die noch nach alter Rechtslage des § 4 Abs. 2 S. 2 und § 5 Abs. 1 S. 2 VgV a.F. vorhandene Beschränkung der Berücksichtigungsfähigkeit personenbezogener Zuschlagskriterien auf 25 Prozent wurde, wie bereits dargelegt, ersatzlos gestrichen. Nunmehr sieht § 58 Abs. 2 S. 3 VgV die Festsetzung von Festpreisen oder Festkosten vor, sodass auf Festsetzung monetärer Zuschlagskriterien grundsätzlich verzichtet werden kann.

Die Rüge fehlerhafter Gewichtung der Zuschlagskriterien kann auf eine Übergewichtung des Preises gestützt sein. Insbesondere im Bereich der Vergabe von Architekten und Ingenieurleistungen, die den Leistungswettbewerb als gesetzliches Leitbild vorsehen, wird eine maximale Gewichtung des Preises von 25 Prozent vertreten.[651] Legt der Auftraggeber keinen Festpreis oder Festkosten fest, ist ein Vergabeverstoß bei Untergewichtung monetärer Kriterien denkbar.

Der öffentliche Auftraggeber darf qualitativen Zuschlagskriterien gleichwohl keine derart große Gewichtung beimessen, die sachlich nicht gerechtfertigt wäre und die Annahme begründen würde, die Kriterien seien derart

---

647 *Riese*, in: Schoch/Schneider, VwGO § 114 Rn. 154–155.

648 *Hillen*, Die gerichtliche Kontrolle von Wirtschaftlichkeit im Vergaberecht, S. 362 (m.w.N).

649 *Hillen*, Die gerichtliche Kontrolle von Wirtschaftlichkeit im Vergaberecht, S. 362.

650 OLG Düsseldorf, Beschl. v. 21.5.2012, Verg 3/12, IBRRS 2012, 2606.

651 *Petschulat*, ZfBR 2020, 534, 539.

ausgestaltet worden um nur einem oder einzelnen Unternehmen realistische Chancen auf den Zuschlag zu ermöglichen.[652]

3. Überprüfbarkeit der Bewertung

Dem öffentlichen Auftraggeber steht bei der Bewertung der Angebote ein gerichtlich nur eingeschränkt überprüfbarer Beurteilungsspielraum zu.[653] Ob es sich hierbei um einen Beurteilungs- oder etwa Ermessensspielraum handelt, wird uneinheitlich behandelt.[654] Überzeugend scheint es, im Rahmen der Bewertung von einem Ermessensspielraum des öffentlichen Auftraggebers auszugehen. Der Nachprüfungsumfang beschränkt sich insoweit auf die Einhaltung der Verfahrensvorschriften, darauf dass der Auftraggeber die von ihm selbst aufgestellten Zuschlagskriterien und ihre Gewichtung beachtet, der zugrundeliegende Sachverhalt vollständig und zutreffend ermittelt wurde, keine sachwidrigen Erwägungen angestellt wurden und keine Verstöße gegen allgemeine Bewertungsgrundsätze vorliegen.[655] Die Nachprüfungsinstanzen untersuchen die Bewertung des Angebots des Antragstellers für sich genommen und in Relation zu den übrigen Angeboten, insbesondere zu demjenigen des Zuschlagsprätendenten.[656] Die Überprüfung umfasst die Bewertung der einzelnen Angebote im Lichte des Gleichheitsgrundsatzes und Diskriminierungsverbots auf ihre Plausibilität. Die Bewertung der Angebote durch den öffentlichen Auftraggeber anhand der durch ihn festgelegten Zuschlagskriterien muss vertretbar, in sich konsistent und in diesem Sinne

---

652 BGH, Beschl. v. 4.4.2017, X ZB 3/17, NZBau 2017, 366, 370; OLG Düsseldorf, Beschl. v. 15.2.2023, Verg 6/22, juris Rn. 53.

653 BGH, Beschl. v. 4.4.2017, X ZB 3/17, NZBau 2017, 366, 371; VK Mecklenburg-Vorpommern, Beschl. v. 28.10.2020, 3 VK 7/20, juris Rn. 38; VK Westfalen, Beschl. v. 28.11.2017, VK 1–28/17, IBRRS 2018, 0134; VK Kiel, Beschl. v. 20.7.2012, VK-SH 16/12, juris Rn. 30.

654 *von Bechtolsheim*, in: BeckOK Vergaberecht, GWB § 127 Rn. 7d; *Müller-Wrede/Plauth*, in: Müller-Wrede, GWB § 127 Rn. 236.

655 VK Bund, Beschl. v. 15.2.2021, VK 2–117/20, BeckRS 2021, 54246 Rn. 47; OLG Düsseldorf, Beschl. v. 8.3.2017, VII-Verg 39/16, ZfBR 2017, 498; VK Kiel, Beschl. v. 20.7.2012, VK-SH 16/12, juris Rn. 31–37; *von Bechtolsheim*, in: BeckOK Vergaberecht, GWB § 127 Rn. 7d; *Müller-Wrede/Delcuvé*, in: Müller-Wrede, GWB § 127 Rn. 20; *Willenbruch*, in: FS Marx, 841, 850–851.

656 BGH, Beschl. v. 4.4.2017, X ZB 3/17, NZBau 2017, 366, 371.

nachvollziehbar sein.[657] Der Beurteilungsspielraum des öffentlichen Auftraggebers bei der Bewertung personenbezogener Zuschlagskriterien beruht auf dem Umstand, dass die personenbezogene Qualität vielfach subjektiver Bewertung unterliegt.[658] Die Bewertung quantitativ bestimmbarer Qualitätskriterien, wie die Anzahl an Referenzprojekten des einzusetzenden Personals, oder die in Jahren gemessene Berufserfahrung vermögen aufgrund einer Quantifizierbarkeit einer objektiven Bewertung zugänglich zu sein. Ein derart objektiv bewertbares Qualitätskriterium unterliegt keinem Beurteilungsspielraum des Auftraggebers und damit einer umfassenden Kontrolle der Nachprüfungsinstanz. Ein Qualitätskriterium, welches einem subjektiven Beurteilungsspielraum und damit einer subjektiven Bewertung unterliegt, wie beispielsweise die Qualität einer Präsentation des Projektleiters oder eines Konzeptpapiers, ist hingegen nur eingeschränkt gerichtlich überprüfbar.[659] Die Nachprüfungsinstanz hat dann keine eigene Bewertung vorzunehmen, die an die Stelle der Bewertung des Auftraggebers tritt. Vielmehr erstreckt sich der Nachprüfungsumfang lediglich auf den dargelegten eingeschränkten Überprüfungsumfang.[660] Einzelne Zuschlagskriterien oder Zuschlagsunterkriterien zur Konkretisierung personenbezogener Qualität können ihrerseits unbestimmte Rechtsbegriffe enthalten, die jedenfalls in den Grenzen des Willkürverbots einen Beurteilungsspielraum des öffentlichen Auftraggebers bei der Bewertung der Angebote eröffnen.[661]

Von einem unzutreffenden Sachverhalt geht der öffentliche Auftraggeber bei der Festlegung der Zuschlagskriterien beispielsweise aus, wenn er bei der Vergabe von Rahmenverträgen zur Belieferung radiologisch tätiger Arztpraxen mit Kontrastmitteln die Annahme zugrunde legt, unterschiedliche Iod-Konzentrationen in den Kontrastmitteln seien in der Anwendungspraxis ohne Auswirkungen, sodass er annimmt ein Korrekturfaktor für unterschiedliche Iod-Konzentrationen sei nicht erforderlich.[662] Tatsächlich führt

---

657 BKartA Bonn, Beschl. v. 14.4.2020, VK 2 - 15/20, juris Rn. 51.

658 OLG Düsseldorf, Beschl. v. 15.2.2023, Verg 6/22, juris Rn. 43; *Püstow*, VergabeR 2022, 311, 321.

659 *Hillen*, Die gerichtliche Kontrolle von Wirtschaftlichkeit im Vergaberecht, S. 606.

660 *Püstow*, VergabeR 2022, 311, 321–322.

661 *Braun/Kappenmann*, NZBau 2006, 544, 546.

662 OLG Düsseldorf, Beschl. v. 8.2.2017, Verg 31/16, BeckRS 2017, 108437 Rn. 18, mit Anm. *Gielen*, VergabeR 2017, 505.

eine höhere Iod-Konzentration jedoch zu einem geringeren Verbrauch des Kontrastmittels. Eine Angebotswertung allein am Kriterium des Preises ist unzulässig, wenn eine qualitative Vergleichbarkeit der Angebote nicht gegeben ist.[663] Geht der Auftraggeber fälschlicherweise von einem zu vernachlässigenden Qualitätsunterschied der Produkte in den Angeboten aus, legt er einen unzutreffenden Sachverhalt zugrunde. Das Zuschlagskriterium Preis ist dann jedenfalls ohne Korrekturfaktor bereits nicht geeignet das wirtschaftlichste Angebot zu ermitteln. Die Angebotswertung ist damit ermessensfehlerhaft und stellt einen Verstoß gegen § 127 Abs. 1, Abs. 4 GWB dar.[664] Im Rahmen der Angebotsbewertung darf er zudem ausschließlich die von ihm bekanntgegebenen Zuschlagskriterien zugrunde legen. Er unterliegt insoweit einer Selbstbindung.[665]

---

663 BGH, Beschl. v. 7.1.2014, X ZB 15/13, KommJur 2014, 185, 187.

664 OLG Düsseldorf, Beschl. v. 8.2.2017, Verg 31/16, BeckRS 2017, 108437 Rn. 18, mit Anm. *Gielen*, VergabeR 2017, 505.

665 VK Kiel, Beschl. v. 20.7.2012, VK-SH 16/12, juris Rn. 39; *Hillen*, Die gerichtliche Kontrolle von Wirtschaftlichkeit im Vergaberecht, S. 358.

Schlussbetrachtung

Im Bereich personenbezogener Zuschlagskriterien ist aufgrund aktuell divergierender rechtlicher Behandlung eine Differenzierung nach personenbezogenen Zuschlagskriterien im engeren Sinne und personenbezogenen Zuschlagskriterien im weiteren Sinne geboten. Personenbezogene Zuschlagskriterien im engeren Sinne umfassen dabei die von Art. 67 Abs. 2 lit. b) RL 2014/24/EU sowie insbesondere § 58 Abs. 2 Nr. 2 VgV auf nationaler Ebene normierte Personalqualität des für den Auftrag einzusetzenden Personals. Personenbezogene Zuschlagskriterien im weiteren Sinne umfassen demgegenüber die über den Anwendungsbereich des Art. 67 Abs. 2 lit. b) RL 2014/24/EU hinausgehenden Zuschlagskriterien, die an die personenbezogene Qualität eines Bezugssubjekts oder einer Gruppe von Bezugssubjekten unmittelbar anknüpfen.

Weder aus dem europäischen Primär- und Sekundärrecht noch aus dem nationalen Vergaberechtssystem sowie den Vergabezwecken und Vergabegrundsätzen ist ein Verbot personenbezogener Zuschlagskriterien abzuleiten. Dies betrifft sowohl den Bereich personenbezogener Zuschlagskriterien im engeren Sinne als auch den Bereich personenbezogener Zuschlagskriterien im weiteren Sinne.

Dem aus der Systematik des Vergaberechtssystems hergeleiteten sog. Trennungsgebot ist kein Verbot personenbezogener Zuschlagskriterien zu entnehmen, sondern ein - keine Ausnahmen rechtfertigendes - Verbot der Berücksichtigung von Eignungskriterien auf Zuschlagsebene.

Das sog. Trennungsgebot erschöpft sich in vorbenanntem Gehalt und enthält keine Aussagen zur geeigneten Abgrenzungsmethode von Eignungs- und

Zuschlagskriterien. Im Einklang mit der Rechtsprechung des EuGH hat eine Abgrenzung zwischen Eignungs- und Zuschlagskriterien nach dem Schwerpunkt ihrer Zwecksetzung zu erfolgen. Im Rahmen der schwerpunktmäßigen Abgrenzung ist eine Gesamtabwägung der die Zwecksetzung indizierenden Umstände vorzunehmen. Indiziellen Charakter entfalten dabei die Anknüpfungen des Kriteriums an das Bezugssubjekt und -objekt, die besonderen Anforderungen des Auftragsgegenstands, die Intention des Auftraggebers sowie der Einfluss der personenbezogenen Qualität auf die Leistungsqualität. Die Anknüpfung des personenbezogenen Zuschlagskriteriums im engeren Sinne an das Bezussubjekt des für den Auftrag einzusetzenden Personals entfaltet dabei eine indizielle Wirkung für einen Zwecksetzungsschwerpunkt im Brereich der Angebotsbewertung. Eine Anknüpfung des personenbezogenen Zuschlagskriteriums im weiteren Sinne an den Personalbestand des Bieters, der über das für den Auftrag einzusetzende Personal hinausgeht oder unmittelbar an die Person des Bieters, entfaltet hingegen indizielle Wirkung für das Vorliegen des Zwecksetzungsschwerpunkts im Bereich der Eignungsprüfung.

Bei der Prüfung der Vergaberechtmäßigkeit personenbezogener Zuschlagskriterien bietet sich eine zweistufige Prüfung an. Auf erster Stufe ist zunächst, unter Anwendung der schwerpunktmäßigen Abgrenzungsmethode zu prüfen, ob das Kriterium in seiner schwerpunktmäßigen Zwecksetzung der Ermittlung des wirtschaftlich günstigsten Angebots dient und damit ein Zuschlagskriterium darstellt. Auf zweiter Stufe erfolgt sodann die Prüfung anhand der materiellen und formellen Vorgaben des Vergaberechtssystems, insbesondere anhand der normierten Tatbestandsvoraussetzungen personenbezogener Zuschlagskriterien sowie der allgemeinen Vorgaben in § 127 Abs. 2–5 GWB. Nur bei positiver Einordnung als Zuschlagskriterium auf der ersten Stufe, können die materiellen und formellen Schranken für die Festsetzung, Gewichtung und Bewertung von Zuschlagskriterien Anwendung finden. Das Vorliegen eines Zuschlagskriteriums stellt insoweit eine Anwendungsvoraussetzung für die Schranken der zweiten Prüfungsstufe dar.

Die normative Zulassung personenbezogener Zuschlagskriterien im engeren Sinne nach Art. 67 Abs. 2 lit. b) RL 2014/24/EU und insbesondere § 58 Abs. 2 Nr. 2 VgV, als auch personenbezogener Zuschlagskriterien im weiteren Sinne im Rahmen des § 65 Abs. 5 VgV, stellen keine Ausnahmen vom sog. Trennungsgebot dar. Sie erfassen bereits tatbestandlich ausschließlich Kriterien, die nach einer erfolgten schwerpunktmäßigen Abgrenzung als

Zuschlagskriterien einzuordnen sind. Ein Verstoß gegen das sog. Trennungsgebot ist in diesen Fällen ausgeschlossen.

Die Regelung des § 65 Abs. 5 VgV steht im Einklang mit der Vergaberichtlinie 2014/24/EU und stellt damit eine unionsrechtskonforme Normierung personenbezogener Zuschlagskriterien im weiteren Sinne dar.

Ein über § 46 Abs. 3 Nr. 6 VgV hinausgehendes allgemeines Doppelverwertungsverbot ist abzulehnen und kann damit der Berücksichtigungsfähigkeit personenbezogener Zuschlagskriterien nicht entgegenstehen.

Der Einfluss personenbezogener Qualität auf die Leistungsqualität und damit auf die Wirtschaftlichkeit eines Angebots unterliegt einer uneingeschränkten gerichtlichen Kontrolle, da dem Auftraggeber im Rahmen dieser Prognoseentscheidung keine dogmatisch legitimierte Einschätzungsprärogative zukommt.

Schrifttumsverzeichnis

Ahlers, Pia, Grundlagen und Grenzen der Beschaffungsautonomie, Baden-Baden 2023 (zit.: *Ahlers*, Grundlagen und Grenzen der Beschaffungsautonomie).

Bartelt, Justus, Der Anwendungsbereich des neuen Vergaberechts, Berlin 2017 (zit.: *Bartelt*, Der Anwendungsbereich des neuen Vergaberechts).

Barczak, Tristan, Rechtsbegriffe. Elementarteilchen juristischer Methodik und Dogmatik, JuS 2020, 905–910.

Baumann, Diethelm, Die Vergaberechtsnovelle 2016, GWR 2016, 159161.

Benedict, Christoph, Sekundärzwecke im Vergabeverfahren, Berlin/Heidelberg 2000 (zit.: *Benedict*, Sekundärzwecke im Vergabeverfahren).

Benedict, Christoph, Anm. zu OLG Naumburg, Beschl. v. 12.4.2012, 2 Verg 1/12, VergabeR 2012, 768–770.

Boesen, Arnold, Vergaberecht. Kommentar zum 4. Teil des GWB, Köln 2000 (zit.: *Boesen*, GWB).

Boesen, Arnold, Zuschlagskriterien – Möglichkeiten und Grenzen bei den Entscheidungen im Vergabeverfahren, in: Prieß, Hans-Joachim/Lau, Niels/Kratzenberg, Rüdiger (Hrsg.), Wettbewerb – Transparenz – Gleichbehandlung, Festschrift für Friedhelm Marx, München 2013, S. 15–37 (zit.: *Boesen*, in: FS Marx).

Braun, Joachim/Kappenmann, Jürgen, Die Bestimmung des wirtschaftlichsten Bieters nach den Zuschlagskriterien der Richtlinie 2004/18/EG, NZBau 2006, 544547.

Breloer, Carolin Eva, Europäische Vorgaben und das deutsche Vergaberecht, Frankfurt a.M. 2004 (zit.: *Breloer*, Europäische Vorgaben und das deutsche Vergaberecht).

Bröhmer, Jürgen, Transparenz als Verfassungsprinzip, Tübingen 2004 (zit.: *Bröhmer*, Transparenz als Verfassungsprinzip).

Bulla, Simon, Die Vergabe von Architekten- und Ingenieurleistungen. Teil 2: Ausgewählte Probleme von der Auftragsbekanntmachung bis zur Angebotswertung, VergabeR 2020, 120.

Burgi, Martin, Die Bedeutung der allgemeinen Vergabegrundsätze Wettbewerb, Transparenz und Gleichbehandlung, NZBau 2008, 29–34.

Burgi, Martin/Gölnitz, Hinnerk, Die Modernisierung des Vergaberechts als Daueraufgabe, DÖV 2009, 829–835.

Burgi, Martin, Die erfolgreiche Aufgabenerfüllung als Basiszweck des GWB-Vergaberechts, in: Prieß, Hans-Joachim/Lau, Niels/Kratzenberg, Rüdiger (Hrsg.), Wettbewerb – Transparenz – Gleichbehandlung, Festschrift für Friedhelm Marx, München 2013, S. 75–86 (zit.: *Burgi*, in: FS Marx).

Burgi, Martin, Ein Rechtsgebiet wird erwachsen: Zur Umsetzung der neuen EU-Vergaberichtlinien, ZHR 178 (2014), 2–9.

Burgi, Martin, Nach der Reform ist vor der Reform im Vergaberecht, NZBau 2016, 321322.

Burgi, Martin/Krönke, Christoph, Es zählt mehr als nur der Preis – Qualität und Nachhaltigkeit sozialer Dienstleistungen nach dem neuen Vergaberecht, SRa 2017, 222–226.

Burgi, Martin/Dreher, Meinrad/Opitz, Marc (Hrsg.), Beck'scher Vergaberechtskommentar, Band 2, 3. Auflage, München 2019 (zit.: *Bearbeiter*, in: Beck'scher Vergaberechtskommentar, Bd. 2).

Burgi, Martin, Vergaberecht, 3. Auflage, München 2021 (zit.: *Burgi*, Vergaberecht).

Burgi, Martin/Dreher, Meinrad/Opitz, Marc (Hrsg.), Beck'scher Vergaberechtskommentar, Band 1, 4. Auflage, München 2022 (zit.: *Bearbeiter*, in: Beck'scher Vergaberechtskommentar, Bd. 1).

Burgi, Martin, Die Entwicklung des Vergaberechts im Spiegel der Rechtsprechung des EuGH, in: Pechstein, Matthias (Hrsg.), Zur Verwirklichung eines Vereinten Europas, Festschrift für Rudolf Streinz, München 2023, S. 17–28 (zit.: *Burgi*, in: FS Streinz).

Bydlinski, Franz, Juristische Methodenlehre und Rechtsbegriff, 2. Auflage, Wien 2011 (zit.: *Bydlinski*, Juristische Methodenlehre).

Byok, Jan/Jaeger, Wolfgang (Hrsg.), Kommentar zum Vergaberecht. Vergaberechtliche Vorschriften des GWB, 4. Auflage, Frankfurt a. M. 2018 (zit.: *Bearbeiter*, in: Byok/Jaeger, GWB).

Byok, Jan, Konsequenzen aus der zunehmenden Divergenz der Vergabe- und Vertragsordnungen, in: Prieß, Hans-Joachim/Lau, Niels/Kratzenberg, Rüdiger (Hrsg.),

Wettbewerb – Transparenz – Gleichbehandlung, Festschrift für Friedhelm Marx, München 2013, S. 87–92 (zit.: *Byok*, in: FS Marx).
Canaris, Claus-Wilhelm/Larenz, Karl, Methodenlehre der Rechtswissenschaft, 3. Auflage, Heidelberg 1995 (zit.: *Canaris/Larenz*, Methodenlehre der Rechtswissenschaft).
Cho, Danbi, Teamqualität als zulässiges Qualitätskriterium, IR 2015, 189–190
Conrad, Sebastian, Eignung als Merkmal für Qualität: Zur Neuregelung der Wahl der Zuschlagskriterien durch die Siebte VgV-Änderungsverordnung, DVBl. 2014, 958–963.
Csaki, Alexander/Kniha, Karoline, Ein Petitum für mehr effektiven Rechtsschutz bei Vergaben unterhalb des Schwellenwertes, ZfBR 2021, 138–143.
Dauses, Manfred A. (Begr.)/*Ludwigs, Markus* (Hrsg.), Handbuch des EU-Wirtschaftsrechts, Band 1, Stand: 60. EL, München 2024 (zit.: *Bearbeiter*, in: Dauses/Ludwigs, EU-WirtschaftsR-HdB).
Dieckmann, Martin/Scharf, Jan Peter/Wagner-Cardenal, Kersten (Hrsg.), VgV – UvgO. Kommentar, 3. Auflage, München 2022 (zit.: *Bearbeiter*, in: Dieckmann/Scharf/Wagner-Cardenal).
Dittmann, Kerstin, Qualität durch Eignungs- und/oder Zuschlagskriterien?, NZBau 2013, 746752.
Dobmann, Volker, Das neue Vergaberecht – GWB, VgV, Sekt-VO, KonzVgV, VOB/A-EU, 2. Auflage, Baden-Baden 2018 (zit.: *Dobmann*, Das neue Vergaberecht).
Dreher, Meinrad, Anmerkung zu BGH, Urt. v. 8.9.1998, X ZR 109/96 (Klärwerkerweiterung), EWiR 1999, 139–140.
Dreher, Meinrad, Die Zukunft des untergesetzlichen Vergaberechts - Zur Neuordnung von Vergabeverordnung und Verdingungsordnungen, NVwZ 1999, 1265–1273.
Dreher, Meinrad, Anmerkung zu EuGH, Urt. v. 26.9.2000, C-225/98 (Nord-Pas-de-Calais), JZ 2001, 140–141.
Dreher, Meinrad, Vergaberecht im Wandel: Die Sicht der Wissenschaft, in: Pitschas, Rainer/Ziekow, Jan (Hrsg.) Vergaberecht im Wandel, Berlin 2006, S. 25–35 (zit.: *Dreher*, in: Pitschas/Ziekow, Vergaberecht im Wandel).
Dreher, Meinrad/Hoffmann, Jens, Der Marktzutritt von Newcomern als Herausforderung für das Kartellvergaberecht, NZBau 2008, 545–551.
Egger, Alexander, Einige Vorgaben für das Vergabeverfahren aus europarechtlicher Sicht, NZBau 2004, 582–587.

Eiermann, Heinrich, Primärrechtsschutz gegen öffentliche Auftraggeber bei europaweiten Ausschreibungen durch Vergabenachprüfungsverfahren – Teil 2, NZBau 2016, 76–86.

Eydner, John Richard, EuGH: Trennung von Eignungs- und Zuschlagskriterien! Anmerkung zu EuGH, Urt. v. 12.11.2009, C-199/07 (Griechische Staatsbahn), IBR 2009, 1394.

Faßbender, Kurt, Die neuen Regelungen für eine mittelstandsgerechte Auftragsvergabe, NZBau 2010, 529–535.

Figgen, Markus, Die Eignungsprüfung – Fallstricke in der Praxis und aktuelle Rechtsprechung, VergabeR 2009, 320–327.

Freise, Harald, Berücksichtigung von Eignungsmerkmalen bei der Ermittlung des wirtschaftlichsten Angebots?, NZBau 2009, 225–228.

Friton, Pascal, Die Festlegung und Erfüllung von Eignungsparametern nach den EU-Vergaberichtlinien und die Umsetzung im GWB Vergaberecht, Baden-Baden 2016 (zit.: *Friton*, Festlegung und Erfüllung von Eignungsparametern).

Fritz, Aline, Die Vergabe von Architekten und Ingenieursleistungen nach der VgV 2016, VergabeR 2017, 267–270.

Fuchs, Heiko/Berger, Andreas/Seifert, Werner, HOAI 2021 – Orientierendes zur Preisorientierung, NZBau 2021, 3–11.

Gabriel, Marc/Mertens, Susanne/Stein, Roland M./Wolf, Florian (Hrsg.), BeckOK Vergaberecht mit Kommentierungen zum GWB Teil 4 und zu VgV, UVgO, KonzVgV, SektVO, VSVgV, VOB/A und VOB/A EU, 33. Edition, Stand 01.08.2024, München (zitiert: *Bearbeiter*, in: BeckOK Vergaberecht).

Gabriel, Marc/Krohn, Wolfram/Neun, Andreas (Hrsg.), Handbuch Vergaberecht, 3. Auflage, München 2021 (zit.: *Bearbeiter*, in: Gabriel/ Krohn/Neun, Handbuch Vergaberecht).

Gaier, Reinhard, Verfassungsrecht – Fesseln und Freiheiten für das (Kartell-)Vergaberecht, NZBau 2008, 289–293.

Gerner, Thomas, Die neue EU-Richtlinie über die öffentliche Auftragsvergabe im Bereich sozialer Dienstleistungen und deren Umsetzung in nationales Recht, NZS 2016, 492498.

Gielen, Julia, Anm. zu OLG Düsseldorf, Beschl. v. 08.02.2017 – VII-Verg 31/16, VergabeR 2017, 510–512.

Goede, Matthias, Anmerkung zu EuGH, Urt. v. 26.3.2015, C-601/13 (Ambisig), EuZW 2015, 435436.

Götz, Walter, Öffentliche Beschaffungsmärkte und Europarecht. Die Transparenz- und Teilnahmebestimmungen der Vergaberichtlinien im Lichte der Rechtsprechung des Europäischen Gerichtshofs, Frankfurt am Main u.a. 1999 (zit.: *Götz*, Öffentliche Beschaffungsmärkte und Europarecht).

Gottschalck, Detlef, Nach welchen Auswahlkriterien werden Architektenleistungen vergeben? Anmerkung zu OLG Rostock, Beschl. v. 16.5.2001, 17 W 1 und 2/01, IBR 2001, 392.

Grabitz, Eberhard (Begr.)/*Hilf, Meinhard*/*Nettesheim, Martin* (Hrsg.), Das Recht der Europäischen Union, Loseblatt, 83. EL, München 2024 (zit.: *Bearbeiter*, in: Grabitz/Hilf/Nettesheim).

Greb, Klaus, Der Ermessens- und Beurteilungsspielraum öffentlicher Auftraggeber unter Druck, NZBau 2020, 147–151.

Griesewelle, Kathrin, Mittelstandsförderung im Vergaberecht, Hamburg 2018 (zit.: *Griesewelle*, Mittelstandsförderung im Vergaberecht).

Groeben, Hans von der/*Schwarze, Jürgen*/*Hatje, Arnim* (Hrsg.), Europäisches Unionsrecht, 7. Auflage, Baden-Baden 2015 (zit.: *Bearbeiter*, in: von der Groeben/Schwarze/Hatje).

Gröning, Jochem, Spielräume für die Auftraggeber bei der Wertung von Angeboten, NZBau 2003, 86–92.

Gröning, Jochem, Referenzen und andere Eignungsnachweise, VergabeR 2008, 721–728.

Gulich, Joachim, Anmerkung zu EuGH, Urt. v. 1.3.2018, C-9/17 (Tirkkonen), VergabeR 2018, 408–409.

Gyulai-Schmidt, Andrea, Strategische Nutzung des Vergaberechts für mehr Qualität am Beispiel von deutschen, österreichischen und ungarischen Umsetzungsmaßnahmen, ZfBR 2019, 762770.

Hattenhauer, Daniela/*Butzert, Clemens*, Die Wirtschaftlichkeit als treibende Kraft in der historischen Entstehung von Vergabeverfahren und ihre Bedeutung im heutigen Vergaberecht, ZfBR 2018, 229–233.

Heller, Hans, Zur Zulässigkeit personenbezogener Zuschlagskriterien: Qualität eines Teams. Anmerkung zu EuGH, Urt. v. 26.03.2015, C-601/13 (Ambisig), EWeRK 2015, 147150.

Herrmann, Alexander, Inhalt, Ausgestaltung und Anwendung von Wertungskriterien, VergabeR 2015, 296–308.

Hertwig, Stefan, Praxis des Vergaberechts, 7. Auflage, München 2021 (zit.: *Hertwig*, Praxis des Vergaberechts).

Hertwig, Stefan, Zuschlagskriterien und Wertung bei ÖPP-Vergaben, NZBau 2007, 543550.

Heuvels, Klaus/*Höß, Stefan*/*Kuß, Matthias*/*Wagner, Volkmar* (Hrsg.), Vergaberecht, 2. Auflage, Stuttgart 2021 (zit.: *Bearbeiter*, in: Heuvels/Höß/Kuß/Wagner).

Hillen, Christian, Die gerichtliche Kontrolle von Wirtschaftlichkeit im Vergaberecht, Baden-Baden 2018 (zit.: *Hillen*, Die gerichtliche Kontrolle von Wirtschaftlichkeit im Vergaberecht).

Holoubek, Michael/Fuchs, Claudia, Zur Rationalität des Vergaberechts, in: Prieß, Hans-Joachim/Lau, Niels/Kratzenberg, Rüdiger (Hrsg.), Wettbewerb – Transparenz – Gleichbehandlung, Festschrift für Friedhelm Marx, München 2013, S. 75–86 (zit.: *Holoubek/Fuchs*, in: FS Marx).

Hölzl, Franz Josef/Friton, Pascal, Entweder – Oder: Eignungs- sind keine Zuschlagskriterien, NZBau 2008, 307–310.

Immenga, Ulrich/Mestmäcker, Ernst-Joachim (Begr.), Wettbewerbsrecht. Band 4. Vergaberecht. Kommentar zum Europäischen und Deutschen Kartellrecht, 7. Auflage, München 2024 (zitiert: *Bearbeiter*, in: Immenga/ Mestmäcker, GWB).

Jasper, Ute, Anmerkung zu BGH, Urt. v. 08.09.1998, X ZR 109/96 (Klärwerkerweiterung), VergabeR 2010, 775–776.

Jasper, Ute/ Sande, Kirstin van de, Genauer beschreiben – einfacher werten. Geeignete Mindestanforderungen können Wertungsaufwand verringern, Vergabe Navigator 6/2015, 5.

Kapellmann, Klaus Dieter/Messerschmidt, Burkhard (Hrsg.), VOB Teile A und B, 9. Auflage, München 2025 (zit.: *Bearbeiter*, in: Kapellmann/ Messerschmidt, VOB).

Kau, Marcel, Vergaberechtliches Kaskadenprinzip und europäisches Gemeinschaftsrecht, EuZW 2005, 492–496.

Knauff, Matthias, Das Kaskadensystem im Vergaberecht – ein Regelungsmodell mit Zukunft?, NZBau 2010, 657–662.

Kokew, Christian, Kein generelles Doppelverwertungsverbot!, Anmerkung zu VK Südbayern, Beschluss vom 02.04.2019 - Z3–3-3194–1-43–11/18, VPR 2019, 129.

Kreße, Bernhard, Mehrsprachigkeit im Recht der Europäischen Union, ZRP 2014, 11–14.

Kreße, Bernhard, Die Auslegung mehrsprachiger Texte durch den EuGH, in: Burr/Gréciano (Hrsg.), Sprache und Recht – La construction européenne, Baden-Baden 2003, S. 157–171 (zit.: *Kreße*, in: Burr/ Gréciano, Sprache und Recht).

Kreuzer, Stefanie, Die Vergaberechtsreform 2016 durch die Richtlinien 2014/23/EU, 2014/24/EU, 2014/25/EU, Baden-Baden 2019 (zit.: *Kreuzer*, Die Vergaberechtsreform 2016 durch die Richtlinien 2014/23/EU, 2014/24/EU, 2014/25/EU).

Krönke, Christoph, Das neue Vergaberecht aus verwaltungsrechtlicher Perspektive, NVwZ 2016, 568–575.

Lampe-Helbig, Gudrun, Die Verdingungsordnung für Bauleistungen (VOB) und der Bauvertrag, in: Pastor, Werner (Hrsg.), Festschrift für Hermann Korbion zum 60. Geburtstag am 18. Juni 1986, Düsseldorf 1986, S. 253-. (zit.: *Lampe-Helbig*, in: FS Korbion).

Lausen, Irene/Müller, Jan Peter, Handbuch Nachhaltigkeit im Vergaberecht, München 2024 (zit.: *Bearbeiter*, in: Lausen/Müller, Handbuch Nachhaltigkeit im Vergaberecht).

Lee, Philip, Implications of the Lianakis decision, in: Piga, Gustavo/ Treumer, Steen (Ed.), The Applied Law and Economics of Public Procurement, Oxon/New York 2013, 82–96.

Leinemann, Ralf, Eignungsprüfung; Leistungsfähigkeit; Wertungskriterien; Mehr an Eignung, VergabeR 2004, 537–542.

Leinemann, Ralf/Otting, Olaf/Kirch, Thomas/Homann, Oliver (Hrsg.), Vergabeverordnung – Unterschwellenvergabeordnung Kommentar, München 2024 (zit.: *Bearbeiter*, in: Leinemann/Otting/Kirch/Homann).

Leinenbach, Ralf, Datenschutz im Vergabeverfahren, ZfBR 2020, 741748.

Lieb, Nicole, Beschaffungsdienstleister im Vergabeverfahren, Baden-Baden 2022 (zit.: *Lieb*, Beschaffungsdienstleister im Vergabeverfahren).

Loehr, Kerstin, Mehrsprachigkeitsprobleme in der Europäischen Union, Frankfurt a. M. 1998 (zit.: *Loehr*, Mehrsprachigkeitsprobleme in der Europäischen Union).

Marx, Friedhelm, Vergaberecht – Was ist das? Überlegungen zu einem neuen Verständnis des Vergaberechts, in: Brinker, Ingo/Scheuing, Dieter H./Stockmann, Kurt (Hrsg.), Recht und Wettbewerb. Festschrift für Rainer Bechtold zum 65. Geburtstag, München 2006, S. 305–328 (zit.: *Marx*, in: FS Bechtold).

Maunz, Theodor/ Dürig, Günter (Begr.), Grundgesetz Kommentar, 106. EL Oktober 2024 (zit.: *Bearbeiter*, in: Maunz/Dürig, GG).

Mayr, Clemens, Eignungs- und Zuschlagskriterien im Vergaberecht. Anforderungen im Rahmen der Ausgestaltung der Ausschreibung, Wien 2002 (zit.: *Mayr*, Eignungs- und Zuschlagskriterien im Vergaberecht).

Meißner, Barbara, „Wann ist der Bieter geeignet?“, VergabeR 2017, 270275.

Metallinos, Alexander, Die europarechtskonforme Auslegung, Münster/ Hamburg 1994 (zit.: *Metallinos*, Die europarechtskonforme Auslegung).

Meurers, David, Der Grundsatz der Verhältnismäßigkeit im Vergaberecht, Baden-Baden 2020 (zit.: *Meurers*, Der Grundsatz der Verhältnismäßigkeit im Vergaberecht).

Michaels, Sascha, Konkretisierung von Zuschlagskriterien im wettbewerblichen Dialog, EnWZ 2013, 369–374.

Michels, Natalie/Rude, Stefan, Bewerberauswahl und Auftragserteilung nach VOF in der aktuellen Rechtsprechung, VergabeR 2008, 183–196.

Müller-Wrede, Malte, Anmerkung zu BGH, Beschluß vom 26.9.2006 - X ZB 14/06, NZBau 2006, 800–809.

Müller-Wrede, Malte (Hrsg.), VOF Kommentar, 5. Auflage Köln 2014 (zit.: *Bearbeiter*, in: Müller-Wrede, VOF).

Müller-Wrede, Malte (Hrsg.), VgV/UVgO Kommentar, 5. Auflage Köln 2017 (zit.: *Bearbeiter*, in: Müller-Wrede, VgV).

Müller-Wrede, Malte (Hrsg.), GWB Kommentar, 2. Auflage Köln 2023 (zit.: *Bearbeiter*, in: Müller-Wrede, GWB).

Neun, Andreas/Otting, Olaf, Die EU-Vergaberechtsreform 2014, EuZW 2014, 446–452.

Opitz, Marc, Der Wirtschaftlichkeitsbegriff des Kartellvergaberechts, NZBau 2001, 1216.

Opitz, Marc, Mehr Effizienz bei der Vergabe öffentlicher Aufträge?, NZBau 2014, 129130.

Opitz, Marc, Was bringt die neue Sektorenvergaberichtlinie? VergabeR 2014, 369–384.

Otting, Olaf, Eignungs- und Zuschlagskriterien im neuen Vergaberecht, VergabeR 2016, 316–326.

Otting, Olaf, Die Umsetzung der Richtlinie 2009/81/EG in das deutsche Recht: Systematik und erste praktische Erfahrungen, in: Prieß, Hans-Joachim/Lau, Niels/Kratzenberg, Rüdiger (Hrsg.), Wettbewerb – Transparenz – Gleichbehandlung, Festschrift für Friedhelm Marx, München 2013, S. 527–543 (zit.: *Otting*, in: FS Marx).

Pache, Eckhard, Der Staat als Kunde - System und Defizite des neuen deutschen Vergaberechts, DVBl 2001, 1781–1791.

Pauka, Marc, Ein bisschen „Mehr an Eignung“ – Personenbezogene Zuschlagskriterien nach der 7. ÄVOVgV, NZBau 2015, 18–23.

Petersen, Zsófia, Vergaberechtliche Zulässigkeit personenbezogener Zuschlagskriterien, VergabeR 2015, 8–22.

Petschulat, Alexander, Die Vergabe von Planungsleistungen unter dem Einfluss der Entscheidung des EuGH zu der Verbindlichkeit von Mindest- und Höchstsätzen nach der HOA, ZfBR 2020, 534–541.

Pietzcker, Jost, Vergabeverordnung und Kaskadenprinzip aus verfassungsrechtlicher und europarechtlicher Sicht, NZBau 2000, 64–66.

Pietzcker, Jost, Grenzen des Vergaberechts, NVwZ 2007, 1225–1232.
Pietzcker, Jost, Die Zweiteilung des Vergaberechts, Baden-Baden 2001 (zit.: *Pietzcker*, Die Zweiteilung des Vergaberechts).
Probst, Peter Michael/Winter, Fabian, Der (grenzenlose) Beurteilungsspielraum des Auftraggebers im Vergabeverfahren, VergabeR 2014, 115–120.
Probst, Peter Michael/Winter, Fabian, Einführung in das Vergaberecht oberhalb der Schwellenwerte JuS 2019, 1157–1162.
Pukall, Kirstin, Der Stand der Umsetzung in das deutsche Recht und die Verschlankung des deutschen Vergaberechts, in: Pitschas, Rainer/ Ziekow, Jan (Hrsg.) Vergaberecht im Wandel, Berlin 2006, S. 17–23 (zit.: *Pukall*, in: Pitschas/Ziekow, Vergaberecht im Wandel).
Pukall, Kirstin, Die Neuregelung des Vergaberechts – Stand und Perspektiven, VergabeR 2006, 586–592.
Pünder, Hermann/Schellenberg, Martin (Hrsg.), Vergaberecht Handkommentar, 3. Auflage, Baden-Baden 2019 (zit.: *Bearbeiter*, in: Pünder/Schellenberg).
Püstow, Moritz, Der „Faktor Mensch“ als Wertungskriterium, VergabeR 2022, 311–326.
Raab, Jacqueline, Auswirkungen personenbezogener Vergabekriterien für öffentliche Bauaufträge und öffentliche baunahe Dienstleistungsaufträge auf den österreichischen Bauarbeits- und Bietermarkt, Wien 2022 (zit.: *Raab*, Auswirkungen personenbezogener Vergabekriterien für öffentliche Bauaufträge und öffentliche baunahe Dienstleistungsaufträge auf den österreichischen Bauarbeits- und Bietermarkt).
Rechten, Stephan/Portner, David, Wie viel Wettbewerb muss sein? – Das Spannungsverhältnis zwischen Beschaffungsautonomie und Wettbewerbsprinzip, NZBau 2014, 276–280.
Ricken, Robin, Beurteilungsspielräume und Ermessen im Vergaberecht. Zur Dogmatik der Entscheidungsspielräume öffentlicher Auftraggeber, Baden-Baden 2014 (zit.: *Ricken*, Beurteilungsspielräume und Ermessen).
Röhl, Klaus/Röhl, Hans Christian, Allgemeine Rechtslehre, 3. Auflage, Köln 2008 (zit.: *Röhl*, Allgemeine Rechtslehre).
Rosenkötter, Annette, Die Qualifikation als Zuschlagskriterium, NZBau 2015, 609–612.
Röwekamp, Hendrik/Kus, Alexander/Marx, Friedhelm/Portz, Norbert/Prieß, Hans-Joachim (Hrsg.), Kommentar zur VgV, 2. Auflage, Hürth 2021 (zit.: *Bearbeiter*, in: Röwekamp/Kus/Marx/Portz/Prieß, VgV).

Röwekamp, Hendrik/Kus, Alexander/Portz, Norbert/Prieß, Hans-Joachim (Hrsg.), Kommentar zum GWB-Vergaberecht, 5. Auflage, Hürth 2020 (zit.: *Bearbeiter*, in: Röwekamp/Kus/Portz/Prieß, GWB).

Ruh, Erik, Mittelstandsbeteiligung an öffentlichen Aufträgen, VergabeR 2005, 718–736.

Säcker, Franz Jürgen/Ganske, Matthias/Knauff, Matthias (Hrsg.), Münchener Kommentar zum Wettbewerbsrecht, Band 3, Vergaberecht I, 4. Auflage, München 2022 (zit.: *Bearbeiter*, in: MüKo Wettbewerbsrecht, Bd. 3).

Säcker, Franz Jürgen/Ganske, Matthias/Knauff, Matthias (Hrsg.), Münchener Kommentar zum Wettbewerbsrecht, Band 4, Vergaberecht II, 4. Auflage, München 2022 (zitiert: *Bearbeiter*, in: MüKo Wettbewerbsrecht, Bd. 4).

Sauer, Dirk/Beel, Jonathan, Die Lockerung des Verbotes der Vermengung von Eignungs- und Zuschlagskriterien nach der geänderten Vergabeverordnung, EWeRK 2013, 327–332.

Savigny, Friedrich Carl von, Vom Beruf unserer Zeit für Gesetzgebung und Rechtswissenschaft, Heidelberg 1997 (zit.: *Savigny*, Vom Beruf unserer Zeit für Gesetzgebung und Rechtswissenschaft).

Schabel, Thomas, Anmerkung zu EuGH, Urt. v. 24.1.2008, C-532/06 (Lianakis), VergabeR 2008, 500–501.

Schabel, Thomas, Architektenwettbewerb und VOF, in: Prieß, Hans-Joachim/Lau, Niels/Kratzenberg, Rüdiger (Hrsg.), Wettbewerb – Transparenz – Gleichbehandlung, Festschrift für Friedhelm Marx, München 2013, S. 643–656 (zit.: *Schabel*, in: FS Marx).

Schäfer, Alexander, Öffentliche Belange im Auftragswesen und Europarecht, Berlin 2003 (zit.: *Schäfer*, Öffentliche Belange im Auftragswesen und Europarecht).

Siegel, Thorsten, Das neue Konzessionsvergaberecht, NVwZ 2016, 1672–1677.

Schima, Bernhard, Wettbewerbsfremde Regelungen – falsche Signale vom Europäischen Gerichtshof, NZBau 2002, 1–7.

Schneevogl, Kai-Uwe, Grenzen der Transparenzpflicht öffentlicher Auftraggeber bei Bekanntgabe von Zuschlagskriterien, NZBau 2017, 262267.

Schoch, Friedrich/Schneider, Jens-Peter (Hrsg.), Verwaltungsrecht. Verwaltungsgerichtsordnung: VwGO, 46. Ergänzungslieferung, München 2024 (zit.: *Bearbeiter*, in: Schoch/Schneider, VwGO)

Schonebeck, Karl-Heinz/Schwenker, Hans Christian, Das Vergaberecht in der anwaltlichen und gerichtlichen Praxis, Berlin 2003 (zit.: *Schonebeck/ Schwenker*, Vergaberecht in der anwaltlichen und gerichtlichen Praxis).

Schwab, Andreas/Giesemann, Amelie, Mit mehr Regeln zu mehr Rechtssicherheit? Die Überarbeitung des europäischen Vergaberechts, VergabeR 2014, 351–369.

Schwabe, Christof, Eignungs- und Zuschlagskriterien: Trennungsgebot mit Ausnahmen. Anmerkung zu EuGH, Urt. v. 26.3.2015, C-601/13 (Ambisig), IBR 2015, 268.

Schwabe, Christof, Eignungs- und Zuschlagskriterien: Trennungsgebot mit Ausnahmen, VPR 2015, 99.

Schwabe, Christof, Forderung nach sozialversicherungspflichtigem Personal in Vergabeverfahren?, NZBau 2013, 753–755.

Schwarze, Jürgen, Die Vergabe öffentlicher Aufträge im Lichte des europäischen Wirtschaftsrechts, EuZW 2000, 133–144.

Steck, Matthias, Vergabe von Architekten- und Ingenieurleistungen. Grundlagen und aktuelle Rechtsprechung, VergabeR 2020, 270–281.

Stickelbrock, Barbara, Inhalt und Grenzen richterlichen Ermessens im Zivilprozeß, Köln 2002 (zit.: *Stickelbrock*, Inhalt und Grenzen richterlichen Ermessens).

Stolz, Bernhard, Die Vergabe von Architektenleistungen unter Berücksichtigung der HOAI 2009, VergabeR 2011, 326–332.

Stolz, Bernhard, Die Vergabe von Architekten- und Ingenieurleistungen nach der Vergaberechtsreform 2016, VergabeR 2016, 351–364.

Stoye, Jörg/Gielen, Julia, Anmerkung zu EuGH, Urt. v. 26.3.2015, C-601/13 (Ambisig), VergabeR 2015, 543–546.

Summa, Hermann/Schneevogl, Kai-Uwe (Hrsg.), Juris Praxiskommentar Vergaberecht, 7. Auflage, Saarbrücken 2024 (zitiert: *Bearbeiter*, in: jurisPK-Vergaberecht).

Summa, Hermann, Die Entscheidung über die Auftragsvergabe – Ein Ausblick auf das künftige Unionsrecht, NZBau 2012, 729–737.

Summann, Katharina, Vergabegrundsätze und Vergabeverfahren im Rechtsvergleich Deutschland – U.S.A., Baden-Baden 2007 (zit.: *Summann*, Vergabegrundsätze und Vergabeverfahren im Rechtsvergleich Deutschland – U.S.A).

Terner, Ralf, Anmerkung zu EuGH, Urt. v. 19.6.2003, C-315/01 (GAT), ZfBR 2003, 715–716.

Tugendreich, Bettina, Der Anwendungsbereich von Präqualifikationsverfahren im deutschen Vergaberecht, NZBau 2011, 467–471.

Voll, Maximilian, Sicherheit als Argument im Vergaberecht, Baden-Baden 2020 (zit.: *Voll*, Sicherheit als Argument im Vergaberecht).

Völlink, Uwe-Carsten, Auswahl, Bekanntmachung und Gewichtung von Zuschlagskriterien im Lichte aktueller Rechtsprechung, VergabeR 2009, 352–362.

Voppel, Reinhard/Osenbrück, Wolf/Bubert, Christoph, VgV Kommentar, 4. Auflage, München 2018 (zit.: *Bearbeiter*, in: Voppel/Osenbrück/Bubert, VgV).

Voßkuhle, Andreas, Grundwissen – Öffentliches Recht: Der Grundsatz der Verhältnismäßigkeit, JuS 2007, 429–431.

Wank, Rolf, Juristische Methodenlehre, München 2020 (zit.: *Wank*, Juristische Methodenlehre).

Weiß, Wolfgang, Die Bedeutung des WTO-Übereinkommens über öffentliche Beschaffung für das EU-Vergaberecht und seine Umsetzung, NZBau 2016, 198–204.

Wiedmann, Ariane, Die Zulässigkeit sozialer Vergabekriterien im Lichte des Gemeinschaftsrechts, Baden-Baden 2007 (zit.: *Wiedmann*, Zulässigkeit sozialer Vergabekriterien).

Wietersheim, Mark von, Aufbau und Struktur des neuen Vergaberechts, VergabeR 2016, 269–278.

Willenbruch, Klaus, Vergaberechtliche Entscheidungsspielräume öffentlicher Auftraggeber, in: Prieß, Hans-Joachim/Lau, Niels/Kratzenberg, Rüdiger (Hrsg.), Wettbewerb – Transparenz – Gleichbehandlung, Festschrift für Friedhelm Marx, München 2013, S. 841 ff. (zit.: *Willenbruch*, in: FS Marx).

Willenbruch, Klaus, Eignungskriterien: Neue Rechtsprechung zu Möglichkeiten und Grenzen in rechtlicher und praktischer Hinsicht, VergabeR 2015, 322–327.

Willenbruch, Klaus/Wieddekind, Kristina/Hübner, Alexander (Hrsg.), Kompaktkommentar Vergaberecht, 5. Auflage, Köln 2023 (zit.: *Bearbeiter*, in: Willenbruch/Wieddekind/Hübner).

Wirner, Helmut, Die Eignung von Bewerbern und Bietern bei der Vergabe öffentlicher Bauaufträge, ZfBR 2003, 545–552.

Wirner, Helmut, Eignungs- und Zuschlagskriterien müssen strikt unterschieden werden!, IBR 2003 Heft 8, 439.

Wittschurky, Laura Kristin, Das Verhältnis von Eignungs- und Zuschlagkriterien im europäischen, deutschen und US-amerikanischen Vergaberecht, Baden-Baden 2022 (zit.: *Wittschurky*, Das Verhältnis von Eignungs- und Zuschlagkriterien im europäischen, deutschen und US-amerikanischen Vergaberecht).

Ziegler, Andreas, Wettbewerb ohne Wettbewerb? – Zur Beschaffung in „defekten“ Märkten, ZfBR 2018, 37–42.
Ziekow, Jan, Vergabefremde Zwecke und Europarecht, NZBau 2001, 7278.
Ziekow, Jan, Vergabefremde Kriterien nach der Neufassung der Vergaberichtlinien, in: Pitschas, Rainer/Ziekow, Jan (Hrsg.) Vergaberecht im Wandel, Berlin 2006, S. 151–170 (zit.: *Ziekow*, in: Pitschas/Ziekow, Vergaberecht im Wandel).
Ziekow, Jan/Völlink, Uwe-Carsten, Vergaberecht. Kommentar, 5. Auflage, München 2024 (zit.: *Bearbeiter*, in: Ziekow/Völlink).
Zimmermann, Eric, Die Eignungsprüfung bei der Ausschreibung von Architcktenleistungen, ZfBR 2020, 542–549.

www.ingramcontent.com/pod-product-compliance
Ingram Content Group UK Ltd.
Pitfield, Milton Keynes, MK11 3LW, UK
UKHW021853290926
8980IPUK00005B/820

9 783631 944189